O Corpo Erótico das Palavras

Coleção Estudos
Dirigida por J. Guinsburg
(*in memoriam*)

Coordenação de texto Luiz Henrique Soares e Elen Durando
Preparação Adriano C.A. e Sousa
Revisão Marcio Honorio de Godoy
Editoração A Máquina de Ideias/Sergio Kon
Capa Sergio Kon
Produção Ricardo W. Neves e Sergio Kon

Estevão Azevedo

O CORPO ERÓTICO
DAS PALAVRAS

UM ESTUDO DA OBRA DE RADUAN NASSAR

PERSPECTIVA

Dados Internacionais de Catalogação na Publicação (CIP)
(Câmara Brasileira do Livro, SP, Brasil)

Azevedo, Estevão
O corpo erótico das palavras : um estudo da obra de
Raduan Nassar / Estevão Azevedo. -- São Paulo Perspectiva,
2019. -- (Coleção estudos ; 367 / dirigida por J. Guinsburg (in
memoriam)

Bibliografia.
ISBN 978-85-273-1156-4

1. Erotismo na literatura 2. Hermetismo 3. Literatura brasileira 4. Narrativas 5. Nassar, Raduan, 1935- . Lavoura arcaica - Crítica e interpretação 6. Nassar, Raduan, 1935- . Um copo de cólera - Crítica e interpretação 7. Retórica I. Título. II. Série.

19-27135
CDD-809.93353

Índices para catálogo sistemático:

1. Erotismo na literatura 809.93353
Cibele Maria Dias - Bibliotecária - CRB-8/9427

1ª edição

Direitos reservados em língua portuguesa à

EDITORA PERSPECTIVA LTDA.

Av. Brigadeiro Luís Antônio, 3025
01401-000 São Paulo SP Brasil
Telefax: (011) 3885-8388
www.editoraperspectiva.com.br

2019

Para Iolanda

Somos tempo e não podemos nos abstrair de seu domínio. Podemos transfigurá-lo, não negá-lo nem destruí-lo. Isso é o que fizeram os grandes artistas, os poetas, os filósofos, os cientistas e alguns homens de ação. O amor também é uma resposta: por ser temporal, o amor é, simultaneamente, consciência da morte e tentativa de fazer do instante uma eternidade. Todos os amores são infelizes porque todos são feitos de tempo, todos são o nó frágil das criaturas temporais que sabem que vão morrer; em todos os amores, até nos mais trágicos, há um instante de felicidade que não é exagerado chamar de sobre-humana: é uma vitória contra o tempo, um vislumbrar do outro lado, esse mais além que é um aqui, onde nada muda e tudo o que é realmente *é*.

OCTAVIO PAZ, *A Dupla Chama*.

Sumário

Do Que Arde e Não Cessa – *Eliane Robert Moraes* XI

Introdução XVII

1. Corpo Feito Carne, Conto Feito Corpo:
   A Narrativa do Desejo Emoldurado
   em "Menina a Caminho". 1

2. Vontade de Poder, Volúpia da Submissão:
   Corpo e Palavra em "Um Copo de Cólera" 21

3. Geometria Barroca do Destino:
   Erotismo e Reescritura em "Lavoura Arcaica". 71

Teatro do Excesso: Uma Morfologia 183

Bibliografia. 199

Agradecimentos. 203

Do Que Arde e Não Cessa

A obra diminuta de Raduan Nassar surpreende pelas grandezas que encerra. Dentre elas, a notável capacidade de interrogar os grandes temas que nos constituem, tais como o desejo, a violência, a autoridade, a transgressão, a loucura, a memória, os laços familiares e tantas outras dimensões que definem a nossa humana condição – ao mesmo tempo que demarcam seus irremediáveis limites. Examinadas com singular profundidade, não raro sob o prisma da tensão e do sofrimento, essas dimensões se oferecem ao leitor justapostas umas às outras, como que compondo um novelo denso e intrincado, cujos fios parecem resistir a qualquer intento de separação. Mais que arriscada, a tentativa de desatá--los pode ser fatal. Daí que os críticos prefiram quase sempre orientar seus estudos em torno de um só título do autor, seja romance, novela ou conto, temendo perder o que lateja mais fundo no coração da obra.

Não é, porém, o que faz Estevão Azevedo em seu ensaio, e esse é um dos méritos de *O Corpo Erótico das Palavras*: *Um Estudo da Obra de Raduan Nassar*. Valendo-se de produtivo diálogo com os maiores intérpretes do escritor, além de evocar textos antigos e modernos que iluminam a sua prosa de ficção, o crítico descobre aqui um fio condutor que lhe permite percorrer esse conjunto de escritos sem desmanchar o delicado novelo tecido pelo autor. Opção tão corajosa quanto acertada, justamente porque elege como fio condutor um operador que nunca deixa de pulsar em alta voltagem na literatura de Nassar, a saber, o erotismo.

Diga-se logo que, neste livro, o erotismo é muito mais que um tema. Dimensão fundante da nossa humanidade, ele comparece aqui naquelas três formas designadas por Georges Bataille em seu conhecido ensaio, ao identificá-lo nas paixões do coração, nos transes sagrados e nos frêmitos do corpo. Aliás, justamente por mobilizar situações extremas da vida afetiva, espiritual e sexual, para o pensador francês "o erotismo é, na consciência humana, o que coloca o ser em questão". Talvez não seja preciso avançar mais que isso para se afirmar que, se tal concepção não vale indistintamente para qualquer literatura afinada com a experiência erótica, ela cai como uma luva para um autor que, sendo moderno, faz questão de se manter alinhado ao espírito trágico, como é o caso de Raduan. Não estranha, pois, que ele compartilhe com Bataille a mesma admiração pelo pensamento de Nietzsche, de quem também se declara entusiasmado leitor.

O estudo de Estevão Azevedo, contudo, não se limita a reconhecer tais afinidades e vai além das meras aproximações para investigar as formas particulares de que se vale o criador de *Lavoura Arcaica* na expressão de um erotismo febril, viril e, no mais das vezes, trágico. Não cabe aqui furtar ao leitor o prazer de acompanhar cada frase dessa investigação minuciosa e sensível, que se estende por todo o trabalho, mas talvez se possa ao menos tocar numa das linhas mestras que atravessa o texto do começo ao fim, expondo uma ideia-chave de seu precioso argumento.

Em "Menina a Caminho", objeto da primeira análise deste livro, o intérprete assinala que o percurso sinuoso da pequena protagonista compõe uma narrativa em torno de um excesso que não cessa. De certo modo, a afirmação valeria para toda a obra de Raduan, seja quando voltada às manifestações mais ardentes do desejo, seja quando, na contramão, expressa sua ingrata ausência. Ou, para traduzir em imagens recorrentes na ficção do autor: seja quando o ventre guloso e úmido se "inflama" tal qual fogueira, seja quando a cena gravita em torno de um miserável "ventre seco".

De fato, o poder de combustão do fogo é várias vezes lembrado nesses textos, que evocam, o tempo todo, alguma coisa dentro de nós que arde, chameja e queima – e que, paradoxalmente, parece não cessar nem quando se esgota. Exemplos não faltam. Ainda em "Menina a Caminho", o leitor testemunha um garoto que, transfigurado pelo desejo, se mostra "afogueado pelas chamas da lenha que queima embaixo". Da mesma forma, a menina "queima" quando cede à sensualidade, seduzida por um móbile que passa a girar sem que nada, um toque ou o vento, o tenha acionado, oferecendo uma imagem notável ao motor secreto do desejo.

É, contudo, em *Um Copo de Cólera* que Estevão vai encontrar as ocorrências mais incisivas dessa família simbólica, a ponto de reservar um bom número de páginas para discorrer sobre as "configurações do incêndio" na novela. Partindo das diversas alusões do texto à temperatura, não só elevada mas sempre aumentando "a todo vapor", o intérprete identifica notáveis metáforas ígneas, passando pelo "vulto ardente" que designa a figura feminina aos incontáveis termos com que o narrador refere a si mesmo, tais como "pavio convulso", "centelha da desordem", "matéria inflamada", "calor perpétuo" ou "chama que solapa". O excesso aqui fala mais alto e culmina, como propõe o crítico, num "discurso hemorrágico", a um só tempo sanguíneo e incandescente.

A tópica reaparece com intensidade em *Lavoura Arcaica*, assumindo configurações ainda mais corporais e, no mais das vezes, sensuais. A começar pelo discurso do pai, que a reitera em suas máximas em torno dos pecados da carne: "ai daquele que brinca com fogo", "ai daquele que se deixa arrastar pelo calor de tanta chama" ou "ai daquele que deita nas achas desta lenha escusa", entre tantas outras. Como que vestindo o figurino reservado às pecadoras, Ana dança com "as plantas dos pés em fogo imprimindo marcas que queimavam"; André, por sua vez, se prepara para o ato proibido quando vê "o sol se enchendo com seu sangue antigo, retesando os músculos perfeitos" e profere: "como quem ora, ainda incendeio essa madeira". Mais tarde, numa espécie de transe, ele revisita a alusão mística para, "num incêndio alucinado, como quem ora", declarar uma vez mais sua paixão à irmã.

Impossível reproduzir a amplitude e a riqueza das metáforas ígneas na obra de Raduan, que ganham neste ensaio as mais finas interpretações. Contudo, esta breve nota não ficaria completa

XIV

se deixasse de aludir à sua ocorrência mais significativa, que se manifesta na própria língua. Já denunciada nos discursos do patriarca de *Lavoura Arcaica*, que repudia "aquele que queima a garganta com tanto grito", a metáfora ressurge no que o intérprete nomeia como "a língua coleante" (infra, p. 144) de André, o qual se vale da ambiguidade do significante para assediar a irmã numa capela, cochichando em seu ouvido a promessa de "espicaçar-lhe a nuca com a mornidão da minha língua". Reaparece ainda, com igual força, no discurso endiabrado da personagem de *Um Copo de Cólera*, que Estevão aproxima das "línguas de fogo" surgidas no conhecido episódio bíblico em que, "possuídos pelo fogo, os apóstolos começam a falar em outras línguas", precipitando um tipo de convulsão que, ao seu modo, também toma de assalto o protagonista.

Não é por outra razão que o incêndio por vezes sobrevive às suas próprias chamas: perpetuado no corpo erótico das palavras, ele já não mais precisa obedecer às leis da matéria que o condenam à extinção. Daí que o calor da brasa venha a repercutir na fala tórrida do narrador de *Lavoura Arcaica*, ressurgindo em sua menção à "alma de uma chama", a confirmar que a memória do fogo também é fogo. Permanece igualmente na alucinação febril do chacareiro de *Um Copo de Cólera* cujos delírios, segundo seu intérprete, produzem uma "fala para nada dizer". O excesso não ignora a ausência.

Ao comentar o conto "Hoje de Madrugada", Estevão observa que, nele, "o sono significa a morte do erotismo viril", para então concluir: "o que é excessivo – e, portanto, erótico – nesse caso é a ausência de desejo" (p. 186). O comentário fornece uma chave interessante para se interpretar a produção contística de Raduan, na qual o desejo deixa de chamuscar para assumir conformações bem mais áridas. De "Ventre Seco" a "Monsenhores", de "O Velho" a "Aí Pelas Três da Tarde", tudo parece se render à secura e à esterilidade: talvez se possa até dizer que, nesses contos, as chamas definitivamente cedem lugar às cinzas. Ou não?

Difícil dizer. Mas algo continua ardendo e é dessa ardência fundamental que Estevão Azevedo trata quando afirma, categórico, que "perpetuar a narrativa significa fornecer ao excesso o transporte de que ele necessita para ir de um quadro a outro. Narrar é, nesse sentido, perpetuar o desejo" (p. 15). Se a afirmação não vale para qualquer narrativa, com certeza ela cabe perfeitamente para qualificar o excesso que não cessa da obra maior de Raduan Nassar. São passagens como essa, aliás, que revelam a qualidade de um crítico e dizem a que ele veio: *O Corpo Erótico das Palavras* é a homenagem de um escritor a outro escritor.

*Eliane Robert Moraes**
Professora de Literatura Brasileira na Faculdade de Filosofia, Letras e Ciências Humanas da Universidade de São Paulo (FFLCH-USP) e pesquisadora do CNPq.

---

*   Publicou diversos ensaios sobre o imaginário erótico nas artes e na literatura, e é autora de, entre outros: *Sade: A Felicidade Libertina* (Imago, 1994); *O Corpo Impossível: A Decomposição da Figura Humana, de Lautréamont a Bataille* (Iluminuras/Fapesp, 2002); *Lições de Sade: Ensaios Sobre a Imaginação Libertina* (Iluminuras, 2006); *Perversos, Amantes e Outros Trágicos* (Iluminuras, 2013); e organizadora da *Antologia da Poesia Erótica Brasileira* (Ateliê, 2015). Atualmente, desenvolve pesquisa sobre as figuras do excesso na prosa de ficção brasileira.

Introdução

O paulista Raduan Nassar publicou apenas quatro livros: o romance *Lavoura Arcaica* (1975), a novela *Um Copo de Cólera* (1978), o volume de contos *Menina a Caminho e Outros Textos* (1997) e sua *Obra Completa* (2016), que trouxe, além dos textos dos livros anteriores, dois contos e um ensaio inéditos em português.

Apesar de pouco extensa, a obra do escritor, nascido em 1935, em Pindorama, São Paulo, é suficiente para situá-lo "entre os escritores de maior envergadura surgidos no país depois de Guimarães Rosa e Clarice Lispector", segundo os *Cadernos de Literatura Brasileira*, que dedicou volumes a nomes como Érico Veríssimo, Ariano Suassuna, Hilda Hilst, Carlos Drummond de Andrade, Euclides da Cunha e Jorge Amado[1]. Ainda assim, apenas *Lavoura Arcaica*, sua obra mais conhecida, tem sido bastante estudada. A novela *Um Copo de Cólera* – adaptada, como o romance, para o cinema – não é objeto de um número relevante de pesquisas. Menos ainda os contos. Pouquíssimos são os que se propõem a fazer um estudo que contemple na íntegra a obra do autor[2].

---

1   *Cadernos de Literatura Brasileira: Raduan Nassar*, p. 5.
2   Dentre os quais se destacam, pela abrangência, profundidade, rigor e qualidade, L.W. Rassier, *Le Labyrinthe hermétique* e M.J.C. Lemos, *Une Poétique de l'intertextualité*.

XVIII

A transcrição de um pequeno trecho do conto "Mãozinhas de Seda", de *Menina a Caminho e Outros Textos*, facilita a tentativa de definir o enfoque deste longo ensaio e de delimitar uma possível especificidade em relação aos demais estudos que compõem a fortuna crítica do autor. Para refletir sobre o comércio de prestígio intelectual do presente, o narrador recorre a uma memória específica, à textura das mãos das moças nos bailes em Pindorama:

> Se era assim no baile, em que românticos mancebos se alumbravam com um simples toque de mãos, capaz de transportá-los para fantasias inefáveis, imagine-se agora – nesses tempos largos e tão liberais – se mãozinhas de seda, mesmo quando de homens barbados, se insinuassem até as partes pudendas de alguém, fossem essas partes roxas, pretas ou de cor ainda a ser declinada. Seria o êxtase! (p. 80-81)

Entre nossos muitos interesses nessa analogia entre as mãos das moças e a dos intelectuais, um é particularmente significativo para a compreensão do restante da obra de Raduan Nassar: em sua ficção de caráter mais explicitamente referencial e mais conectada por via direta a um debate relacionado ao contexto de sua produção, o autor opta por ancorar sua imaginação em partes do corpo, não um corpo qualquer, mas o erótico, eleito como palco e arma dos conflitos. A textura das palmas dos intelectuais, somada à ausência de rosto, denuncia um "rendoso comércio de prestígio, um promíscuo troca-troca explícito, a maior suruba da paróquia" (p. 81).

Essa opção pelo corpo erótico como elemento de analogias universais será especialmente cara a esta pesquisa por relacionar-se a duas das características mais importantes da obra de Raduan Nassar. A primeira, a constatação de que há, no modo como essa obra relaciona-se com o contexto econômico, cultural, político e social de sua produção, uma opção deliberada por uma abordagem de viés desistoricizante. A segunda, a percepção de que o fio com que são costurados os diversos – e às vezes na aparência tão discrepantes – tecidos da obra nassariana é o do erotismo. Nessa curta obra enredam-se, de formas mais ou menos perceptíveis, vastas tradições literárias, religiosas, filosóficas, políticas e místicas, e seu ponto de intersecção é no mais das vezes uma potência viril, febril e violenta desencadeada pela palavra do outro.

INTRODUÇÃO

Para esse viés desistoricizante, essa ocultação das pistas que conduzem ao referente – os conturbados e altamente polarizados anos 1960 no Brasil sob o jugo da ditadura civil-militar –, contribuem inúmeros fatores. Entre eles, a ausência quase completa de marcadores de lugar ou de tempo. Com exceção de "Mãozinhas de Seda", nenhum outro texto ficcional de Raduan Nassar explicita lugar e tempo da narração e dos acontecimentos narrados. "Menina a Caminho", sabe-se por entrevistas, traz muito da sua infância em Pindorama, mas o texto, além de não revelar essa especificação, estabelece, ao descrever o armazém da cidadezinha, relações com a Tebas de Sófocles. A arquitetura do conto, como veremos no primeiro capítulo, cria uma espécie de vertigem, por conta dos deslocamentos abruptos da menina de um lugar a outro, e dá ao espaço uma atmosfera de irrealidade ou de sonho – atmosfera que tem muita relação, aliás, com a de uma certa literatura da Antiguidade, episódica.

Um Copo de Cólera opõe, aparentemente na época da ditadura, a jornalista da cidade ao chacareiro da propriedade rural, mas dessa ambientação o texto traz apenas indícios sutis e nenhum nome próprio que a confirme. Nos demais contos, também nenhuma indicação conclusiva das conexões com o tempo exterior ao próprio texto. Em *Lavoura Arcaica*, essa opção desistoricizante é levada ao máximo grau. Ainda que a origem mediterrânea da família seja citada, a falta de referentes, somada a outras características, termina por lhe conferir um forte tom alegórico ou mítico.

Outro gesto de Raduan Nassar, apontando para o desejo de despistar o leitor, consiste em excluir nas sucessivas edições de seus livros as notas do autor (que reaparecem somente nas *Obras Completas*) e as dedicatórias:

A supressão das "Notas do Autor" nas edições seguintes feitas por Nassar estabelecem uma nova persona autoral, que, no ato de apagar seus traços reescreve seu texto. Assim, a supressão das "Notas" interfere na leitura e no regime intertextual, uma vez que a presença do texto estrangeiro não é mais sinalizada e que a citação se funde ao texto. A supressão das "Notas do Autor" libera o texto e suas relações intertextuais de uma autoridade tradicional.[3]

---

3 M.J.C. Lemos, op. cit., p. 162. (Tradução nossa.)

xx

Apesar desse viés, nunca é demais lembrar que o fato de a poética de Raduan Nassar esforçar-se em ocultar o referente contextual e fazer o leitor perder-se em seu labirinto textual de pistas falsas ou bem guardadas – algo, aliás, bastante adequado a um tipo de literatura que valoriza o vocabulário do hermetismo – não significa, é claro, que sua obra esteja desconectada de seu tempo. Indica apenas a opção por um caminho mais subterrâneo, sinuoso e indireto entre a realidade e a ficção. Um caminho que leva em conta o fato de todas as questões humanas trazerem, sob a máscara da linguagem e o disfarce do cinismo, um componente fundamental de luta pelo poder e de controle de corpos. Exemplo disso é a erotização da política ou a politização do erotismo realizada no discurso em *Um Copo de Cólera*. Na novela: "revelam-se todos os antagonismos: machão contra feminista, anarquista contra reformista, individualista contra populista etc. [...] Atolados nos lugares-comuns de discursos irremediavelmente gastos, homem e mulher se veem reduzidos à hostilidade fundamental da diferença sexual, ao silêncio dos corpos que se atraem e se repelem"[4].

Em entrevista a Augusto Massi e Mário Sabino Filho, Raduan Nassar comenta – tergiversando, como de costume ao falar ao público – a questão do componente político em seus textos:

[FOLHA DE S.PAULO:] Seus dois livros parecem radicais no processo, encaminham para situações-limite, com uma ruptura no final, que os traz de volta para uma situação semelhante à inicial.

[RADUAN NASSAR:] Acho até que concordo, e foi pertinente você dizer "semelhante", pois se trataria já de um outro elo da espiral. Acontece que meus textos carecem de um componente político, daí que quebram quando chegam ao limite. Houvesse aquele componente, terminariam em conciliação. Como eu mesmo não tenho nada de político, isso deve ter sido passado de alguma forma pros meus textos.[5]

Sua obra parece considerar que, para além de quaisquer confrontos específicos, no Brasil ou em qualquer lugar, durante as décadas de 1960 e 1970 ou qualquer tempo, está sempre em

---

4   L. Perrone-Moisés, Da Cólera ao Silêncio, *Cadernos de Literatura Brasileira: Raduan Nassar*, p. 67-68.

5   A. Massi; M. Sabino Filho, A Paixão Pela Literatura, *Folha de S.Paulo*, 16 dez. 1984.

questão um embate muito mais amplo: o de vontades de poder – o pensamento de Nietzsche, como veremos, tem forte repercussão em seus textos – que se manifestam sobretudo por meio da linguagem. Os discursos podem estar a serviço de qualquer causa, seja ela boa ou má, nobre ou vil, coletiva ou individual, racional ou apaixonada, com a mesma eficácia: "já que tudo depende do contexto, que culpa tinham as palavras? existiam, isto sim, eram soluções imprestáveis", afirma o narrador de *Um Copo de Cólera* (p. 52). Daí a voracidade que permite a essa obra ser composta de fragmentos de textos tão distintos e distantes no tempo e no espaço como a *Bíblia*, o *Alcorão*, os mitos gregos, a filosofia da Antiguidade, o pensamento de Bacon, Descartes e Nietzsche, os tratados hermético-alquímicos, a literatura de Thomas Mann, Fernando Pessoa, Almeida Faria, James Joyce, André Gide, Jorge de Lima etc.

É significativo que, para compor uma ficção com ares de crônica ou ensaio, de claras intenções críticas e em tudo conectada ao espírito do tempo, o conto "Mãozinhas de Seda", Raduan Nassar tenha eleito o corpo erótico como suporte para a discussão sobre falsidade intelectual; e as relações de prazer como metáfora das relações de poder. Se é assim nesse conto sem trama e tão pouco narrativo, que dirá nas demais ficções, nas quais o embate entre masculino e feminino está no centro dos conflitos.

Na economia geral da obra, há forte imbricação entre esse viés desistoricizante e o erotismo. Em suas memórias, Caetano Veloso, contemporâneo de Raduan Nassar, conta como reagiu ao filme *Terra em Transe*, de Glauber Rocha, em 1967: "O golpe no populismo de esquerda libertava a mente para enquadrar o Brasil de uma perspectiva ampla, permitindo miradas críticas de natureza antropológica, mítica, mística, formalista e moral com que nem se sonhava."[6]

Diante da cobrança de alinhamento a um discurso, o da esquerda mais engajada, considerado impossível de conciliar em sua totalidade com seu modo de viver e criar – Caetano discordava, por exemplo, da condenação automática de tudo o que viesse dos imperialistas, pois via no rock estadunidense um gênero extremamente libertário –, o músico reagia com o

---

6   C. Veloso, *Verdade Tropical*, p. 100.

XXII

que considerava ser "uma peça improvisada de teatro político"[7], menos dogmática e mais poética.

Preso pelos militares numa solitária e assustado com seu próprio torpor justamente no momento de submissão máxima ao horror do regime, Caetano busca confiar no sexo como única possibilidade de mobilizar o corpo contra a opressão. Na cela, tenta masturbar-se, mas não consegue sequer uma ereção:

> Os dias que se seguiam não traziam nenhuma esperança de que meu corpo e minha mente pudessem se aproximar do milagre rotineiro do sexo, não mais do que daquele do pranto. No entanto, que benção que seria não apenas poder ser arrebatado pela tristeza ou pelo prazer mas também – e talvez principalmente – ter a experiência física das lágrimas ou de uma ejaculação! Parecia-me que eu seria salvo do horror a que fora submetido se sentisse jorrar de mim esses líquidos que parecem materializar-se a partir de uma intensificação momentânea mas demasiada da vida do espírito.[8]

Além da coincidência curiosa de Caetano Veloso ter tido no cárcere acesso à poesia de Jorge de Lima, autor caríssimo a Raduan Nassar, o cerne da experiência descrita acima parece também coincidir em muito com o da vivência das suas personagens: uma atuação política só faz sentido se amalgamada à lubricidade e ao misticismo. Sob os tempos tenebrosos da ditadura, trata-se da liberdade radical de um corpo que não se deixa enquadrar por nenhuma espécie de proselitismo, de uma relação sinuosa, indireta e repleta de pontos de indeterminação, como a da obra de Caetano Veloso com as reivindicações de mudanças políticas, sociais, econômicas, culturais, estéticas e comportamentais. É esse o tipo de diálogo que as narrativas do escritor entretêm com o contexto de sua produção.

Este ensaio tem como objetivo investigar de que forma a vertigem, o excesso ou a desmedida – principal traço que caracteriza o imaginário licencioso[9] – molda a prosa de Raduan Nassar. O erotismo desempenha um papel fundamental nesse processo porque, como explica Eliane Robert Moraes, "a particularidade da fabulação sexual está justamente no inesgotável poder de

---

7   Ibidem, p. 313.
8   Ibidem, p. 355.
9   E.R. Moraes, Eros e Letras, *Revista da Biblioteca Mário de Andrade*, v. 65, p. 204.

INTRODUÇÃO XXIII

multiplicar as imagens do desejo, tal qual um espelho que transforma, deforma e sobretudo amplia tudo o que nele se reflete"[10].

Entre os muitos pontos de contato entre as questões discutidas nos estudos do erotismo literário e a obra de Raduan Nassar, dois – também interligados entre si – nos chamam especial atenção. O primeiro é o anseio pelo retorno a um estágio de comunhão com a natureza, identificado em geral com a infância, estágio em que não vigoram interditos, em que o ser ainda não foi cindido pelo trabalho ou pela cultura. O erotismo busca "a substituição do isolamento do ser, de sua descontinuidade, por um sentimento de continuidade profunda"[11]. É o que procura na relação incestuosa com a mãe, a irmã e o irmão caçula, o protagonista André, de *Lavoura Arcaica*. Também é no que se refugia o protagonista de *Um Copo de Cólera*, quando, após o embate violento com a amante, recorre à memória da mãe e, no último capítulo, finge "um sono de menino" (p. 84). É, ainda, o que se lê no conto "Aí Pelas Três da Tarde", que recomenda o gozo da "fantasia de se sentir embalado pelo mundo" (p. 73).

O segundo ponto é que esse desejo de retorno a um estado ancestral e utópico se manifesta, em geral, por meio do exercício de uma virilidade violenta. Para tentar alcançar uma experiência de poder e integridade num tempo imune às contradições, é necessário um catalisador: a potência febril e violenta desencadeada pela palavra do outro. Conforto e confronto estão, portanto, intimamente ligados.

Aqui, pretende-se verificar de que maneira o "erotismo orgíaco que ameaça todas as possibilidades de vida"[12] e o caráter contagioso da "fórmula de recusa" das personagens[13], conforme definiu Deleuze a posição radical da personagem que dá nome a obra de Herman Melville, *Bartleby, o Escrivão*, reverbera na linguagem de Raduan Nassar.

Analisar a obra de Nassar na íntegra permite notar diferenças fundamentais entre os textos no que se refere ao uso da palavra. Os jogos de linguagem, os recursos à poesia e os excessos formais parecem intensificar-se quanto mais o erotismo passa a se

---

10 Ibidem.
11 G. Bataille, *O Erotismo*, p. 39.
12 Ibidem, p. 106.
13 G. Deleuze, *Crítica e Clínica*, p. 83.

XXIV

espalhar no ritmo, na sintaxe, nas metáforas e demais elementos do texto, ou seja, quando as afinidades profundas apontadas por Octavio Paz entre a linguagem, especialmente a poética, e o erotismo se dão a ver de forma mais radical[14].

A centralidade do erotismo no conjunto da obra é facilmente detectável. No conto "Menina a Caminho", a protagonista deambula pela cidade e os episódios a que assiste – a conversa dos garotos, as brincadeiras de duplo sentido das senhoras na janela com o garoto na rua, o cavalo que urina, a descoberta do próprio corpo – fazem-na ter contato com sexo e violência, que se reunirão no desfecho da narrativa. Em "Hoje de Madrugada", um homem em seu quarto de trabalho recusa o pedido de afeto da mulher de "corpo obsceno debaixo da camisola" (p. 53). Em "O Ventre Seco", um homem escreve uma espécie de carta de rompimento com a mulher e com a sociedade. Em "Aí Pelas Três da Tarde", o narrador receita um desnudamento completo, de roupas e de regras. "O Velho" aproxima um jovem politicamente morto de um velho eroticamente arruinado e tem como elementos centrais o rumor, aquilo que não pode ser dito, as elipses relacionadas ao excesso e ao perigo. A narradora de "Monsenhores" admite, até com certo regozijo, ter se submetido à imposição das vontades do marido em questões de ordem doméstica, política e sexual. *Um Copo de Cólera* traz o embate verbal e físico – ideológico e sexual – entre uma mulher e um homem que poderia assumir para si a maneira como se apresenta o libertino Minski, de *Histoire de Juliette*, do Marquês de Sade:

sábio o suficiente para me comprazer na minha solidão, para detestar todos os homens, para desafiar sua censura, e zombar de seus sentimentos por mim, instruído o suficiente para pulverizar todos os cultos, para chacotear todas as religiões e me foder de todos os Deuses, corajoso o suficiente para abominar todos os governos, para me colocar acima de todos os laços, de todos os freios, de todos os princípios morais, eu sou feliz em meu domínio[15].

Lavoura Arcaica traz, em todas as suas camadas, as marcas do imaginário licencioso: vertigem, excesso ou desmedida estão

14   O. PAZ, *A Dupla Chama*, p. 12.
15   Apud E.R. Moraes, *Lições de Sade*, p. 21.

no cerne do relato de André, que deixou a casa da família após o incesto e é instado pelo irmão mais velho a retornar.

O erotismo está em todos os lugares da obra, mas parecem ser distintas e complexas as maneiras pelas quais esse imaginário licencioso aparece em cada um dos textos, e diversos os artifícios pelos quais, como observou Moraes sobre as cartas de Sade, o escritor impõe "a presença do corpo no próprio corpo do texto"[16]. São essas particularidades que esperamos elucidar ao longo de nosso percurso.

Além desta introdução, o livro é composto por quatro capítulos, o último deles com interpretações complementares e conclusão. O primeiro capítulo tem como eixo central a análise das molduras que delimitam no conto a imagem do sexo e que estabelecem as relações mais poderosas entre tema, estrutura e texto.

O segundo capítulo analisa como, na novela, o conflito entre os sexos restitui ao narrador em xeque traços dos quais ele necessita para, por meio do discurso, erotizar outra vez seu corpo, até então ameaçado pelo discurso da mulher emancipada.

O terceiro capítulo busca catalogar as figuras que emprestam seu corpo para a "trama canhota" da família: o círculo familiar ameaçado pela sinuosidade dos membros do galho esquerdo; os ecos bíblicos, alcorânicos e mitológicos no texto; a rememoração que atualiza a união sexual de André com a irmã por meio das imagens de Deus e do animal sacrificial, a apropriação paródica dos sermões do pai pelo narrador.

Por fim, "Teatro do Excesso: Uma Morfologia" faz uma breve incursão pelos contos "Hoje de Madrugada", "O Ventre Seco", "Aí Pelas Três da Tarde", "Mãozinhas de Seda", "O Velho", "Monsenhores" e o ensaio "A Corrente do Esforço Humano", na intenção de sublinhar as respostas alcançadas ao longo de todo o livro e, de quebra, apresentar a obra de Raduan Nassar como um todo, uma vez que a leitura desses contos contribui com a detecção de similaridades e especificidades no interior da produção do autor.

■ ▪ ▪

---

16   Ibidem, p. 66.

XXVI

NOTA: a paginação indicada entre parênteses para as citações dos livros do Raduan Nassar diz respeito às edições individuais de *Menina a Caminho*, *Um Copo de Cólera* e *Lavoura Arcaica*. Apenas no caso dos textos inéditos ("O Velho", "Monsenhores" e "A Corrente do Esforço Humano") elas remetem às *Obras Completas*.

1. Corpo Feito Carne, Conto Feito Corpo

A Narrativa do Desejo Emoldurado em "Menina a Caminho"

ORIGEM DO MUNDO

Um sexo feminino emoldurado. Não surpreende que, desprovida de qualquer contexto, essa menção remeta-nos a *L'Origine du monde*, pintura de Gustave Courbet. Escandalosa desde a realização, em 1866, a obra manteve o impacto até o nosso tempo: suas primeiras exibições públicas ocorreram somente no final do século XX, e conta-se que, no evento que marcou sua aquisição pelo Museé d'Orsay, em Paris, um segurança foi destacado para vigiá-la e protegê-la das reações dos visitantes.

De tal forma a pintura tornou-se célebre que seria desnecessário descrevê-la, não servisse a descrição aos interesses desta análise: no interior da moldura, um plano fechado sobre o ventre e o sexo de uma mulher deitada, cujos seios se deixam entrever sob um pano branco. Dessa pequena e redutora tradução em palavras, que ignora as cores, a espessura das camadas de tinta, os movimentos das pinceladas, é possível extrair, no entanto, conexões férteis com o conto "Menina a Caminho", de Raduan Nassar, escrito em 1961. Não obstante as especificidades de cada arte, as distintas épocas e a diferença de idade das personagens, a imagem acima não é similar àquela vista ao final do conto pela menina, ao posicionar o espelho no chão de cimento e acocorar-se para enfim contemplar, "sem compreender, o seu sexo emoldurado" (p. 49)?

Mais do que na representação da nudez, convém deter-se, em um primeiro momento, em outro elemento comum à descrição do quadro e à cena do conto: a moldura. Na apreciação da pintura de Courbet, o espaço por ela delimitado, o recorte que ela corporifica, é significativo: anuncia uma estética que as vanguardas do século xx levariam às últimas consequências, a da representação do corpo humano fragmentado[1]. O quadro de Courbet serve de inspiração, por exemplo, a *Étant donnés: 1º la chute d'eau, 2º le gaz d'éclairage*, uma das últimas obras de Marcel Duchamp, em que também se vê apenas parte de um corpo feminino desnudo. No conto, tem também papel fundamental essa moldura que delimita a imagem do sexo. A narrativa, em seus diversos níveis, está repleta de molduras, e são elas que estabelecem algumas das relações mais poderosas entre tema, estrutura e texto.

Tantas quantas são as molduras possíveis nas artes visuais – sóbrias ou decoradas, largas ou estreitas, de madeira ou metal etc. –, são também as molduras literárias de Nassar. Algumas vezes, denotativamente, elas dão contornos visíveis a espelhos e gravuras presos às paredes. Noutras, à guisa de moldura de uma ação, há objetos como batentes de portas ou janelas ou partes do corpo de um animal. No início do conto, a menina que deambula detém-se para ouvir a conversa dos meninos, "observando-os por sob a barriga abaulada do cavalo" (p. 11). Em seguida, dona Ismênia conversa com Zuza: "debruçada sobre uma almofada de cetim azul, no parapeito de uma janela alta" (p. 13). Mais adiante, parte do corpo do cavalo – que, como o de Troia, esconde um perigo – novamente se presta à moldura: "só quando o cavalo distancia as patas traseiras é que a menina repara, escondido no alto entre as pernas, e se mostrando cada vez mais volumoso, no seu sexo de piche" (p. 17). Para acompanhar o que ocorre no interior da barbearia, a menina "se achega timidamente da soleira e, permanecendo na calçada, se encosta na parede do salão" (p. 20). E assim vão se sucedendo as molduras, disfarçadas ou aparentes, até que surja a última delas, a do espelho de barbear que dá contornos ao sexo da criança.

---

1 E.R. Moraes, *O Corpo Impossível*, p. 36.

Nas molduras de Nassar, encontram-se espelhos e cópulas, abomináveis por multiplicar o número de homens, na visão do heresiarca de Uqbar do conto de Borges[2]. Em "Menina a Caminho", tais como as imagens do desejo ou os reflexos no espelho, as molduras multiplicam-se, inserem-se umas nas outras, encaixam-se. A menina espia a escola "timidamente pelo vidro de uma das janelas" (p. 24). Dentro da sala de aula, encanta-se com "a gravura colorida no suporte: um sapateiro examina uma sola estragada na sua mesa de trabalho, enquanto uma menina pobre e descalça espera ao lado" (p. 25). Pouco depois, a ação contida nessa gravura da escola reaparece, devidamente transformada, na narrativa principal: "A menina depois se perde admirando selas, arreios e bainhas, trabalhos lindos enfeitados com franjas e metais. Mas vez e outra espia de soslaio o velho seleiro: meio sentado na banqueta alta atrás do balcão, a muleta descansando contra a prateleira às suas costas, o seu Tio-Nilo trabalha sisudo uma sola abaulada" (p. 36).

Sucessão de contornos, encaixes, molduras dentro de molduras: a menina e seu Tio-Nilo como protagonistas da ação antes contida na gravura da escola; a pequena oficina de duas portas, pelas quais a menina observa o trabalho do seleiro; os aros dos óculos do artesão.

NARRATIVA EMOLDURADA

Essa vertigem delimitativa ecoa na estrutura episódica do conto. A menina, que caminha aparentemente sem destino pela cidade interiorana, encontra as demais personagens em diferentes espaços, sem que haja interstícios entre cada cena e que se saiba quanto tempo ela leva de um lugar a outro. Quando flagrada a espiar o interior da sala de aula, por exemplo, "a menina some da janela, ressurgindo caída feito peteca que tivesse sido atirada no chão do bar da esquina" (p. 27). Transições desse tipo, que poderiam causar estranhamento em uma primeira leitura por parecerem pouco realistas ou demasiado abruptas num conto que enfatiza em seu título justamente o trajeto, servem, no entanto, perfeitamente

---

2 J.L. Borges, Tlön, Uqbar, Orbis Tertius, *Obras Completas*, v. 1, p. 475.

à sua economia. A sucessão de cenas deliberadamente delimitadas, se pensarmos na homologia entre frase e texto e em sua sintaxe, caracteriza a organização por parataxe, e a postura de observadora pouco participante da protagonista faz pensar em alguém que, ao percorrer o corredor de um museu, vê quadros independentes dispostos lado a lado numa parede. Ou, paradoxalmente, transforma a menina que caminha em espectadora imóvel de um teatro ou um desfile.

Essa impressão de imobilidade tem fundamento. Até o encontro culminante com seu Américo, na menina está oculto um movimento de outra natureza, diferente do causado pelos passos e de vital importância: o movimento interior. Esse movimento – consciência do "sangue, mexeção", nas palavras de Hilda Hilst[3], que há em todo corpo – é o que a faz, uma vez de volta a casa, vomitar. O que desencadeará esse reconhecimento – termo, não à toa, emprestado dos estudos da tragédia grega – será o fato de ser o dela, no momento do conflito decisivo com o velho dono do armazém, o corpo presente no espaço delimitado pela moldura maior da narrativa. O mal-estar decorrente desse reconhecimento faz a menina expelir os alimentos que dão materialidade às fartas porções de sexo consumidas distraidamente ao longo de todo o percurso.

Antes de debruçarmo-nos sobre a passagem crucial do conto em que o reconhecimento se dá, é importante explorar ainda mais os altos e baixos relevos das molduras. Durante o tempo indeterminado em que a menina prossegue em suas andanças entremeadas por encontros, a mãe a aguarda costurando, como Penélope ao esperar o retorno de Ulisses a Ítaca. "Menina a Caminho", como a *Odisseia*, é composto de quadros no interior de uma narrativa-moldura, que, no caso do conto, inicia-se com a saída de casa – "Vindo de casa, a menina caminha sem pressa" (p. 9) – e se encerra com o retorno e a nova saída, que insinua um recomeço – "Deixa a casa e vai pra rua, brincar com as crianças da vizinha da frente" (p. 49). Partida e retorno, como os títulos das partes de *Lavoura Arcaica*. No romance de Nassar, há também citações de textos cuja arquitetura baseia-se em narrativas encaixadas e molduras, como *As Mil e Uma Noites*. Nassar foi

---

3   H. Hilst, *A Obscena Senhora D*, p. 42.

CORPO FEITO CARNE, CONTO FEITO CORPO

buscar a "Parábola do Faminto", contada pelo pai e repetida por André em *Lavoura Arcaica*, na famosa obra oriental.

Em sua análise dos clássicos portadores da estrutura acima descrita, como *As Mil e Uma Noites*, Todorov mostra de que forma neles as "personagens estão submetidas à ação", opondo essa hierarquia à do ideal teórico de Henry James, em que tudo está submetido à psicologia das personagens. O linguista búlgaro mostra também como, em textos desse tipo, a aparição de uma nova personagem imediatamente acarreta a interrupção da história precedente, para que esse novo elemento assuma o que se poderia chamar de primeiro plano[4]. A sucessão de quadros em "Menina a Caminho" é também a de personagens secundárias assumindo o primeiro plano, se consideramos que a menina é, na maior parte deles, espectadora aparentemente pouco participante. O episódio do bar é paradigmático nesse sentido: a aparição das personagens é gatilho para bruscas mudanças de direção. A primeira a surgir é o mulatinho Isaías. Em seguida, os "rapazolas turbulentos entram no bar trazendo o Zé-das-palhas" (p. 28), que fará um discurso contra Getúlio. Interrompendo sua fala, surge de surpresa o homem de macacão. Das coxias invisíveis, a última personagem a ser apresentada sem ser esperada é dona Engrácia. Quando ela deixa o bar, seguida pela menina, tudo o que ali ocorreu aparenta ter ficado para trás sem deixar resquícios, assim como ocorrera quando surgiram as outras personagens.

Até o momento do reconhecimento, o ponto de vista do narrador é muito próximo à visão da menina, que sorve a imensa quantidade de cores, odores, texturas e sabores de tudo que encontra sem reagir senão com fuga – quase nenhuma palavra, nenhum gesto, sem mudança visível em sua psicologia. As metáforas criadas na narração dão às figuras humanas ares dos retratos criados com frutas, verduras e flores pelo pintor maneirista Giuseppe Arcimboldo: dona Ismênia tem "seios de gelatina" (p. 16); a menina rica, "tranças curtas, douradas, dois biscoitos de padaria", as "pregas da saia, em gomos perfeitos" (p. 19); no pôster da barbearia, os "mamões do peito" da mulher pelada (p. 20); os cachorros que cruzam estão "grudados um no outro feito linguiça" (p. 24); o pinguço tem "duas cascas de jabuticaba no lugar dos olhos" (p. 38).

---

4   T. Todorov, *As Estruturas Narrativas*, p. 120-121.

Por meio dessas metáforas alimentares, a realidade oferece-se à devoração. O narrador utiliza ainda, também contaminado pelo olhar da criança, palavras do campo semântico dos brinquedos e brincadeiras: o sexo do cavalo é descrito como uma "boneca" (p. 18); o sexo do baixinho da barbearia, como uma "bola de pano" (p. 23); a menina rica assemelha-se também a uma boneca, só que de porcelana; dona Engrácia parece-se com uma bruxa e "corta a rua como se voasse numa vassoura" (p. 35); o pinguço, que tem ares de palhaço, carrega na orelha um cigarro de palha que "está ali feito um brinquedo de feltro maltratado" (p. 38). Enquanto o corpo presente no espaço delimitado pela moldura não for o seu, isto é, enquanto a menina não for tocada pelo desejo, há ainda espaço para essa fabulação infantil que preside o foco narrativo.

Todorov também faz distinção entre dois modos de narrar. No representado por Henry James, em uma oração "X vê Y" o importante será X, "a ação não é considerada por si mesma, ela é *transitiva* com relação a seu sujeito". Por outro lado, em narrativas predicativas, cujas ações são *intransitivas*, cabe melhor dizer: "vê-se Y"[5]. Esse seria um dos traços dos textos baseados no processo de encaixe. "Menina a Caminho", como outras obras com essa estrutura de molduras dentro de molduras, parece tender à intransitividade. Antes do reconhecimento trágico no fim do conto, a menina aparenta ser apenas espectadora passiva, pois o que ocorre em seu interior só virá à tona no episódio de seu Américo, que determina a mudança substancial. A partir dele, a menina passa a reagir aos acontecimentos e deixa jorrar as palavras numa "cachoeira" (p. 44). A transformação está dada: a menina é dona de um corpo erótico e a narração deixa de ter as marcas da visão da criança, desaparecem os alimentos e os brinquedos, as metáforas escasseiam, a linguagem é crua e direta e os sucessos interiores passam a ser visíveis e determinantes.

DEVORAÇÃO E REGURGITAÇÃO

Se as molduras desempenham papel fundamental no texto e na estrutura, cabe perguntar: o que não pode ser apreendido se não

---

5 Ibidem.

tiver contornos claros? O que precisa ser assim tão contido? O que ameaça escapar caso não lhe se seja oposto obstáculo? Abordar essas questões é responder a dois enigmas relacionados. O primeiro, aquele proposto pela esfinge a Édipo na tragédia clássica. O segundo, o proposto pela esfinge criada por Raduan Nassar, "águia de asas ainda abertas, parecendo terminar o seu voo no topo da fachada" (p. 39) do armazém de seu Américo, que tem sete portas como a Tebas de Sófocles, em cuja entrada está o terrível monstro. "Que criatura pela manhã tem quatro pés, ao meio-dia tem dois, e à tarde tem três?", pergunta a esfinge a Édipo, que livra Tebas da desgraça ao responder: o ser humano. Na resposta do enigma, as idades do homem, seu amadurecimento. Raduan Nassar, como sói acontecer na literatura moderna, rebaixa as referências elevadas da literatura clássica, e o enigma proposto por sua esfinge à menina vem nas "letras pretas de um garrancho", "xingo enorme a carvão" (p. 40) na parede entre duas das sete portas. Na resposta ao enigma dessa esfinge, também as idades do homem, seu amadurecimento.

O que carece de ser contido, de ser posto no interior de uma moldura, parece estar evidente, é o desejo. Em todos os encontros da menina anteriores à cena final no banheiro, de forma mais ou menos explícita, o que está em questão é a irrupção de um desejo que demanda controle e que, não o havendo, acarreta mal-estar, náusea ou angústia. Essas consequências indesejáveis do desejo que se manifesta em público, apesar dos mecanismos de repressão, apesar das molduras, aparecem invariavelmente na forma de uma excreção: aquilo que há no interior dos corpos dos seres tocados pelo desejo, dos objetos a eles pertencentes ou de suas vestimentas, escapa. Seres ou objetos expelem, após a mordida fatal na maçã, o conteúdo de suas entranhas. Os meninos carregam sacos de palha que forrarão o picadeiro do circo improvisado, e "a palha, com o movimento às vezes emperrado, vai estufando cada vez mais a barriga gorda do fundo dos sacos" (p. 11). Um episódio do passado, de cunho sexual, ocorrido no espetáculo anterior, faz com que uma das mães proíba meninos mais velhos como Zuza de participar dos próximos. Zuza responderá à interdição com "o braço teso da banana, pra cima e pra baixo, os olhos cheios de safadeza". Os sacos terminam "vomitando palha pela boca aberta, como se tivessem levado um murro violento na barriga" (p. 13).

A visão do narrador, colada à da criança e que povoa tudo que vê com metáforas alimentares, favorece a representação desse movimento de devoração e regurgitação.

A banana de Zuza encerra um episódio e dá início a outro, salta de um episódio a outro, assim como o desejo é justamente aquilo que sempre escapa, aquilo que salta de um objeto a outro, incessantemente. Os meninos e seus sacos tomados pelo mal-estar se foram, mas seus resquícios permanecem: "três rodelas de palha amarela, como se fossem três gemas enormes se cozendo ao sol" (p. 14). Elas serão o alimento da próxima devoração, dessa vez conduzida por dona Ismênia, "debruçada sobre uma almofada de cetim azul" (p. 13), como a de uma alcova, e sua companheira que, escondida detrás das cortinas, se dá a ver por meio de beliscões, gargalhadas e reprimendas. "Robusta, cheia de pintura" (p. 13), como uma cortesã, dona Ismênia tem ainda um "rosto colorido que nem bunda de mandril" (p. 14). Seu rosto tem, portanto, as marcas da parte inferior do corpo. As provocações, os jogos de duplo sentido, a malícia dos quais se alimentam seus diálogos com Zuza já ameaçam, nesse momento, a integridade de sua constituição, já deixam "os seios leitosos, quase explosivos, quase espirrando pela canoa do decote" (p. 15). O que faz o dique finalmente se romper é a menção a um acontecimento que nunca será explicado pelo narrador ou pelas personagens, e que envolve, ele também, desejo, transgressão e repressão: "Me diz uma coisa, Zuza: que história é essa que andam falando do filho do seu Américo? [...] O vulto atrás da cortina já não sustenta o recato, se arrebenta, sem mostrar a cara, numa solta gargalhada, enquanto a dona Ismênia, afogando-se de gozo, se sacode tanto na janela, parece até que vai vomitar algum sabugo." (p. 15)

A menção ao que não pode ser dito, mas de que ainda assim "andam falando", teve seus efeitos e o corpo parece querer expulsar algo de si, "vomitar algum sabugo". Zuza nada responderá. Ismênia terminará extenuada, lacrimejando de tanto rir, e Zuza, "ardendo de vermelhidão, as orelhas num fogaréu" (p. 16). Para Lacan, o desejo seria "nada de nomeável"[6], tal aquilo que, no conto, é sempre escondido por uma elipse. O psicanalista francês, último proprietário da famosa tela de Courbet antes do Estado francês,

---

6 Apud V. Safatle, *Lacan*, p. 33.

deve a Alexandre Kojève, filósofo e estudioso de Hegel, seu conceito de desejo como "revelação de um vazio"[7]. Revelação de um vazio: o sexo da mulher na pintura de Courbet e o sexo da menina no espelho do banheiro como ausências do falo. Ora, no conto, é justamente a revelação de um vazio, a aproximação, pelos seres incapazes de se abster desse impulso voraz, daquilo que não pode ser nomeado o estopim da náusea que culmina em regurgitação.

Os episódios, que pareciam não ser interligados, agora são costurados por um fio que cria buracos nas peles, há a sombra que salta de um quadro a outro justamente porque a natureza do desejo é evadir-se, escorrer como um líquido. O excesso ultrapassa a moldura de um quadro e chega a outro. É curioso e significativo, no ensaio sobre as narrativas encaixadas e encaixantes, que Todorov pergunte-se sem jamais mencionar o desejo, como se seu pensamento crítico também ocultasse o que pode haver na origem do furor narrativo: "Tentemos agora colocar-nos no ponto de vista oposto, não mais o da narrativa encaixante, mas o da narrativa encaixada, e perguntar-nos: por que essa última precisa ser retomada em outra narrativa? Como explicar que ela não baste a si própria, mas que tenha necessidade de um prolongamento, de uma moldura na qual ela se torna a simples parte de outra narrativa?"

Pouco adiante, responde: "Cada narrativa parece ter alguma coisa demais, um excedente, um suplemento, que fica fora da forma fechada por seu desenrolar. Ao mesmo tempo, e por isso mesmo, esse algo mais próprio da narrativa é também algo menos; o suplemento é também uma falta; para suprir a falta criada pelo suplemento, uma outra narrativa se faz necessária."[8]

DESEJO E NARRATIVA

É nesse ponto em que desejo e necessidade de narrativa confundem-se, ambos incapazes de serem supridos, ambos (diferentes ou uma única coisa?) escapando dos limites impostos por uma moldura e imiscuindo-se no interior de outra, somente para mais uma vez escapar, sem cessar, como a menina que sai de novo à

---

7   Ibidem.
8   T. Todorov, op. cit., p. 130-131.

rua no fim do conto, é nesse entrelaçamento que a estrutura de encaixes de "Menina a Caminho" sustenta-se. Nas narrativas analisadas por Todorov, tudo é primeiro plano, tudo é relatado. A esse tipo de narrativa, do qual se aproxima o conto, Raduan Nassar impõe uma sutil e fundamental subversão: nele, tudo o que entra em cena assume o primeiro plano, tudo é relatado, exceto o que se refere ao desejo, ao sexo e seus interditos. Nesses instantes, surge sempre uma elipse, "a revelação de um vazio", que aponta para o que há de mais importante no conto. As camadas profundas, que não cessam de ser reiteradas pelos vazios, pelas elipses, por esse "nada de nomeável", aparecem de forma explícita apenas após o confronto da menina com seu Américo.

O prenúncio do que ocorre no encontro fatal já está dado na descrição inicial da menina de "peito liso" e "corpo magro como um tubo". A imagem do tubo antecipa o movimento de entrada e saída, de devoração e regurgitação, mas também indica que, num primeiro instante, nada há no interior da menina, que ela nada retém ou expele. A devoração também é anunciada nos "fios colados à roda amarela e gosmenta de manga ao redor da boca". Ao contrário das tranças da menina rica, que são arrumadas, uma de suas tranças é "toda esfiapada, presa por dois grampos se engolindo", como se se devorassem ou, metaforicamente, se beijassem. Uma trança está "quase desfeita, as mechas da outra estão mal apanhadas no laço encardido que cai feito flor murcha sobre a testa" (p. 9-10).

A protagonista pobre, suja e descalça, prestes a prender-se à viscosidade do desejo. A menina rica, "recendendo a limpeza da cabeça aos pés", "boneca de porcelana", aparentemente ainda incólume. Num gesto de zombaria, a menina rica, "abanando a mão espalmada, o polegar tocando a ponta do nariz, faz uma careta bisbilhoteira e mostra a língua, tão comprida e insuspeitada" (p. 19). Poderia ser uma abordagem naturalista, não fossem as molduras incapazes de impedir o excesso de saltar de um quadro a outro. A menina pobre espia o interior da sala de aula. Dona Eudóxia, a professora, que traz no nome a *doxa*, mas tem, ao mesmo tempo, uma barbela, isto é, uma prega de pele sob o pescoço típica de ruminantes, detecta um mau cheiro na sala. Os alunos fazem um gesto similar ao da ofensa da menina rica e abanam as mãos na frente do nariz. A professora pede que a assistente Beca (nome próprio, mas também substantivo que designa veste de magistrados) descubra quem deixou escapar o mau cheiro. Beca, como o cão "lambendo sofregamente a queimadura de trás" (p. 24), abaixa-se e "cheira de pertinho o traseiro de cada aluno, um por um". O jogo de repetições, de ecos, aponta a culpada: justamente a menina rica, que não estava, portanto, por questões de classe, isenta das relações entre o alto e o baixo corporal, e é, por isso, castigada com "bolos" (p. 26).

SECOS E MOLHADOS

Que não se trata de uma narrativa naturalista e que ninguém está imune, por origem ou classe, à viscosidade do desejo, já se pode perceber. Na cena da barbearia, o amarelo das gemas enormes deixadas pelos sacos de palha atingidos pelos murros violentos reaparece no "vidro enorme de loção amarela" (p. 20) na prateleira de espelho. No chão, muitas mechas de cabelo. A loira está nua no pôster, mas coberta com uma estola – roupa, mas também veste litúrgica – peluda. "Na *Ilíada* (canto III) cortar os pelos de um animal que vai ser sacrificado significa consagrá-lo à morte; é um primeiro rito de purificação."[9] Isso porque os pelos costumam simbolizar a virilidade, o instinto e a sensualidade. Nessa barbearia, em que um retrato do presidente Getúlio Vargas representa a autoridade e a repressão, ouviremos mais comentários difusos sobre a sexualidade do filho de seu Américo e saberemos, pelo relato insistente de um homem "fofo", que todos, sem exceção, são "filhos-da-puta". Ao dizê-lo, suas bochechas "ganham um súbito lustro com o suor que começa a porejar" (p. 21-22): mais uma vez, quando se chega ao desejo e à suas imediações, o corpo excreta.

Embora o homem "fofo" acredite na culpa geral e irrestrita, há os que, sob risco de segregação, desconfiança ou loucura, recusam-se a participar desse teatro do excesso. Criaturas que a tarde da vida obrigou aos "três pés" – o terceiro, a bengala –, como seu Giovanni, caduco e que procura um menino que não há, e dona Engrácia, velha de "pele seca" e "peito chupado" (p. 35).

---

9   J. Chevalier; A. Gheerbrant, Poil, *Dictionnaire des symboles*, p. 769. (Tradução nossa.)

Caducos, secos, chupados. Ou seu Tio-Nilo, cujo "coto da perna esquerda está corretamente vestido e embrulhado com a sobra do pano da calça" e que tem em sua oficina um macaco que guarda, "apesar de empalhado, a desenvoltura de um movimento ousado". O artesão severo, bem quisto pelos homens do campo, é considerado perigoso pelas pessoas da cidade, pois tem o símbolo fálico adequadamente protegido e é "solitário, ninguém cochicha em sua oficina" (p. 35-36). Ou ainda o pinguço, cujas calças remendadas e o modo de rir fazem lembrar os de um palhaço – palavra que, numa acepção antiga, significa "vestido ou feito de palha" –, e que tem um cigarro de palha na orelha.

O conto vai trabalhar constantemente com essa oposição entre o que é seco, como aquilo que não está conspurcado pelo desejo, e o seus opostos, o úmido, o viscoso, o que é fluido como as secreções que participam das relações sexuais, o que não pode ser agarrado, o que sempre nos escapa, mas deixa vestígios. O signo mais recorrente da secura é o da palha: estufa o macaco morto, está no cigarro do pinguço-palhaço, e também no nome de Zé-das-palhas, personagem do bar em que se oferecem guloseimas à menina, que "lambe ainda os lábios de vontade" de provar os frutos proibidos, mas não os toca. O alimento que serve de suporte privilegiado para as alusões ao desejo tem, não à toa, como características distintivas exatamente a umidade e a viscosidade: o sorvete. A menina vê, com olhos gulosos, "a caldeira que gira, a pá correndo ali num mesmo ritmo contra a parede interna" (p. 28) e as tampas amassadas dos recipientes de sorvete. Os objetos emulam os movimentos do sexo e as tampas já estão amassadas: aproxima-se o momento em que não haverá obstáculos entre a menina e a devoração.

No espetáculo que ela presencia no bar, essa proximidade se anuncia. Três rapazotes trazem Zé-das-palhas para que ele faça um discurso. A expectativa de que sua fala verse sobre o episódio do filho de seu Américo, isto é, de que eleja o desejo, pelo que tem de incontrolável, como razão para escárnio e sinal de degradação, animaliza os ouvintes, afasta-os também da razão e da ordem social propriamente humanas: o líder dos três jovens é "um galinho de topete alto, uma crista caindo sobre a testa, e a camisa meio aberta pondo à mostra as peninhas novas do peito"; ele exige, para que o louco inicie sua fala, "silêncio do galinheiro".

Ao ver Isaías, "a menina tem a impressão de que suas orelhas, redondas e grandes, cada vez aumentam mais de tamanho" para escutar a conversa do dono do bar e seus amigos, que dão "risinhos estridentes que nem guinchos de rato" (p. 27-29). Todos eles, portanto, ávidos pelo que o discurso de Zé-das-palhas pode oferecer-lhes como alimento.

Zé-das-palhas, no entanto, é um boneco de palha, um "espantalho de passarinho" (p. 31), está no espectro da secura, e não falará de sexo, mas de política. A reação dos rapazotes não pode ser outra: no ser desprovido de visco, arremessam pedaços de alimento, "casca de banana, de laranja e até casca de mortadela" (p. 30). O operário que surge repentinamente para defender Getúlio personifica o controle e faz os jovens partirem. O excesso, porém, não cessa. Após a sua saída, é a vez de Isaías provocar dona Engrácia com frases de duplo sentido. O mulato termina "metendo de novo a pá longa de pau na caldeira, com tanta firmeza, como se fincasse uma lança na carne cor-de-rosa do sorvete" e essa coreografia sexual ameaça a velha senhora, que antes havia sido comparada ao sorvete pelo rapaz. Para evitar a regurgitação, como obstáculo aos reflexos em seu corpo desse contato lúbrico, dona Engrácia "puxa do bolso um lenço amarrotado que ergue para cobrir a boca, como se calasse seu ressentimento" (p. 32-34).

O nome da personagem da velha enriquece a leitura do episódio. A expressão "como as obras de Santa Engrácia" costuma ser utilizada para designar algo que nunca tem fim, remetendo às obras de construção de sua igreja, em Portugal, que levaram quase trezentos anos. O que nunca tem fim, no conto, é o desejo. Dona Engrácia diz ao dono do bar: "O seu Américo nunca fechou o armazém." (p. 33) Ela tem razão: o armazém está aberto para que a menina, que já lambe os lábios, confronte-se com o seu desejo e adentre de vez o espaço delimitado pela moldura. Antes, porém, ela precisa estar apta a cumprir a missão de que sua mãe a incumbiu.

CONVERSÃO EM MENSAGEIRA

Até o momento em que o recado é transmitido a seu Américo, o leitor acompanha sua *flânerie* sem desconfiar de que ela deverá ocupar, entre os homens da pequena cidade degradada, o papel que cabe a Hermes entre os deuses do Olimpo: o de mensageiro. No diálogo *Crátilo*, de Platão, Sócrates explica a Hermógenes a origem dos nomes dos deuses e, sobre Hermes, diz: "De todo jeito, quer parecer-me que o nome Hermes se relaciona com discurso: é intérprete, ou mensageiro e também trapaceiro, fértil em discursos e comerciante labioso, qualidades essas que assentam exclusivamente no poder da palavra."[10]

Para ocupar o papel de mensageiro, a menina deve ter, como o deus da linguagem, asas. Nas representações antigas, Hermes as tem nas costas, por vezes, e nas sandálias e no elmo, com muita frequência. Suas sandálias e seu elmo, bem como o escudo de Aquiles, ricamente descrito por Homero no canto XVIII da *Ilíada*, e os demais equipamentos mágicos dos deuses e heróis gregos foram forjados por Hefesto, conhecido por sua feiura. Foi sua má aparência a causa da traição da esposa, Afrodite, com o deus da guerra, Ares. Outra característica marcante do deus dos artesãos é seu defeito físico: Hefesto é coxo como o Tio-Nilo da menina, o seleiro que se dedica ao trabalho em silêncio, não participa do jogo de fofocas, malícias e maledicências dos desocupados da cidade e tem o coto da perna, símbolo fálico, "corretamente vestido e embrulhado". Como fizera Hefesto por Hermes ao presenteá-lo com o elmo e as sandálias, seu Tio-Nilo dota de asas a menina admirada de seu olhar "por cima dos aros redondos", olhar que a mantém no exterior das molduras, e de seu sorriso franco, portanto, não malicioso (p. 36-37).

Alada como Hermes, a menina adquire o dom da linguagem e converte-se em mensageira. Após deixar seu Tio-Nilo, "na sua boca, de um jeito pequeno, ecoa" o riso do pinguço-palhaço, sorriso franco como o do artesão, "no ritmo do mundo". Em seguida, ao ver passar o cavaleiro solitário que carrega o pequeno caixão branco, balbucia: "um anjinho" (p. 37-39). Uma vez que a realidade exterior, repleta de manifestações do desejo, já a faz lamber os lábios, dotá-la de linguagem significa moldá-la em forma de mulher.

> Disse assim e gargalhou o pai dos homens e dos deuses;
> ordenou então ao ínclito Hefesto muito velozmente

---

10 Platão, *Diálogos: Teeteto – Crátilo*, 408a.

terra à água misturar e aí pôr humana voz e
força, e assemelhar de rosto às deusas imortais
esta bela e deleitável forma de virgem.[11]

Em *O Trabalho e os Dias*, Hesíodo nos conta como Hefesto,
a pedido de Zeus, cria a primeira mulher, Pandora, para punir os
homens pela ousadia do titã Prometeu, que os presenteara com o
fogo roubado do Olimpo. Pandora abre a caixa que continha todos
os males. Como Hefesto, Tio-Nilo cria a mulher que pode haver-se
com o desejo causador de males. O dom de transmitir mensa-
gens é o dom de narrar. Perpetuar a narrativa significa fornecer
ao excesso o transporte de que ele necessita para ir de um quadro
a outro. Narrar é, nesse sentido, perpetuar o desejo. A exposição à
narrativa do desejo cria o desejo de narrar. Hélio, o sol onividente,
é quem alerta Hefesto sobre a traição de Afrodite. Após deixar a
oficina sob os raios de Hélio, "um solão quente e vermelho" (p. 38),
a menina, capaz de narrar, está apta a transmitir a seu Américo a
mensagem que diz respeito, não por acaso, também a uma traição.

MENINA NO INTERIOR DA MOLDURA

A menina chega ao armazém de sete portas como Tebas, sobre
o qual repousa a águia de asas ainda abertas. Ela, também alada,
reitera o enigma da esfinge, cuja resposta passa pelas idades do
homem, por seu amadurecimento. A oposição fundamental da
narrativa reflete-se no conteúdo do armazém: secos e molhados. O interior é úmido, propício às manifestações do desejo,
e nele sobressai "forte cheiro de bacalhau" – a associação comum
entre os odores de peixes e os de genitais é reforçada quando a
menina, preparada para fazer parte do teatro do excesso, entrega-
-se finalmente ao vínculo de participação íntima propiciado pela
devoração: "Afunda logo a mão na barrica em busca de manjubas, come muitas sofregamente. Lambe o sal que lhe pica a pele
ao redor da boca e estala a língua." (p. 41) O nome *manjuba*, em
algumas regiões do país, é usado para designar o pênis, bem como
pica, que na oração aparece como verbo conjugado; há na frase,
ainda, o sal do suor resultante do ato sexual.

---

11 Hesíodo, *O Trabalho e os Dias*, p. 27.

A devoração tem suas consequências. Suspensos no alto do armazém, "que nem três bandeiras quadradas", estão as imagens de três santos. Santo Antônio e são Pedro não a afetam[12]. Mas o menino João Batista, o único dos três cujo nome não aparece precedido dos adjetivos "santo" ou "são", provoca na menina "indisfarçável paixão". Talvez porque carregue um fálico "cajado roçando seu ombro nu" (p. 42). O desejo provocado por Salomé, contam os evangelhos de Mateus e Marcos, custou ao profeta João Batista sua vida. Salomé dança e agrada ao marido de sua mãe, Herodes Antipas, que em retribuição lhe promete dar tudo o que pedisse. Herodias odeia João Batista, que a acusa de adultério, e por isso aproveita a chance para instruir a filha a pedir a cabeça do profeta: "e a sua cabeça foi trazida num prato e dada à jovem, e ela a levou a sua mãe"[13].

Desde essa primeira aparição no *Novo Testamento*, Salomé foi representada pelas penas de escritores como Heine, Huysmans, Mallarmé, Flaubert e Wilde de diversas maneiras. Em *Lavoura Arcaica*, Nassar serve-se também desse mito literário. Põe ênfase, como outros antes dele, naquilo que o texto bíblico apenas menciona: a dança. Em sua primeira aparição no romance, a dança de Ana perturba o irmão André, que a deseja. Na segunda aparição, faz com que o pai estanque um excesso, o desejo sem controle que a dança sensual provoca, com outro excesso, o assassinato da filha. Em "Menina a Caminho", o mito literário representa os efeitos da sujeição à sensualidade representada pela devoração: "Lambendo o torrão de açúcar, o menino se transfigura, transporta-se pras noites frias de junho, o pano com São João drapeja no alto de um mastro erguido no centro da quermesse, afogueado pelas chamas da lenha que queima embaixo." (p. 42)

---

12 Não é demais lembrar que Santo Antônio é o padroeiro dos casamentos, instituição que está no cerne da mensagem a ser transmitida, e que várias de suas festividades e de são Pedro têm como principal atrativo o chamado "pau do santo", mastro que se tocado traz boa sorte e atrai casamentos.

13 *Mateus* 14, 11. Todas as citações bíblicas serão feitas a partir da edição Almeida, revista e corrigida, pois é possível supor que seja essa a tradução da *Bíblia* para o português a que Raduan Nassar tenha tido mais acesso, direta ou indiretamente, de sua infância ao período de produção de suas obras. Além das datas de publicação das diferentes bíblias em português, essa hipótese se baseia na presença de alguns termos que variam conforme a tradução: por exemplo, "candeia" em *Lavoura Arcaica* e em *Lucas* 11, 34-36 e *Mateus* 6, 22-23.

CORPO FEITO CARNE, CONTO FEITO CORPO

Quando a menina cede ao desejo, o pano ganha dobras, o menino queima. Atraída em seguida por um móbile, "um pirulito metálico" que passa a girar sem que nada, um toque ou o vento, tenha-o acionado, a menina chega à moradia interna, onde será a sua vez de queimar-se. Lá, deixa cair o torrão de açúcar aos pés do dono do armazém. Enfim diante dele, é chegado o momento do recado, que, por seu conteúdo, escorre e é transmitido "de susto, uma cachoeira": "Minha mãe mandou dizer que o senhor estragou a vida dela, mas que o senhor vai ver agora como é bom ter um filho como o senhor tem." (p. 43-44)

A resposta do homem coloca no quadro maior do conto, pela primeira vez, o sexo da protagonista, seu enunciado é, portanto, performativo e cria o corpo ao qual se refere: "Puxa daqui, puxa já daqui, sua cadelinha encardida, já agora senão te enfio essa garrafa com fogo e tudo na bocetinha, e também na puta da tua mãe, e na puta daquela tua mãe." (p. 44) O significante que falta, constantemente elidido até então, é afinal encarnado, e no corpo da menina. A identificação da menina com esse significante evasivo, que culmina na observação do próprio sexo no espelho, configura o reconhecimento trágico, conforme o explica Camille Marc Dumoulié[14]. Após confrontar-se por tantas vezes com o significante que falta sem que isso provocasse o movimento interior, a "mexeção", é no ato de retorno que o que está dado se produz, pois "nenhum efeito é sentido como excessivo se não for ativado por uma repetição que lhe dê, então, seu caráter de excesso"[15]. Depois do reconhecimento trágico que o confronto com seu Américo provoca, quando a menina parte em disparada do armazém, cumpre-se o que estava anunciado na fragilidade das tranças que ameaçavam desfazer-se ao sair de casa: a inocência por elas simbolizada ficou para trás, cai-lhe o laço de fita, e o narrador afasta-se da visão da criança. Daí em diante, as descrições deixam de utilizar as imagens dos alimentos e dos brinquedos, nenhum traço de fabulação infantil aparece na representação do mundo exterior. A consequência tantas vezes anunciada desse reconhecimento trágico não tarda a aparecer e, ao entrar em casa, suja de retalhos, papel e casca de manga,

14 Tudo o Que é Excessivo é Insignificante, *Tempo Brasileiro*, n. 169, p. 19.
15 Ibidem, p. 14.

a menina "começa a vomitar, o feijão do almoço, manga, pedaços de manjuba, açúcar redondo" (p. 45).

O significante que falta agora lhe escapa como excedente, como sujeira, a menina conta o que pode à mãe, e "a história vem molhada" (p. 45): para atender ao vício de seu peso, a água tende sempre ao baixo, descreveu poeticamente Francis Ponge. Alucinada, a mãe sente-se mais uma vez ofendida por seu Américo. Os gritos chamam a atenção do marido, Zeca Cigano, que vem do quintal e pune a traição com chicotadas. A vizinha quer acudir e entra nessa casa tomada pelo excesso "à custa de um rasgão no vestido" (p. 46). Seus pedidos de piedade não têm efeito. O que faz Zeca Cigano interromper o castigo violento e de forte teor sexual – a mulher recebe as chicotadas "de bruços no chão do quarto [...], só um tremor contido seguindo ao baque de cada golpe" – não são os apelos da vizinha, mas o momento em que, como tudo que é submetido ao excesso, o corpo expele o que há em seu interior. "Zeca Cigano prende o novo golpe, vendo com súbito espanto a boca da mulher que sangra." (p. 47) Pouco depois, seu suor é que escorre.

A experiência da devoração, a aquisição da fala e a satisfação da necessidade de narrar provocam na menina o mal-estar que culmina em regurgitação, mas dotam-na de um corpo erótico. O corpo feito carne pela voz de seu Américo não é mais um tubo, incapaz de reter as experiências sensíveis, nem é seu interior preenchido de palha, seco; por conseguinte, uma vez tocado o visco, nele algo permanece. Sozinha no banheiro, a menina pode enfim observar, "sem compreender, o seu sexo emoldurado" (p. 49) no espelho do pai. A imagem refletida é invertida: a ausência do falo, a revelação de um vazio. No ocaso da idade de ouro anterior aos interditos, recém-convertida em ser desejante, a menina a caminho de ser mulher vê-se no espelho – "clausura do Espelho, lugar onde se produz a coalescência paradisíaca do sujeito com a Imagem"[16] – e acaricia-se, na única manifestação distensa do desejo na narrativa, por ainda não ter sido transformada em fato social.

Corpo feito carne, conto feito corpo: composto de órgãos – os episódios – que, pelo equilíbrio de seu metabolismo – o ponto

16   R. Barthes, Da Leitura, *O Rumor da Língua*, p. 38.

CORPO FEITO CARNE, CONTO FEITO CORPO

de vista do narrador, a fabulação infantil, a falsa intransitividade das ações –, garantem a integridade de sua constituição. Integridade que dura, porém, somente até que o conto feito corpo ceda à voragem do desejo e se entregue ele também à voracidade: uma vez alimentado daquilo que fora sempre elidido – o significante que falta, agora encarnado na menina pela nomeação explícita do sexo por seu Américo –, vem a regurgitação. O conto até então homogêneo expele algo de suas entranhas: o texto das cenas finais como um apêndice de novas características, uma excrescência que transforma o corpo do conto em corpo desfigurado – não figurado, desprovido de figuras de linguagem. Nesse trecho de texto que o próprio texto expele, que vai do confronto no armazém ao fim, desaparecem, portanto, as metáforas, a narração afetada pela visão da criança e a intransitividade das ações.

A menina sai do banheiro e vai mais uma vez à rua. Nessa odisseia em estado de potência que sua nova saída inaugura e que é deixada para sempre em suspenso, o indício de que o desejo não respeita as molduras, não pode ser contido num quadro, excede o fim da narrativa – como a água da poesia de Ponge: "ela me escapa, escapa a toda definição, mas deixa rastros, manchas informes em meu espírito e sobre o papel"[17].

---

17 De l'eau/Água. Disponível em: <http://antoniocicero.blogspot.com.br>.

2. Vontade de Poder, Volúpia da Submissão

Corpo e Palavra em "Um Copo de Cólera"

PALAVRA FRÁGIL

"Supondo que a verdade seja uma mulher."[1] A partir dessa analogia que abre o prólogo de *Além do Bem e do Mal*, Nietzsche discorre sobre como a cobiçada "dama" não se deixou conquistar pelos filósofos dogmáticos e seus meios inábeis e impróprios. A exposição dos muitos obstáculos à corte dessa figura tão desejada na história do pensamento ocidental vai culminar numa importante inflexão: "Reconhecer a inverdade como condição da vida: isto significa, sem dúvida, enfrentar de maneira perigosa os habituais sentimentos de valor; e uma filosofia que se atreve a fazê-lo se coloca, apenas por isto, além do bem e do mal."[2]

Raduan Nassar, sempre avesso a declarar preferências literárias, filosóficas ou políticas, afirmou, na década de 1980, em uma de suas entrevistas, que a obra do alemão era uma de suas poucas leituras frequentes. O romancista listou o filósofo entre os autores que reforçavam sua formação e o auxiliavam a adestrar-se

---

1 F. Nietzsche, *Além do Bem e do Mal*, p. 7.
2 Ibidem, p. 11.

"numa postura diante do mundo": a "de que se pode pensar com a própria cabeça, independente dos juízes de autoridade"[3].

Em *Um Copo de Cólera*, ao descrever o comportamento da mulher com quem trava uma virulenta disputa verbal, o narrador afirma suspeitar que nela convivam "a vontade de poder misturada à volúpia da submissão" (p. 68). Para compor o primeiro elemento dessa fórmula, ele se apropria da expressão que dá nome a um dos principais temas da filosofia nietzschiana: a "vontade de poder" (ou de "potência", conforme a tradução) seria a multiplicidade de forças que só podem existir em oposição umas às outras e lutam por ampliar mais e mais seu espaço de dominação. Tudo no mundo e na vida, do inorgânico ao orgânico, seria redutível a esse impulso.

Defensor dos falsos juízos por sua capacidade de denunciar ficções lógicas, o filósofo alemão estabelece, nessa doutrina, um único critério para atribuição daquilo que ele entenderia por verdadeiro: o incremento do sentimento de poder[4]. Uma interpretação seria então mais verdadeira quanto mais favorecesse a imposição de uma vontade sobre outra.

A analogia de Nietzsche, que no prólogo parece ter apenas um fim espirituoso, integra-se à doutrina e ganha outro peso quando, muitas páginas adiante, ele dedica o virtuosismo mordaz, até então voltado à demolição de dogmas filosóficos e morais, ao que seria para ele a "mulher em si": "Que a mulher ouse avançar quando já não se quer nem se cultiva o que há de amedrontador no homem, mais precisamente o *homem* no homem, é algo de se esperar e também de compreender; o que dificilmente se compreende é que por isso mesmo a mulher – degenera."[5]

As invectivas do filósofo têm como alvo a entrada da mulher nos até então restritos campos da razão, sob pena de perda das características que constituíam suas principais armas na batalha de vontades que é a vida: a "reserva e uma sutil, astuta submissão", "sua inocência no egoísmo", "o caráter inapreensível, vasto, errante de seus desejos e virtudes"[6]. Contra a igualdade entre os sexos, artificialmente construída e causa de degeneração, sua

---

3   E. Van Steen, *Viver & Escrever*, v. 2, p. 104.
4   F. Nietzsche, *Vontade de Poder*, aforismo 534, p. 281.
5   Ibidem, aforismo 239, p. 129.
6   Ibidem, p. 129-131.

filosofia vai defender, de acordo com sua orientação habitual, a tensão, o conflito, o choque.

Como no prólogo de Nietzsche, também em *Um Copo de Cólera* há uma associação entre a verdade – no sentido de valor contrário à existência de perspectivas conflitantes e de mesma validade – e a figura da mulher. Na novela, o vínculo é criado por um narrador que exalta o fingimento e pretende estar alheio – além do bem e do mal – a qualquer julgamento. Daí a reclamação da "arrogante racionalidade" (p. 42) da amante. O confronto da novela faz lembrar ainda, em certa medida, a contraposição dos impulsos que em *O Nascimento da Tragédia* o filósofo denomina dionisíacos e apolíneos – estes, relacionados às formas, às medidas, às figuras bem delineadas e aos conceitos; aqueles, ao irracional, à embriaguez, à dissolução dos limites e ao excesso.

A verdade como valor é um dos principais alvos contra os quais se lança o narrador de *Um Copo de Cólera*. É aquilo que ele procura destruir e, paradoxalmente, ao mesmo tempo alcançar por meio da reminiscência. A obra de Raduan Nassar encena, de variadas maneiras, a impossibilidade da convicção perante a pletora de possibilidades da palavra. Em geral, o embate entre suas personagens-ideólogas[7] ganha em complexidade quando um dos disputantes é também o dono da voz, e é ao redor do apego ao privilégio de transmitir sua visão única dos fatos que vai circular esta análise.

Em textos como esse, o narrador nassariano parece demolir todo e qualquer edifício da verdade, porém raramente cede a palavra ao outro e, mesmo quando aparenta desconstruir suas próprias asserções, não o faz se valendo do discurso alheio. Seria o caso de se afirmar que ele não abre espaço para o diálogo, no sentido estrito? Postura paradoxal, pois por vezes parece vesti-lo com o manto da autoridade que ele, o detentor da palavra, tanto contesta. Nesse caso, teríamos um narrador ao qual se poderia atribuir a alcunha de autoritário.

Nessa tensão entre uma apologia da destruição irrestrita e a defesa feroz da própria fala, reside uma afirmação categórica da

---

7   M. Bakhtin, *Problemas da Poética de Dostoiévski*, p. 87: "O herói dostoievskiano não é apenas um discurso sobre si mesmo e sobre seu ambiente imediato, mas também um discurso sobre o mundo: ele não é apenas um ser consciente, é um ideólogo."

virilidade do narrador, que é, na maior parte das vezes, realizada de forma violenta. Se isso acontece, talvez seja porque se trata, quase sempre, de uma virilidade à beira de um colapso e, se assim o for, potencializada tanto pela intensidade quanto pela precariedade.

Em *Um Copo de Cólera*, o distanciamento mantido pela força tem um viés erótico, pois há um gozo na manutenção do privilégio da narração (daí a descrição da mulher com "o corpo torcido, a cabeça jogada de lado, os cabelos turvos, transtornados, fruindo, quase até o orgasmo, o drama sensual da própria postura" [p. 69] no momento da dominação). Essa hipótese ganha fôlego quando nos lembramos de que os confrontos entre o feminino e o masculino compõem um dos eixos da ficção de Nassar, não raro fortemente erotizada. Seria questão de se interrogar esse erotismo viril em *Um Copo de Cólera* para tentar perceber quais são as formas pelas quais ele se sustenta.

Associar a verdade dogmática à mulher significa, para o narrador, dotar esse inimigo conceitual de um corpo material, apto portanto a estabelecer relações tanto de poder quanto de prazer: "'tipos como você babam por uma *bota*, tipos como você babam por uma *pata*' eu disse dispondo com *perfeito equilíbrio a ambivalência* da minha suspeição – *a vontade de poder misturada à volúpia da submissão*" (p. 68, grifos nossos).

A ambivalência mais aparente é a que ele explicita recorrendo a um paralelismo com coincidências sonora e sintática: "vontade de poder" e "volúpia de submissão". Misturada a uma força oposta, da qual depende para afirmar a própria, o narrador reconhece na mulher isto que Nietzsche descreve como "um gozo enorme, imensíssimo, no sofrimento próprio, no fazer sofrer a si próprio". Sendo a submissão também um ato de vontade, sua volúpia, nos termos do filósofo, adviria da manifestação da própria crueldade, que se voltaria nesse instante contra si. Nisso Nietzsche coincide com Freud quando ele, a partir da análise de seus pacientes, infere que o masoquismo é um sadismo voltado contra o próprio Eu[8].

O verbo *dispor* remete à *dispositio*, organização dos argumentos do discurso na retórica. O perfeito *equilíbrio* a que o narrador se refere pode ser lido como equilíbrio emocional e controle nos

---

8   S. Freud, Os Instintos e Seus Destinos, *Obras Completas*, v. 12, p. 65; Batem Numa Criança, *Obras Completas*, v. 14, p. 314; e O Problema Econômico do Masoquismo, *Obras Completas*, v. 16, p. 194.

VONTADE DE PODER, VOLÚPIA DA SUBMISSÃO

momentos que antecedem o auge da discussão e a violência física, mas também como equilíbrio na construção do texto, comprovada por outro paralelismo, o das orações cuja única variação são os substantivos de mesmo número de letras e de sons semelhantes (paranomásia em *bota* e *pata*), e que também remetem à ambivalência entre dominação e sujeição. A submissão à *bota*, calçado das forças de Estado que detêm o monopólio do uso da força numa ordem baseada, segundo o narrador, indevidamente numa "razão asséptica" (p. 68), convive com a submissão à *pata*, parte da anatomia animal, do âmbito portanto da força bruta e da "lei da selva" (p. 62), expressão da amante.

Além dessas ambivalências, sobressai da construção uma outra, a da própria literatura: linguagem cujos elementos são também linguagem e já têm significado quando o escritor deles se serve. É por conta desse deslizamento entre sistemas que

a ideia de literatura (ou de outros temas que dependem dela) não é a mensagem que se recebe [...] o que se consome são as unidades, as relações, em suma, as palavras e a sintaxe do primeiro sistema [...]; e, no entanto, o ser desse discurso que se lê (seu "real") é mesmo a literatura, e não a anedota que ele nos transmite; em suma, aqui, é o sistema parasita que é o principal, pois ele detém a última inteligibilidade do conjunto: por outras palavras, é ele que é o "real". Essa espécie de inversão astuciosa das funções explica as ambiguidades bem conhecidas do discurso literário: é um discurso no qual se acredita sem acreditar, pois o ato de leitura se funda num torniquete incessante entre dois sistemas: vejam minhas palavras, sou linguagem; vejam meu sentido, sou literatura[9].

A literatura é fruto, portanto, da "inversão astuciosa das funções", e por isso reúne em si elementos díspares, especialmente aquela que não se pauta por ideais de clareza e de ordem ou, mais ainda, ergue-se contra eles. Assim como o texto criado pelo narrador de *Um Copo de Cólera*, que também opera por reversão e inversão de funções e, a respeito de suas próprias suposições, conclui: "não era isso e nem o seu contrário" (p. 34). Se tudo pode ser dito, se tudo tem o mesmo peso, se é possível afirmar algo e o seu oposto, nada precisa ser dito, nada deve ser dito, não há sentido em dizê-lo. Para demonstrá-lo, porém, é necessário dizer sempre mais, como se na fragilidade da palavra residisse

---

9   R. Barthes, *Crítica e Verdade*, p. 170-171.

sua necessidade. "Quando estou fraco, então é que sou forte"[10], parece afirmar o verbo servindo-se da célebre fórmula do apóstolo Paulo de Tarso. A recusa da política, da história, da memória coletiva por meio do isolamento e da indiferença é também a recusa da narração compartilhada, outro modo de manifestação desse protagonismo verborrágico em que o ato de seguir dizendo é mais importante que o conteúdo dito.

ESPELHO DETRATOR

Como em todos os textos ficcionais de Nassar, exceto "Menina a Caminho" e "Aí Pelas Três da Tarde", em *Um Copo de Cólera* a personagem principal masculina é a dona da voz narrativa. Se na novela como na maior parte de seus textos o conflito entre os sexos tem tamanha relevância, talvez seja interessante verificar de que maneira esse embate restitui ao narrador em xeque traços dos quais ele necessita. Ou, para ser mais preciso, como a mulher fornece a esse homem um retrato de si a partir do qual, por meio do discurso, ele pode erotizar outra vez seu corpo: "é incrível como você vive se espelhicizando no que diz" (p. 49), diagnostica, com acerto.

A fábula é bastante simples: o chacareiro chega à sua propriedade rural, em que a mulher o espera. Eles quase não conversam. À noite, enquanto ela toma banho, ele devaneia sobre as relações sexuais que tiveram no passado. De manhã bem cedo, ambos levantam-se, tomam café e, logo em seguida, sob o olhar do casal de empregados, iniciam uma discussão virulenta que se estende pelas muitas páginas do maior capítulo do livro, "O Esporro". No curto e último capítulo, intitulado, como o primeiro, "A Chegada", a mulher curiosamente assume a narração e relata seu retorno ao sítio, num momento provavelmente posterior ao da disputa.

À mulher incomoda o fato de o chacareiro permanecer em posição intermediária e ambígua: "você é incapaz, absolutamente incapaz de ter opinião" (p. 66), diz ela. É esse o incômodo que está na base de sua reprimenda quando, para ofendê-lo, ela o chama de grisalho: mistura do preto e do branco. Nesse mesmo

10   2 *Coríntios* 12, 10.

VONTADE DE PODER, VOLÚPIA DA SUBMISSÃO

sentido, o chacareiro é, para ela, um "biscateiro graduado" (p. 45). Graduado, aqui usado como adjetivo, em sua forma substantiva pode designar o ocupante de um cargo militar que não goza de suas vantagens (*Houaiss*). Assim, na ambígua expressão, que carrega um sentido de "potência impotente", o adjetivo agrega aspectos de carreira e importância ao substantivo que os nega. Isso que a mulher vê como vício – as contradições e o relativismo –, o homem vai ver como virtude, por entender que ninguém é um "bloco monolítico" e que certos traços de qualquer personalidade "seriam antes características da situação" (p. 39).

O homem busca uma boa imagem de si na mulher, mas ela é, de início, um espelho detrator. O reflexo é invertido e a imagem traz o avesso do que a personagem gostaria de ver ("fascista", "honorável mestre", "bovino", "falsário", "bicha" e "broxa" são palavras com as quais ela se refere a ele). A imagem que ele espera obter não pode vir da confirmação da amante, isto é, por via direta. Só pode ser resultado da reversão de expectativas: a exasperação provocada pela opositora é que vai levar o homem a reencontrar a potência até então à beira do colapso.

O que está em jogo então é a recusa dos contornos oferecidos pelo espelho deformante – recusa que tem aqui um papel produtor de sentidos – e a manifestação como violência física e discursiva da potência recuperada. A que serve essa vontade de potência?[11] Talvez ao retorno a um tempo assim descrito pelo narrador: "tudo tão delimitado, tudo acontecendo num círculo de luz contraposto com rigor – sem áreas de penumbra – à zona escura dos pecados, sim-sim, não-não, vindo da parte do demônio toda mancha de imprecisão, era pois na infância (na minha), eu não tinha dúvidas, que se localizava o mundo das ideias, acabadas, perfeitas, incontestáveis" (p. 80).

No tempo anterior aos interditos, paraíso de delimitações genuínas e precisas, há uma possibilidade maior de domínio absoluto, uma vez que os papéis estão claramente definidos. O que em Nietzsche seria realizado no futuro por uma nova geração de filósofos – a superação da "invenção platônica do puro espírito

---

11 Vontade que se manifesta também em outros pontos da obra de Nassar como na união de irmão e irmã em *Lavoura Arcaica* ou na receita de abandono de todas as convenções e prescrição de uma loucura forjada em "Aí Pelas Três da Tarde", por exemplo.

e do bem em si", o "pior, mais persistente e perigoso dos erros", que se metamorfoseara, ao longo da história, em cristianismo[12] – para o chacareiro só pode remeter ao passado, a uma idade do ouro utópica que a personagem vai localizar na infância. Em mais uma reversão, o desenvolvimento natural da vontade, que deveria conduzir, na projeção otimista do filósofo, o pensamento a um novo tempo, é transformado pela ficção em projeto fracassado. O diagnóstico do presente parece ser o mesmo, mas o resultado não poderia ser mais distinto: o narrador de *Um Copo de Cólera*, defensor ferrenho da contradição, da imaginação que "embaralha simultaneamente coisas díspares e insuspeitadas" (p. 17), deseja um retorno fugaz e provisório ao "mundo das ideias, acabadas, perfeitas, incontestáveis".

VOCAÇÕES DA PALAVRA

"O Esporro", capítulo no qual o conflito entre homem e mulher eclode, ocupa a maior parte da obra. O percurso do narrador até o conforto desse tempo, que é o das desambiguações, é longo. Para percorrê-lo, é necessário que ele se abasteça da energia fornecida pela ingestão de alguma dose de cólera, servida em dois continentes: copo e corpo – não as coisas em si, mas seus homólogos na linguagem. Se o substrato sexual do confronto fica saliente, não menos evidente é seu aspecto de imposição violenta de uma fala a outra. É no bojo dessa imposição que o vigor sexual pode ser reencontrado: a fricção dos discursos, nesse caso, é tão ou mais erótica que a das peles.

Numa moldura como essa, a linguagem confirma sua vocação de veneno e remédio: coloca em risco a virilidade e simultaneamente liberta a potência destrutiva por meio da qual essa mesma virilidade pode se afirmar. Ao dizer, sobre o desempenho sexual do chacareiro, "eu não tive o bastante, mas tive o suficiente" (p. 26), a mulher reúne habilmente numa única sentença, pelo uso da sinonímia, as duas vocações da palavra, pois nega e afirma, ao mesmo tempo, sua satisfação erótica. Esse *leitmotiv* é

---

12 F. Nietzsche, *Além do Bem e do Mal*, p. 8.

VONTADE DE PODER, VOLÚPIA DA SUBMISSÃO

repetido diversas vezes no decorrer do confronto pelo homem, que tenta reverter o discurso contra seu enunciador.

Andréia Delmaschio considera as formigas – ameaças aos seu isolamento e desencadeadoras do "esporro" – como associadas pelo narrador à mulher:

> numa estranha feminização do termo *insetos*: "e as malditas *insetas* me tinham entrado por tudo quanto era olheiro". Ele destaca assim o elemento provocador do *rombo* – esse atributo anatômico da fêmea – que parece dar fim ao desejado isolamento: o tal feminino, invadindo o masculino de maneira inelutável. Em contrapartida, desde o início, a companheira é descrita como uma aparição "andando pelo gramado" e à sua caracterização vão sendo somados diminutivos depreciativos que a reduzem, cada vez mais, àquelas mesmas dimensões do inseto[13].

Atuar com ardência no extermínio das formigas é também enfrentar o susto provocado por essa "mulher que atua" (p. 63) e que ele trata, com reveladora ironia, por "femeazinha livre" (p. 42). Esse homem encastelado em sua chácara ameaçada renuncia ao contato com o mundo, é indiferente. Como há também um aspecto contextual na disputa – relacionado às múltiplas facetas da oposição alienação *versus* engajamento –, a mulher interpreta esse isolamento em termos políticos. Para ele, porém, a disputa será prioritariamente de outro âmbito, patente na seguinte afirmação: "meu verbo tinha força, ainda que de substância só tivesse mesmo a vibração (o que não é pouco)" (p. 37). Nesse "torniquete incessante entre dois sistemas", importa menos o conteúdo e muito mais a forma, isto é, as estratégias discursivas, e a vibração: a intensidade empregada na enunciação. Mais do que à sua "substância", sua queixa do emprego que a mulher dá às palavras têm, portanto, bases retóricas: "Que tanto você insiste em me ensinar, hem jornalistinha de merda? Que tanto você insiste em me ensinar se o pouco que você aprendeu da vida foi comigo, comigo?" (p. 44)

E mais adiante: "vá pôr a boca lá na tua imprensa, vá lá pregar tuas lições, denunciar a repressão, ensinar o que é justo e o que é injusto, vá lá derramar a tua gota na enxurrada das palavras; desperdice o papel do teu jornal, mas não meta a fuça nas folhas do meu ligustro" (p. 48).

---

13   A. Delmaschio, *Entre o Palco e o Porão*, p. 16.

A mulher pretende, em sua visão, ensiná-lo por meio da argumentação lógica, instruí-lo. Trata-se do *docere*, uma das finalidades da retórica ciceroniana. Nada mais distante disso do que o uso que ele faz das palavras, que não terão finalidade didática, mas sim: a. Um caráter mágico ou performativo, quando estará em jogo então o *delectare* (agradar), finalidade que as transforma em veículo sensível da imagem, conferindo-lhes cor, sonoridade etc., e que as capacita a engendrar metamorfoses; b. A finalidade de penetrar os ânimos dos ouvintes e neles despertar emoções fortes, isto é, o *movere* (influenciar) da retórica clássica.

O interessante é notar três diferentes aspectos da relação entre o narrador e a retórica. O primeiro é que, embora ele acuse a mulher de tentar ensiná-lo, o discurso dela acaba por induzi-lo à cólera, ou seja, não o ensina, mas o influencia. O segundo é que, apesar de não pretender ser didático, pois se o fosse acabaria por incorrer no crime que denuncia, o narrador não se abstém de ensiná-la, mas por uma via que não a dos conceitos, a via do corpo e dos sentidos: "me falando sobretudo do quanto eu lhe ensinei, especialmente da consciência no ato através dos nossos olhos" (p. 16). O terceiro aspecto relevante é que, embora a mulher enfatize o teor político da disputa, no fim admitirá a intenção não de instruí-lo ou de ser instruída por ele, mas a de atender a um desejo erótico-discursivo: "Larga logo em cima de mim os teus demônios, é só com eles que eu alcanço o gozo." (p. 73)

O exílio, interpretado pelo viés da política, é ao mesmo tempo de outra espécie, relacionada ao que ela identifica no amante como "aberrações inconfessáveis" (p. 63) de natureza moral. Trata-se, assim, de uma erotização da política ou de uma politização do erotismo realizada no discurso. Não à toa, a paisagem da novela ganha também tintas eróticas na voz do narrador. No instante do dia em que o calor começa a aumentar, a descrição do amanhecer, ao dotar as nuvens de uma carne porosa, fria e prestes a ser penetrada pelos raios de sol, mostra que o exílio está ameaçado pelo sexo oposto, que é sempre adjetivado com signos de claridade.

A construção que mal se vê da janela da casa é um seminário, lugar de dupla separação para o homem: das mulheres e do mundo. No isolamento, porém, é impossível atingir o estado almejado. A alquimia, a cujo vocabulário ele recorre para descrever o ritual de retorno ao passado, exige a participação de

VONTADE DE PODER, VOLÚPIA DA SUBMISSÃO 31

outros princípios além do masculino. Por isso, será necessário que os corpos, representando aspectos opostos de cada um dos distintos planos – a luz, os animais, os elementos químicos – se aproximem. A palavra é o suporte possível desses universos no corpo humano.

LINGUAGEM INOCENTE

O discurso alheio é a chave para o dilema descrito a seguir. A destruição de toda possibilidade de existir uma Verdade é o meio pelo qual o homem defende a sua virilidade, ameaçada pela palavra--veneno do outro. Essa destruição é realizada principalmente por meio da reversibilidade, isto é, a capacidade de usar um discurso para dizer algo diferente ou oposto ao que dizia ou a capacidade de impor transformações ao corpo, à matéria, aos elementos, como acontece na Alquimia. Paradoxalmente, porém, ele se apega com tal empenho à própria fala que aparenta exigir para si a posse da verdade. Vive isolado e pretende-se indiferente a tudo que lhe é exterior, mas deseja, ao mesmo tempo, uma experiência de poder e integridade num tempo imune às contradições. Para que essa condição seja atingida, é necessário um catalisador: a potência febril e violenta desencadeada pela palavra-remédio do outro. Conforto e confronto estão, portanto, intimamente ligados. Sua virilidade só pode estar a salvo numa idade em que seja possível prescindir daquilo que ele vai classificar como soluções imprestáveis: as palavras. Talvez só aí, na infância utópica em que a comunhão homem-mulher se realiza na relação mãe-filho, esse homem possa atingir seu objetivo: "queria era o silêncio" (p. 30).

Em alguns momentos o silêncio se instaura. Prefigura-o sempre o encontro dos corpos e o discurso convulso. Em "Na Cama", quando o homem se recorda de um ato sexual, é possível encontrar elementos recorrentes desse trajeto:

eu dentro dela, sem nos mexermos, chegávamos com gritos exasperados aos estertores da mais alta exaltação, e pensei ainda no salto perigoso do reverso, quando ela de bruços me oferecia generosamente um outro pasto, e em que meus braços e minhas mãos, simétricos e quase mecânicos, lhe agarravam por baixo os ombros, comprimindo e ajustando, área por área, a massa untada dos nossos corpos (p. 15).

Primeiro, a linguagem: no clímax, a prosa torna-se mais e mais poética. Note-se, por exemplo, a repetição dos fonemas /ez/ no início de "exasperado", "estertores" e "exaltação". Ou, ainda, o eco do adjetivo "alta" em "exaltação" e "salto", remetendo ao ápice da relação. Em seguida, como etapa necessária ao retorno ao passado, os dois corpos, se "comprimindo e ajustando, área por área", tornam-se uma única "massa untada". Tal união – e tudo o mais para o narrador – não pode ser atingida por via direta, pelo que prega uma dita normalidade que é repressora, porquanto pregadora de uma convenção, e por isso é necessário "o salto perigoso do reverso". Salto que é discursivo, como já se disse, e que consiste na apropriação transgressora do discurso alheio – análoga à sodomia da cena, reverso do sexo com fins reprodutivos.

Em outro momento em que a comunhão é prefigurada, o narrador descreve no presente da narração:

ela veio por trás e se enroscou de novo em mim, passando desenvolta a corda dos braços pelo meu pescoço, mas eu com jeito, usando de leve os cotovelos, amassando um pouco seus firmes seios, acabei dividindo com ela a prisão a que estava sujeito, e, lado a lado, entrelaçados, os dois passamos, aos poucos, a trançar os passos, e foi assim que fomos diretamente pro chuveiro (p. 20).

Percebe-se a correspondência entre personagem e ambiente. O corpo do homem é uma prisão; sua propriedade, uma fortaleza; e sua posição de narrador, incontestável. Há, no entanto, o feminino, as formigas e um interlocutor para ameaçá-los. No entrelaçamento de corpos e passos que antecipa o momento do banho, a mulher enreda-o pelo pescoço com o braço, semelhante à corda e serpente.

No primeiro capítulo, repleto de signos de elevação, homem e mulher sobem aos aposentos superiores. Antes do banho em que a comunhão começa a se dar, o homem é metaforicamente enforcado pela mulher. Não se trata ainda da queda fatal, apenas de seu prenúncio: no penúltimo capítulo, logo após ficar "olhando o chão como um enforcado" (p. 78), ele efetivamente desaba no jardim, para em seguida ser erguido do chão feito um menino. Os elementos trágicos em profusão são tornados atuais pela incorporação feita por meio da citação velada, e não há praticamente distanciamento temporal entre o narrador e o que é narrado.

VONTADE DE PODER, VOLÚPIA DA SUBMISSÃO

Antes do primeiro ensaio de queda, no banho, a mulher lava os órgãos sexuais do homem. Esse gesto não provoca desejo, mas desencadeia um mergulho na memória – o sexo do narrador é "uma trouxa ensaboada" (p. 22), metáfora de flacidez. O banho remete à purificação pela água, à remissão dos pecados, à inclusão do batizado no corpo místico de Cristo. Na tradição alquímica, também o fogo purifica, por isso o narrador afirma que o ardor nos olhos provocado pela espuma anunciava asseio. A finalidade ritual, e não erótica, é afirmada pelo narrador quando a mulher procura novamente seduzi-lo e ele a recusa: "e eu já estava bem enxaguado quando ela, *resvalando dos limites da tarefa*, deslizou a boca molhada pela minha pele d'água, mas eu, tomando-lhe os freios, *fiz de conta que nada perturbava o ritual*" (p. 23, grifo nosso).

Nesse instante, como no sexo, a comunhão que remete a um tempo infantil é corporificada na linguagem. Da relação entre poesia e infância[14] decorre a intensificação de jogos sonoros visíveis em orações como "a espuma crescendo fofa lá no *alto* até que desabasse com *espalhafato*" (p. 22, grifo nosso), que tem uma rima marcante, ou no trecho a seguir, repleto de recursos poéticos: "e seus dedos começaram a tramar a coisa mais gostosa do mundo nos meus cabelos *co'chuva* quente que caía em cima, e era então um plaft plaft de espuma grossa e atropelada, se espatifando na cerâmica *co'água* que corria ruidosa para o ralo, e ela ria e ria" (p. 22, grifo nosso).

A dicção infantil se manifesta em onomatopeia (plaft plaft), aliteração (consoante *d* em "doidamente com o nó dos dedos" e *r* em "corria ruidosa para o ralo, e ela ria e ria") e assonância (vogal *u* em "meu couro com as unhas, me raspando a nuca dum jeito que me deixava maluco na medula". Essa transfiguração da linguagem prenuncia o sucesso provisório do ritual. As "mãos rústicas e pesadas" (p. 22-23) da mulher, enxugando-o, fazendo-o rir com

---

14 G. Vico, *Princípios de Uma Ciência Nova*, p. 76: "Os primeiros homens das nações gentílicas, quais infantes (*fanciulli*) do nascente gênero humano, como os caracterizamos nas *Dignidades*, criavam, a partir de sua ideia, as coisas, mas num modo infinitamente diverso daquele Deus. Pois Deus, em seu puríssimo entendimento, conhece, e, conhecendo-as, cria as coisas. Já as crianças, em sua robusta ignorância, o fazem por decorrência de uma corpulentíssima fantasia. E o fazem com uma maravilhosa sublimidade, tamanha e tão considerável que perturbava, em excesso, a esses mesmos que, fingindo, as forjavam para si pelo que foram chamados 'poetas', que, no grego, é o mesmo que 'criadores'."

34

cócegas, penteando-o, são descritas exatamente como as de dona Mariana após o clímax do confronto, quando ela e Antônio, seu marido, "como se erguessem um menino" (p. 81), auxiliarão o narrador prostrado numa explosão de gemidos e soluços.

DRAMA SINUOSO

Quando os corpos se unem no banho, o ritual atinge um primeiro sucesso. O homem afirma achar "gostoso todo esse movimento dúbio e sinuoso" (p. 21-22) da mulher. "Dúbio" e "sinuoso" são adjetivos normalmente associados à estética maneirista ou barroca[15]. Como explica Segismundo Spina: "Do jogo proposto dos timbres, das tônicas e dos fonemas, como que a transcender o mutismo da palavra escrita, brota a musicalidade da frase; de um vocabulário de palavras dinâmicas, flutuantes e sinuosas, surge todo um mundo de formas em mudança."[16]

O maneirismo seiscentista, ele explica, queria reconquistar o poder expressivo das palavras por meio de seu emprego malicioso, e assim recuperá-las do cansaço imposto pelas rígidas formas clássicas. A estética que tem "horror às denominações correntes do objeto" parece ser a adequada a alguém como o narrador de *Um Copo de Cólera*. Como os homens desse tempo descrito por Spina, ele pretende erguer-se contra visões demasiado unívocas da realidade e que não levem em conta a singularidade e a experiência individual. Na novela, a aproximação de seres díspares e complementares vai culminar, mais do que numa fusão de corpos, numa fusão de discursos conflitantes. Por isso a linguagem

---

15 A opção por utilizar os dois termos se deve ao fato de que, embora a historiografia literária venha sustentando uma polêmica sobre a existência e a duração dos períodos Barroco e maneirista, em geral as descrições das características de cada um desses períodos ou espíritos de época são mais convergentes do que divergentes. Hocke, discípulo de Curtius, defende que uma das linhas de força da literatura, ao lado da clássica, é a maneirista, e que, portanto, embora tenha havido um predomínio dessa forma de pensar no século XVII, haveria uma literatura maneirista em todas as épocas. Carpeaux, em sua *História da Literatura Ocidental*, elencando vasta bibliografia, inclusive algumas obras que refutam a tese de Hocke, desconsidera a existência do maneirismo entre a Renascença e o Barroco ao afirmar que a transição entre os dois períodos pode ser descrita sem a necessidade desse conceito.

16 S. Spina; M.W. Croll, *Introdução ao Maneirismo e à Prosa Barroca*, p. 18-19.

VONTADE DE PODER, VOLÚPIA DA SUBMISSÃO

maneirista ou barroca é conveniente ao narrador: ao contrário da clássica, ela se serve de imagens poéticas que conectam elementos dissonantes ou antagônicos, sem, no entanto, que suas particularidades desapareçam e uma síntese seja atingida.

Escolher o viés maneirista, privilegiar a metáfora engenhosa, que aproxima termos distantes por meio de conexão enigmática e que exige um esforço de desvendamento, reconquistar o poder expressivo das palavras por meio de seu emprego malicioso, às vezes dando novo significado ao texto cristalizado da tradição, tudo isso afasta a criação de campos tais como a sinceridade, a originalidade, a espontaneidade e o imediatismo. Não há nada mais ausente no protagonista de *Um Copo de Cólera* do que sinceridade, nada menos espontâneo do que seu discurso. O que há é o oposto: uma insistência sintomática e sistemática em demonstrar que cada um de seus gestos, suas palavras e seus sentimentos – às vezes também os da mulher, ao menos em sua visão – está no espectro do fingimento. Os verbos *fingir*, *simular*, *forjar*, *calcular* e suas derivações em substantivos e adjetivos são requisitados quase que obsessivamente[17].

Serve ao mesmo fim o vocabulário do *jogo*: "repassei na cabeça esse outro lance trivial do nosso jogo, preâmbulo contudo de insuspeitadas tramas posteriores" (p. 14).

E mais adiante: "caiam cidades, sofram povos, cesse a liberdade e a vida, quando o rei de marfim está em perigo, que importa a carne e o osso das irmãs e das mães e das crianças? Nada pesa na alma que lá longe estejam morrendo filhos" (p. 59).

Nesse último trecho, além das alusões ao jogo e à estratégia contidas na peça de xadrez, também a incorporação velada da ode "Ouvi Contar Que Outrora", de Ricardo Reis, heterônimo de Fernando Pessoa, coloca em xeque o valor da originalidade e sinceridade. Incorporação que ganha ainda mais relevo se pensarmos

---

17 Entre outros exemplos, com grifo nosso: "embora eu displicente *fingisse* que não percebia"; "fazendo um empenho *simulado* na mordida" (p. 10); "*simulando* motivos pequenos para minha andança no quarto"; "e eu, sempre *fingindo*, sabia que tudo aquilo era *verdadeiro*"; "ia e vinha com meus passos *calculados*"; "dilatando sempre a espera com mínimos *pretextos*" (p. 13); "nas *artimanhas* que empregaria (das tantas que eu sabia)"; "o brilho que eu *forjava* nos meus olhos"; "repassei na cabeça esse outro lance trivial do nosso *jogo*" (p. 14); "ela me disse *fingindo* alguma solenidade" (p. 19); "*forjando* dessa vez na voz a mesma aspereza que marcava minha *máscara*" (p. 36).

na opção pelo poeta que levou ao paroxismo a representação da fragmentação do sujeito e tornou extremamente complexa a discussão da autenticidade. O escritor português também é convocado em *Um Copo de Cólera* pela citação sem aspas de trechos de sua célebre "Autopsicografia", que reflete sobre as mesmas questões acima[18].

Mais do que o do jogo, porém, o vocabulário privilegiado para o rebaixamento da sinceridade e a exaltação do fingimento será o do teatro[19]. Não só o vocabulário, mas também a forma da obra aproxima, em muitos momentos, a novela do drama. Em sua constituição, por muito pouco não será respeitada integralmente a regra das três unidades – de ação, tempo e espaço – que vigoraram com força no teatro até o romantismo. Apenas o último capítulo, como um excesso, um resíduo ou um apêndice no corpo da obra, vai quebrar a unidade de tempo, como veremos adiante.

O uso do discurso direto e a ausência de verbos *dicendi* em alguns trechos favorecem o efeito dramático:

"entenda, pilantra, toda 'ordem' privilegia" "entenda, seu delinquente, que a desordem também privilegia, a começar pela força bruta" "força bruta sem rodeios, sem lei que legitime" "estou falando da lei da selva" "mas que não finge a pudicícia, não deixa lugar pro farisaísmo, e nem arrola indevidamente uma razão asséptica, como suporte" "pois vista uma tanga, ou prescinda mesmo dela, seu gorila" (p. 62).

Nesse diálogo, que se estende por cerca de quatro páginas, as vozes se intercalam sem narração entre elas. Em todo o livro, o narrador opta quase que exclusivamente pelo discurso direto para transcrever as falas da mulher. Num certo sentido, essa opção poderia indicar a intenção de deixar o outro falar por si. O outro

---

18 Diz o narrador: "ou então, ator, eu só fingia, a exemplo, a dor que realmente me doía" (p. 39).

19 Entre muitos exemplos, com grifo nosso: "ela não só tinha forjado na caseira uma *plateia*" (p. 33); "já puxava ali pro *palco* quem estivesse a meu alcance"; "Eu haveria de dar um *espetáculo* sem *plateia*" (p. 36); "ela sabia representar o seu *papel*, entrou de novo espontaneamente em *cena*" (p. 38); "eu estava dentro de mim, precisava naquele instante de uma escora, precisava mais do que nunca – pra *atuar* – dos gritos secundários duma *atriz*, e fique bem claro que eu não queria balidos de *plateia*" (p. 42-43); "o *circo* pegou fogo (no chão do *picadeiro* tinha uma *máscara*)" (p. 69); "um *ator* em carne viva, em absoluta solidão – sem *plateia*, sem *palco*, sem *luzes*, debaixo de um sol já glorioso e indiferente" (p. 78); "atravessei a *peça* toda" (p. 84).

lado da moeda, mais adequado às imagens de ator e ventríloquo, de forte repercussão no texto, pode significar um desejo de falar *pelo* outro, ao escamotear a mediação, que é mais explícita no discurso indireto. Na visão do narrador, as palavras são tão carregadas de sentido que a única autenticidade possível é a que provém do corpo: "o povo fala e pensa, em geral, segundo a anuência de quem o domina; fala, sim, por ele mesmo, quando fala (como falo) com o corpo, o que pouco adianta, já que sua identidade se confunde com a identidade de supostos representantes" (p. 60).

Otto Maria Carpeaux destaca "a índole teatral da civilização barroca"[20]. O uso do vocabulário dessa arte e a forma dramática são, portanto, outros pontos que aproximam *Um Copo de Cólera* do espírito barroco. O paradoxo, no que se refere ao protagonista, é o desejo de transformar todas as demais personagens em atores e, ao mesmo tempo, impedi-los de atuar. Ou melhor: de obrigá-los a atuar sob sua direção e seu comando.

Uma estética da clareza e dos conceitos, baseada numa linguagem racional, não seria compatível com o "salto perigoso do reverso", com a imaginação que "trabalha e embaralha simultaneamente coisas díspares e insuspeitadas" e com os "portadores das mais escrotas contradições" – expressões do narrador. Muito mais fecundo, nesse caso, é o estilo que permite reunir: "heroísmo e estoicismo melancólico, religiosidade mística ou hipócrita e sensualidade brutal ou dissimulada, representação solene e crueldade sádica, linguagem extremamente figurada e naturalismo grosseiro"[21].

Parece-nos que essas qualidades estão visíveis ao longo de toda a novela. O dono da voz narrativa não pretende criar imagens claras e nítidas. O espelho no qual a realidade se reflete é convexo e engendra seres monstruosos: a mulher afirma que ele tem algo de bovino, ele se descreve como um cavalo; ele se compara à raiz de um vegetal e a compara a uma trepadeira; ele manda-a "caçar sapo" (p. 42) e caça-a como a um pássaro. Com acerto, Rassier argumenta que essas imagens de captura de animais, presentes não só em *Um Copo de Cólera*, mas também em *Lavoura Arcaica* e no conto "Hoje de Madrugada", remetem ao diálogo platônico "O Sofista", em que há uma analogia dos métodos desses filósofos

---

20 O.M. Carpeaux, op. cit., p. 629.
21 Ibidem, p. 583.

com o da caça às aves e aos peixes[22]. A afinidade entre os sofistas, admirados por Nassar[23] e citados na novela ("mestres-trapaceiros que – pra esconder melhor os motivos verdadeiros – deixam que os tolos cheguem por si mesmos às desprezíveis conclusões sugeridas pelo óbvio", p. 63-64), e o narrador é evidente: ambos privilegiam as estratégias de argumentação e valem-se da capacidade de um discurso servir a distintos fins, mesmo os opostos.

Assim como a sodomia presente na novela renega a função reprodutiva, na estética maneirista o "meio de comunicação, a linguagem, a letra, a palavra, a metáfora, a sentença, a frase, a figura de sentido lírica (*concetto*) tornam-se autônomas. Seu valor funcional original é denegado"[24]. A reversibilidade que permite essas renegações é o princípio básico dos procedimentos da tradição hermético-alquímica, diversas vezes requisitados para ensejar metamorfoses em *Um Copo de Cólera* e *Lavoura Arcaica*, conforme argumenta Rassier[25]. Antes de se deter na exposição dos elementos dessa tradição presentes em cada obra ficcional do autor, a pesquisadora recorre a uma entrevista de Nassar para discutir de que forma esses elementos teriam um caráter programático. Diz ele:

[Escrever] é um expediente para você discutir coisas que te preocupam. Além do quê, eu acho tão caótico esse mundinho, que não deixa de ser uma forma de tentar, num espaço confinado, que é o texto, organizar um mundo que não é exatamente uma reprodução do real, mas um mundo que você imagina. Existe, num texto, essa tentativa de compensar o desequilíbrio e a desordem instalada em toda sua extensão à sua volta.[26]

Rassier detecta nessa afirmativa uma concepção às escondidas – como sói acontecer no discurso hermético – de diversos

22 L.W. Rassier, *Le Labyrinthe hermétique*, p. 322.
23 Em entrevista a E. Van Steen, op. cit., p. 269: "Pra começo de conversa, gosto muito dos sofistas, aqueles trapaceiros da Antiguidade. Apesar de achincalhados, foram penetrantes na sua reflexão, dos mais lúcidos da história do pensamento, na minha opinião." Ver também *Cadernos de Literatura Brasileira*, p. 37-38: "eu também pensava, quando esbarrei nos sofistas, que a razão não era exatamente aquela donzela cheia de frescor que acaba de sair de um banho numa tarde de verão. Ao contrário, era uma dama experiente que não resistia a uma única cantada, viesse de onde viesse, concedendo inclusive os seus favores a quem pretendesse cometer um crime. O aporte ético, que tentaram colar nela desde os tempos antigos, lhe é totalmente estranho".
24 G.R. Hocke, *O Maneirismo na Literatura*, p. 55.
25 L.W. Rassier, op. cit., p. 289 e s.
26 Apud L.W. Rassier, op. cit., p. 289.

VONTADE DE PODER, VOLÚPIA DA SUBMISSÃO

aspectos dessa tradição, entre eles a oposição entre caos e ordem ("caótico", "organizar"), as relações entre macrocosmo e microcosmo ("mundinho" e "texto") e a importância do vaso fechado, *athanor*, em que as forças opostas são manipuladas e as matérias transformadas durante as operações alquímicas ("espaço confinado"). De tudo isso, interessa-nos mais particularmente, como diz a pesquisadora, que "o escritor será como o alquimista, esse manipulador da matéria sempre em busca da perfeição representada pela Pedra Filosofal"[27].

É essa aproximação entre alquimia e linguagem, manifestada na reversibilidade, a base para expressões na obra nassariana que reúnem fecundidade e esterilidade, potência e ruína, como "semente senil" ou "ventre seco". A reversibilidade é uma forma de trapaça, mas é com ela que o homem fabrica um princípio de coerência em meio a sua loucura, por meio do seguinte processo: da explicitação das diferenças nascem as oposições, as oposições tornam-se simetrias, e nas simetrias encontram-se as identidades[28]. O mínimo denominador comum, a identidade que resta após todas essas reduções, é a "vontade de poder misturada à volúpia da submissão".

Por ser capaz de questionar a validade de qualquer afirmação, a reversibilidade maneirista ou barroca poderia conduzir ao silêncio, mas, paradoxalmente, ela engendra textos labirínticos e que não cessam de multiplicar-se. Hocke descreve como constante na literatura universal a oposição – que ecoa em boa medida a divisão nietzschiana entre espíritos apolíneos e dionisíacos – entre os estilos clássico ou aticista, detentor de um ideal de regularidade que normaliza e de um viés harmonizador e conservador; e maneirista ou asiaticista, que é desarmonizador, moderno, irregular e pleno de tensão[29]. O maneirismo literário, explica ele, é:

resultado de tensões polares do espírito, da sociedade, do eu particular. Com isto, ele se converte justamente na expressão legítima de tal problemática, isto é, no tenso modo de expressão da problemática atinente ao assim chamado homem "moderno", ao contrário do tipo de expressão desentesado do homem conservador no melhor sentido do termo, que

27 L.W. Rassier, op. cit., p. 290. (Tradução nossa.)
28 G. Genette, *Figuras*, p. 384.
29 G.R. Hocke, op. cit., p. 32.

ainda se acha tradicionalmente associado e, mesmo depois das mais violentas comoções, volta-se sempre para a certeza do ser[30].

O romance maneirista, diz ele, seria precisamente aquele que tipifica o maneirismo enquanto fenômeno existencial. Se aplicamos essa definição a *Um Copo de Cólera* é porque, mais do que atender a um desejo de filiação, ela nos ajuda a compreender a imbricação entre linguagem e fábula, cada uma trazendo a seu modo elementos desse estilo do homem problemático, caracterizado pela incerteza e revoltado contra a "existência escandalosa de imaginados valores, coluna vertebral de toda 'ordem'" (p. 54).

A opção pelas fileiras da desordem é dada nos níveis da fábula e da forma[31]. O elemento desencadeador da fúria do homem é, na primeira, a invasão das formigas. Além de representarem a mulher que atua, as formigas perturbam o narrador por outro motivo: "puto com essas formigas tão ordeiras, puto com sua exemplar eficiência, puto com essa organização de merda que deixava as pragas de lado e me consumia o ligustro da cerca" (p. 32). Mulher, racionalismo que despreza a paixão e formigas, todos serão confundidos no espectro da ordem.

À explosão do homem, a mulher responde com ironia. Ela o acusa de renegar a esfera racional, quando na verdade parece ocorrer o contrário. Para ele, "a razão jamais é fria e sem paixão" (p. 35) e misturar "razão e emoção num insólito amálgama de alquimista" (p. 39) é um dos objetivos de seu ritual. A claridade do dia, ele afirma, devolve a ela "com rapidez a desenvoltura de femeazinha emancipada" (p. 32). De dia, portanto, sob o efeito das luzes, ela está no espectro da racionalidade e eles estão desunidos, ao passo que à noite, na cama, ela é submissa e dependente da conexão com ele.

---

30 Ibidem, p. 111.

31 Em *Lavoura Arcaica*, p. 158: "– Toda ordem traz uma semente de desordem, a clareza, uma semente de obscuridade, não é por outro motivo que falo como falo."; e Idem, O Ventre Seco, *Menina a Caminho*, p. 64-65: "7. Farto também estou das tuas ideias claras e distintas a respeito de muitas outras coisas, e é só pra contrabalançar tua lucidez que confesso aqui minha confusão, mas não conclua daí qualquer sugestão de equilíbrio, menos ainda que eu esteja traindo uma suposta fé na 'ordem', afinal, vai longe o tempo em que eu mesmo acreditava no propalado arranjo universal (que uns colocam no começo da história, e outros, como você, colocam no fim dela), e hoje, se ponho o olho fora da janela, além do incontido arroto, ainda fico espantado com este mundo simulado que não perde essa mania de fingir que está de pé."

VONTADE DE PODER, VOLÚPIA DA SUBMISSÃO

Os movimentos "dúbios e sinuosos" da amante são também os da linguagem, e ambos agradam, em sua ambiguidade, ao narrador. Sarcasticamente, ele reconhece que sua opositora tem ciência da maleabilidade das palavras e de sua adequação a qualquer discurso: "mas é preciso convir também que ela exorbitou no atrevimento ao cometer tamanha violência no nariz do meu cavalo [...] esticando prazenteirissimamente a goma das palavras, mascando esta ou aquela como se fosse um elástico ou a porra do pai dela" (p. 55). O jorro verbal é também a ejaculação, a porra do pai é a palavra erotizada da autoridade, que ela repete. Ela é capaz, inclusive, de denunciar as estratégias discursivas do homem e seu "papo autoritário de um reles iconoclasta" ao esgotar em uma única sentença os sinônimos aos quais ele recorre:

não posso descuidar que ele logo decola com o verbo... corta essa de solene, desce aí dessas alturas [...] não me venha com destino, sina, karma, cicatriz, marca, ferrete, estigma, toda essa parafernália enfim que você bizarramente batiza de "história"; se o nosso metafísico pusesse os pés no chão, veria que a zorra do mundo só exige soluções racionais, pouco importa que sejam sempre soluções limitadas, importa é que sejam, a seu tempo, as melhores (p. 58).

O chacareiro subleva-se contra todo proselitismo em prol não de outra ordem – "palavra por sinal sagaz que incorpora, a um só tempo, a insuportável voz de comando e o presumível lugar das coisas" (p. 61) –, entendida sempre como violenta imposição de uma vontade de poder, mas de uma utópica convivência das diferenças que apague justamente a necessidade dessa imposição:

num mundo estapafúrdio – definitivamente fora de foco – cedo ou tarde tudo acaba se reduzindo a um ponto de vista, e você que vive paparicando as ciências humanas, nem suspeita que paparica uma piada: impossível ordenar o mundo dos valores, ninguém arruma a casa do capeta; me recuso pois a pensar naquilo em que não mais acredito, seja o amor, a amizade, a família, a igreja, a humanidade; me lixo com tudo isso! me apavora ainda a existência, mas não tenho medo de ficar sozinho, foi conscientemente que escolhi o exílio, me bastando hoje o cinismo dos grandes indiferentes (p. 54-55)

Se a ordem, como mostra o trecho – que se liga ao discurso de André contra o pai e o do homem contra Paula em "O Ventre

Seco"[32] –, é fruto da imposição de um discurso que se naturaliza, convém ao narrador de *Um Copo de Cólera* desmascará-lo. Na forma, esse desmascaramento das capacidades persuasivas de um texto se manifesta, entre outros aspectos, na rejeição de uma organização convencional: opta-se por prescindir de parágrafos e de maiúsculas e adotar a configuração que caracteriza o jorro, o esporro, a "quimérica procriação da frase com a frase, da palavra com a palavra, da letra com a letra"[33]. Também na apresentação obsessiva dos distintos modos de dizer, na explicitação recorrente da existência de discursos contraditórios no interior de um discurso, de uma frase ou até de uma palavra.

Logo após encontrar o rombo na cerca viva, por exemplo, o protagonista relata a conversa com dona Mariana sobre o paradeiro de seu marido e aproveita para explicitar esse método de desconstrução do discurso ao fazer conjecturas sobre as respostas possíveis, cada uma numa chave:

> me bastando da caseira qualquer *chavão* do dia a dia, "o Tonho foi pertinho ali embaixo mas volta logo" […] ou, mais *cuidadosa*, a dona Maria podia inclusive justificar "ele saiu cedinho pra pegar o leite lá na venda e já deve bem de estar chegando" […] e ela ainda, numa das suas tiradas, podia até *dizer dum jeito asceta* "o Tonho tava numa das panelas e deve de estar agora estrebuchando co'as saúvas" […] e nem que ela tivesse de *dizer, c'uma ponta de razão* aliás, que de nada adiantava o marido estar ou não ali (p. 36-37, grifo nosso)

Chavão, cuidadosa, asceta, com uma ponta de razão – todos os usos possíveis estão num mesmo nível e toda permuta ou mistura é válida. Tal domínio da enunciação, tal conhecimento das múltiplas possibilidades do discurso, ao contrário do que possa parecer, não são meios de estabelecimento de uma verdade em detrimento de outras. Por isso, após a cena em que indaga a

---

32 Respectivamente *Lavoura Arcaica*, p. 109: "– Não acredito na discussão dos meus problemas, não acredito mais em troca de pontos de vista, estou convencido, pai, de que uma planta nunca enxerga a outra."; e Idem, Ventre Seco, op. cit., p. 62-63: "devo te dizer que não tenho nada contra esse feixe de reivindicações que você carrega, a tua questão feminista, essa outra do divórcio, e mais aquela do aborto, essas questões todas que 'estão varrendo as bestas do caminho'. E quando digo que não tenho nada contra, entenda bem, Paula, quero dizer simplesmente que não tenho nada a ver com tudo isso"; e p. 66: "estou falando da cicatriz sempre presente como estigma no rosto dos grandes indiferentes".

33 G.R. Hocke, op. cit., p. 107.

VONTADE DE PODER, VOLÚPIA DA SUBMISSÃO

caseira sobre o paradeiro do marido e expõe as hipotéticas respostas, ele conclui: "o que não importava na verdade é o que ela fosse lá contar, e isso só mesmo um tolo é que não via" (p. 37).

ANATOMIA DO CONFLITO

Opõem-se, na anatomia nassariana, a boca, parte do corpo no polo do discurso, da lógica e da verdade, e os pés, no polo do silêncio, da sensação e da libido. Os pés estão em permanente contato com o solo, e "o dedão do pé é a parte mais *humana* do corpo humano"[34], porquanto seja a que mais se diferencie da parte equivalente nos macacos. Eretos, os humanos prescindem da capacidade de preensão do dedão. Os pés na lama e a cabeça perto da luz – é assim que, nas palavras de Bataille, reproduz-se no corpo a oposição entre os princípios do bem, relacionados às esferas celestes, e os princípios do mal, no espectro da escuridão[35]. Essa associação é confirmada pelo narrador de *Um Copo de Cólera* quando ele se descreve com "os pés descalços nas mãos e sentindo-os gostosamente úmidos como se tivessem sido arrancados à terra naquele instante" (p. 13). O homem ereto, segundo o filósofo, ganha as feições de uma árvore, e é por isso e pela conotação erótica que o narrador afirma que seus pés eram "firmes no porte [...] sem que perdessem contudo o jeito tímido de raiz tenra" (p. 13).

Duas outras acepções são produtivas para a análise desse "pesadelo obsessivo por uns pés" (p. 13) que o narrador atribui à mulher, mas que na verdade se reflete em sua própria fala. A primeira é a de unidade de medida. No sistema anglo-saxão, pé é o nome da unidade de comprimento padrão. Na economia da obra de Nassar, o pé – e por metonímia as pernas – serve para avaliar o *quantum* de força moral ou física dos seres. É com essa régua que o narrador mede a si mesmo e aos outros. Quando a amante atinge-o com uma fala irônica sobre a idade e o uso da razão, o narrador confessa que o ataque o "pegou em cheio na canela" (p. 33). Em outro desses momentos de fragilidade, ele sente

---

34 G. Bataille, Le Gros orteil, *Oeuvres complètes*, v. 1, p. 200. (Tradução nossa.)
35 Ibidem, p. 203.

"as pernas amputadas" (p. 51). O chacareiro percebe as "pernas bambas do seu Antônio" ao lhe direcionar sua cólera (p. 43). Para dar conta da fortaleza moral da mãe, imune às ameaças lascivas e "depositária espiritual de um patrimônio escasso", o narrador descreve-a sentada "com os pés cruzados" (p. 79).

Por fim, todos os significados se associam à forma de um texto se pensarmos que pé pode ser ainda a unidade rítmica e melódica da poesia. Alguns fragmentos da novela poderiam também ser medidos em pés, graças à utilização de recursos métricos.

De acordo com a economia geral do texto, o que pode ajudar o narrador a manter pés e pernas firmes em momentos de fraqueza é o domínio da *elocutio* retórica, isto é, a escolha dos modos de expressão adequados a cada contexto. Dessa necessidade de firmeza advém a imagem da muleta, a que funciona como elo dos diferentes níveis do sistema metafórico: "'não pedi tua opinião' eu disse me amparando na frase feita, essa muleta ociosa mas capaz de me exacerbar, compensadoramente, as sobras de musculatura" (p. 51). Se o narrador ambiciona o silêncio e o retorno a um tempo de pés cruzados como os da mãe, anterior ao desejo experimentado com culpa, deverá prescindir do apoio dos pés. É o que acontece no momento da queda derradeira: "no meio daquela quebradeira, de mãos vazias, sem ter onde me apoiar, não tendo a meu alcance nem mesmo a muleta duma frase feita, eu só sei que de repente me larguei feito um fardo, acabei literalmente prostrado ali no pátio" (p. 80).

O trecho a seguir amplia ainda mais o alcance dos pés na novela:

lembrando que ninguém, *pisando*, estava impedido de protestar contra quem *pisava*, mas que era preciso começar por enxergar a própria *pata*, o corpo antes da roupa, uma sentida descoberta precedendo a comunhão, e se quisesse, teria motivos de sobra pra *pegar no seu pezinho*, não que eu fosse ingênuo a ponto de lhe exigir coerência, não esperava isso dela, nem arrotava nunca isso de mim, tolos ou safados é que apregoam servir a um único senhor, afinal, bestas paridas de um mesmíssimo ventre imundo, éramos todos portadores das mais escrotas contradições, mas, fosse o caso de alguém se exibir só como pudico, que admitisse nessa exibição, e logo de partida, a sua falta de pudor, a verdade é que me enchiam o saco essas disputas entre filhos arrependidos da pequena burguesia, competindo ingenuamente em generosidade com *a maciez de suas botas*, extraindo deste corte uns fumos de virtude libertária, desta purga ela gostava tanto

VONTADE DE PODER, VOLÚPIA DA SUBMISSÃO   45

quanto se purgava ao desancar a classe média, essa classe quase sempre renegada, hesitando talvez por isso entre lançar-se às alturas do gavião, ou *palmilhar o chão com a simplicidade das sandálias*, confundindo às vezes, de tão indecisa, a direção desses dois polos, sem saber se subia pro sacerdócio, ou se descia abertamente pra rapina (como não chegar lá, gloriosamente?) [...] seriam outros os motivos que me punham em *pé de guerra* (p. 38-39, grifo nosso).

O verbo pisar é usado inicialmente no sentido de submeter, dominar, subjugar. Em seguida, a palavra central nessa constelação tem seu sentido deslocado para compor "pegar no pé", expressão que é utilizada com um diminutivo que desqualifica o adversário, infantilizando-o. Depois, o significado de *dominação violenta* volta a aparecer em a "maciez de suas botas", porém com o disfarce cínico do adjetivo que pretende suavizar o pisão que submete. Na sequência, no trecho iniciado com um comentário a respeito do modo como ela trata os empregados, duas posturas opostas em relação à luta de classes são expostas e desqualifica-das: a do gavião, ou da classe alta, e a do sacerdócio, ou da classe baixa. Essa última é também representada por palavras relacio-nadas aos pés – as sandálias que palmilham o chão em oposição ao voo da ave de rapina. Por fim, num movimento de aproxima-ção entre o conflito externo ou político e o conflito interno ou erótico, o signo *pé* é recrutado para, com uma nova expressão, descrever o estado do homem e de sua mulher: "em pé de guerra".

A agudeza no manejo dos diferentes sentidos de um vocábulo, que traz para uma expressão ou para o interior mesmo da pala-vra a multiplicidade de sentidos de uma frase é caracterizada por Morris Croll como típica do estilo breve, cujas principais marcas são o laconismo, a agudeza penetrante e a intensidade estoica.

O outro tipo de estilo, em que as conexões entre as orações no interior das frases são tênues ou inexistentes, de conjunções soltas, é o "estilo solto" (*loose style*). Também é chamado signifi-cativamente de "libertino" e remonta à fase do pensamento cético do século XVII. Francis Bacon, citado pelo autor brasileiro como uma de suas influências[36], era, de acordo com Croll, um de seus representantes[37]. O propósito do estilo solto é o de "expressar,

---

36 E. Van Steen, op. cit., p. 269.
37 S. Spina; M.W. Croll, op. cit., p. 61.

tanto quanto possível, a ordem em que a ideia se apresenta tão logo é sentida"[38].

O capítulo "O Esporro", como o próprio título indica, se constitui como torrente ou jorro, sem organização do discurso que privilegie a clareza ou a concatenação lógica das ideias, num movimento guiado sempre pela urgência. Essa aparência, como tudo o mais, é construída, não é espontânea, é fruto de engenho, de domínio dos modos de dizer, é teatro. O narrador de *Um Copo de Cólera* oscila entre eles, ora emulando, como em "O Esporro", um "desenvolvimento de concepção imaginativa, um movimento rotativo e ascendente da ideia à medida que cresce em energia, e vê o mesmo ponto de diferentes níveis"[39], ora reunindo, como no uso do vocabulário relacionado aos pés, o engenho e a agudeza no uso das palavras.

CONFIGURAÇÕES DO INCÊNDIO

Ao longo do livro, o chacareiro percorre um trajeto do equilíbrio à melancolia, passando pela cólera. Entre a simulada indiferença dos primeiros capítulos e a fingida posição fetal dos últimos, há a eclosão de uma fúria minuciosamente cultivada nos enunciados. Um catalisador dessa transformação será o signo da temperatura. No início da disputa discursiva entre os amantes, uma analogia de proporção vai relacionar paixões, temperatura e alquimia de forma engenhosa: "ela, de olho no *sangue do termômetro*, se metera a regular também o *mercúrio da racionalidade*, sem suspeitar que minha razão naquele momento trabalhava a todo vapor, suspeitando menos ainda que a razão jamais é fria e sem paixão, só pensando o contrário quem não alcança na reflexão o miolo propulsor" (p. 35, grifo nosso).

O sangue está para a racionalidade assim como o mercúrio está para o termômetro. Logo, o sangue é o mercúrio da racionalidade e o mercúrio, o sangue do termômetro. O sentido da analogia é evidente: a temperatura faz aumentar tanto o volume de mercúrio no instrumento quanto o de sangue na racionalidade.

38   Ibidem, p. 63.
39   Ibidem, p. 56.

A mulher tenta usar a razão dissociada das paixões, pretende regulá-las, crime que o narrador explicita: "a razão jamais é fria e sem paixão". A importância do calor no trecho é reforçada na expressão "a todo vapor", que remete ao resultado da fervura, o trabalho racional intenso desse homem que traz consigo o sangue das paixões.

A teoria dos humores, citada de forma mais ou menos velada nessa e em diversas outras passagens, remonta a Hipócrates e ao século V a.C. De grande importância na história do pensamento ocidental, esteve na base das ciências médicas até o século XVII. A saúde do corpo humano dependeria, em sua visão, do equilíbrio de quatro fluidos: o sangue, a fleuma, a bile amarela e a negra. A cada um deles, ao seu excesso ou à sua falta e às suas combinações, estariam associadas doenças específicas.

Para formular sua teoria, Hipócrates baseara-se nos quatro elementos irredutíveis identificados por Empédocles – o ar, a água, o fogo e a terra. A partir daí, a trajetória da medicina humoral passa pelas qualidades associadas a esses elementos por Aristóteles – seco, úmido, quente e frio – e chega ao romano Galeno. Foi ele quem, no século II d.C., combinou os humores com as qualidades na sua teoria dos temperamentos, de pendor mais psicológico do que fisiológico. O sangue seria, de acordo com esta, quente e úmido; a fleuma, fria e úmida; a bile amarela, quente e seca; e a bile negra, fria e seca. Dessas combinações, derivariam perfis espirituais específicos, tais como o do melancólico, temperamento dos artistas, relacionado à bile negra, e o do colérico, vinculado à bile amarela.

Na origem do estudo das paixões[40], os humores tiveram enorme importância. Até o século XVIII, não há filósofo ocidental que não tenha se debruçado em alguma medida sobre essas forças que perturbam o equilíbrio entre vícios e virtudes, supostamente garantido pelo uso pleno das faculdades racionais e influenciado pelos humores e temperamentos. Estudioso do tratamento dado pela filosofia desde seu nascimento ao conjunto das forças de

---

40 Aristóteles, que levou a questão do campo da moral para o do discurso em sua *Retórica*, define, em *Ética a Nicômaco*, 1105 b, cap. 5, p. 22-24, as paixões como "os apetites, a cólera, o medo, a audácia, a inveja, a alegria, a amizade, o ódio, o desejo, a emulação, a compaixão, e em geral os sentimentos que são acompanhados de prazer ou dor".

desequilíbrio espiritual, Michel Meyer vê na paixão: "o signo da contingência no homem, ou seja, de tudo que ele busca dominar. Lugar de convergência da temporalidade e da reversão de toda verdade em seu contrário, a paixão inquieta, desestabiliza e desorienta, ao reproduzir a incerteza do mundo e do curso das coisas. Ela é na realidade o *Outro* em nós, sem o qual nós não somos, mas com o qual é difícil e perigoso ser"[41].

De acordo com a medicina hipocrática, ao desequilíbrio entre os humores, gerador de doenças, segue-se uma reação do corpo, visando seu restabelecimento, manifestada por meio do que ela denomina cozimento, febre ou fervura. Esse aumento da temperatura, ao provocar a expelição do fluido então em excesso – suor, bile, catarro, urina ou fezes – poderia levar à cura. A temperatura é, portanto, um dos fatores que influenciam a produção dos humores e sua dinâmica. Em condições normais, o calor favorece a formação de sangue. No excesso de calor, forma-se a bile amarela. Caso ele seja extremamente excessivo, forma-se a bile negra.

Equilíbrio, cólera, melancolia – ciclo do narrador de *Um Copo de Cólera*, que adivinha o "vulto ardente" (p. 17) da mulher antes mesmo de ela entrar no quarto. O adjetivo tem conotação erótica, mas também contém em germe a chama que irá provocar a alteração dos humores no corpo do homem e o nascimento da cólera. Após uma noite de sexo elidida na narração, ele, para evitar a ameaça metaforizada no vocabulário da botânica – o homem, tronco e rama; a mulher, trepadeira e reptante –, adia também a paixão, por meio da cura pelos contrários: "só sei que me arranquei dela enquanto era tempo e fui esquivo e rápido pra janela, subindo imediatamente a persiana, e recebendo de corpo ainda quente o arzinho frio e úmido" (p. 19).

No café da manhã, o cheiro do café e o primeiro cigarro trazem indícios sutis da elevação da temperatura, que não pode mais ser impedida de produzir seus efeitos na propriedade isolada. A magnitude do incêndio por vir é dada pela caseira: "o calor de ontem foi só um aperitivo" (p. 30). Eis então que o calor chega. Ao avistar o rombo feito pelas formigas na cerca viva, o homem imediatamente queima o dedo no cinzeiro. É preciso ter, como ele, "sangue de chacareiro" (p. 31) para compreender a dimensão

---

41 M. Meyer, *Le Philosophe et les passions*, p. 17. (Tradução nossa.)

VONTADE DE PODER, VOLÚPIA DA SUBMISSÃO   49

da ameaça. Por isso sua reação é enérgica: durante toda a refrega, ele não só sabe qual será seu resultado como se empenhará em obtê-lo: "fiquei um tempo quieto, me limitando a catar calado duas ou três achas no chão, abastecendo com lenha enxuta o incêndio incipiente que eu puxava (eu que vinha – metodicamente – misturando razão e emoção num insólito amálgama de alquimista)" (p. 39).

Primeiro, ele ataca as formigas, sua organização e eficiência, despejando veneno nos formigueiros. Depois, tenta tapar a boca dos olheiros com os calcanhares, reage à ordem contra-atacando com o baixo corporal. Ao caminhar de volta do terreno baldio "largando ainda vigorosas fagulhas pelo caminho" (p. 32), o homem desvia sua cólera para a caseira. Por pouco tempo. Rapidamente o alvo passa a ser a amante, a partir daí sempre associada às ordeiras "insetas" (p. 43).

O narrador antevê o enfrentamento iminente e vai se "abastecer de outros venenos" no quartinho das ferramentas, "camarim" em que há "pincéis, carvão e restos de tinta": a explosão tem, como tudo, um componente de encenação. Os venenos destinados a eliminar as formigas servirão agora para aumentar sua temperatura corporal: "me embriagar às escondidas num galão de ácido, preocupado que estava em maquilar por dentro minhas vísceras". Aos olhos da mulher, a reação ao rombo é desproporcional; na reprimenda, o narrador vai detectar uma alusão à sua virilidade, por ele "não atuar na cama com igual temperatura (quero dizer, com a mesma ardência que [...] no extermínio das formigas)" (p. 33-34).

Ele seria, portanto, na queixa da parceira, colérico na defesa do isolamento e fleumático na fruição da comunhão, fleuma confirmada pelo discurso que se gaba da geometria passional, do sexo relatado com distanciamento crítico e contraposto ao discurso dela, "que tentava descrever sua confusa experiência de gozo" (p. 16). É porque a mulher se queixa de ele ter atuado com mais temperatura com as formigas do que com ela que os ácidos são ingeridos: desse modo, o homem pode atender à demanda feminina, porém sempre na chave da reversão, isto é, dedicando à mulher o mesmo veneno incendiário dedicado aos insetos – o que faz a metáfora da "temperatura na cama" dar um passo na direção de seu sentido literal. Alimentar essa chama interior é reagir à insinuação, escondida no discurso feminino, de que sua potência esteja em perigo, pois a paixão "é a consciência que eu tenho da consciência do outro a meu respeito e, ao mesmo tempo, uma *imagem* de nossas relações que eu interiorizo"[42].

O essencial acontece no interior de seu corpo transformado em discurso, onde tudo está "se triturando" do mesmo modo que as formigas trituraram o ligustro. Por isso, ele tem a consciência de que, introjetada essa imagem indesejada, em última instância pouco importa a origem da cólera: "não era a dona Mariana, nem era ela, não era ninguém em particular, para ser mais claro ainda" (p. 35).

O veneno ingerido, além de reverter contra a mulher sua própria demanda, produz uma metamorfose interna que será útil em seu intento. Se antes ele tinha encharcado as "panelas subterrâneas com farto caldo de formicida" (p. 32), agora ele admite que seu "estômago era ele mesmo uma panela" (p. 36). O substantivo *panela* é ao mesmo tempo a câmara subterrânea de um formigueiro e o recipiente usado na cocção de alimentos. Em seu estômago vai ocorrer então o cozimento dos humores.

Ao cogitar mostrar os dentes à mulher para lembrá-la do erro de Aristóteles – que atribuiu o número incorreto de dentes ao animal e perpetuou o engano ao longo de muitos séculos por conta da força de sua autoridade intelectual –, ele cita a boca larga de seu forno interior, transformando seu estômago no *athanor* alquímico que, corretamente aquecido, permitirá que a paixão seja experimentada como excesso e expurgada, num processo de apropriação e excreção do que é diferente, do que é heterogêneo[43]. Manipulada nesse ritual pela alquimia da palavra, a paixão pode salvar a virilidade da ruína. Isso porque a paixão que "nos absorverá também apagará de nossas preocupações tudo que não for ela mesma. Se ela é esse estado de fusão que condensa nosso ser e nossos desejos em uma só força, como a definimos desde o Romantismo, se ela nos dá esse sentimento refletido de existir, enfim ela é também, por seu caráter singularizante, isso que nos diferenciará mais dos outros"[44].

O narrador maduro e cético almeja, ao mesmo tempo, singularizar-se na indiferença e no isolamento, associados à falta de luz

---

42 Ibidem, p. 72.
43 G. Bataille, *Oeuvres complètes*, v. 2, p. 59s.
44 M. Meyer, op. cit., p. 19.

("fique aí, no círculo de sua luz, e me deixe aqui, na minha intensa escuridão"), contrapor-se "à aura lúcida" da mulher, assumir o papel de "vilão tenebroso da história" (p. 62-63) e voltar ao passado, onde houve a interseção entre ser e desejo. Quando começam a aparecer as primeiras bolhas da fervura, ele pressente a coincidência de paixão e razão, representadas no trecho a seguir por "enfermidade e soberania", respectivamente: "senti que me explodiam duas bolhas imensas aqui no bíceps, enquanto reconquistava – suprema aventura! – minha consciência ocupada, fazendo coincidir, necessariamente, enfermidade e soberania" (p. 52).

Por outras vias e de forma menos literal, o narrador trilha um caminho em algo parecido ao de Benjamin Button, personagem de F. Scott Fitzgerald, que nasce velho e rejuvenesce até o berço e o desaparecimento. A diferença é que, ao contrário de Button, o chacareiro de Nassar só pode retornar à infância por meio da memória – a reversão do tempo é anamnésica, e não biológica.

"Não há dúvida que a memória é como o ventre da alma."[45] As palavras de Santo Agostinho criam uma relação entre estômago e memória ao propor que nela ficariam armazenadas as emoções ingeridas, tais como a alegria, a tristeza, o desejo e o medo. Nietzsche se serve da mesma analogia para descrever a "força digestiva" inerente à vontade de poder: "realmente o 'espírito' se assemelha mais que tudo a um estômago"[46]. Ao lado dessa força do espírito, sedenta de domínio e que deseja apropriar-se de tudo, na intenção de conduzir da multiplicidade à simplicidade, há uma outra aparentemente contraditória, que serve à vontade de poder por meio do não saber, de uma satisfação com o obscuro, de um estado defensivo. Dessa faceta da vontade derivaria o uso das máscaras, dos disfarces, "a problemática disposição de um espírito para iludir outros espíritos"[47]. É uma "força digestiva" semelhante à descrita pelo filósofo alemão a força que conduz o narrador à fusão com a mulher no último capítulo de *Um Copo de Cólera*, e a disposição de um espírito para iludir a força que se manifesta no jogo de embustes conduzidos por ele ao longo do combate com a mulher.

A memória, explica Santo Agostinho, permite que as emoções sejam saboreadas sem perturbar-nos. Na novela, ela serve

---

45 Santo Agostinho, *Confissões*, X, XIV, 21.
46 F. Nietzsche, *Além do Bem e do Mal*, p. 123.
47 Ibidem.

ao resgate de uma experiência de erotismo sem culpas ou riscos. Para ativar a reminiscência de uma virilidade não ameaçada, o narrador acredita que é preciso dilatar o sangue no termômetro, fazer aumentar a temperatura e a intensidade da paixão. O calor é um bom catalisador por conta de seus múltiplos sentidos. Se ele diz que "ela, na hora da picada, estava de olho na gratificante madeira do meu fogo" (p. 39) e que "as coisas aqui dentro se fundiam velozmente com a febre" (p. 42), é porque sabe que o aumento da temperatura conduz paralelamente à cólera resultante da fusão alquímica na câmara interna (na segunda citação), ao sexo (presente também em "picada" e "madeira", ambas de conotação erótica) e à regressão.

A luz, que numa ambivalência também é a da racionalidade, pode ser revertida para fins incendiários, é possível "usar uma chispa desta luz pra inflamar as folhas de qualquer código" (p. 56). Em sua narração, ele antecipa mais de uma vez o perigo que ela corre por "fingir indiferença assim perto duma fogueira, dar gargalhadas à beira do sacrifício" (p. 51).

LÍNGUAS DE FOGO

No conhecido episódio bíblico presente no *Atos dos Apóstolos*, línguas de fogo surgem sobre os apóstolos. Trata-se do Espírito Santo enviado por Jesus para dar-lhes instruções. Possuídos por esse fogo, os apóstolos começam a falar em outras línguas[48]. O chacareiro de *Um Copo de Cólera*, possuído pela cólera, vai viver uma experiência análoga:

contive a baba, mas me tremeram fortemente os dentes, não foi por outro motivo que passei a picotar o discurso hemorrágico do meu derrame cerebral "sim, eu, o extraviado, eu, o individualista exacerbado, eu, o inimigo do povo, eu, o irracionalista, eu, o devasso, eu, a epilepsia, o delírio e o desatino, eu, o apaixonado..." "*queima-me, língua de fogo...há-há-há*" "...eu, o pavio convulso, eu, a centelha da desordem, eu, a matéria inflamada, eu, o calor perpétuo, eu, a chama que solapa..." "transforma-me em tuas brasas...há-há-há" "eu, o manipulador provecto do tridente, eu, que cozinho uma enorme caldeira de enxofre, eu, sempre lambendo o beiço co'a carne tenra das crianças" "*fogo violento e dulcíssimo...há-há-há...*"

48 *Atos dos Apóstolos* 2, 3.

VONTADE DE PODER, VOLÚPIA DA SUBMISSÃO

"eu, o quisto, a chaga, o cancro, a úlcera, o tumor, a ferida, o câncer do corpo, eu, tudo isso sem ironia e muito mais, mas que não faz da fome do povo o disfarce pro próprio apetite (p. 64-65, grifo nosso)

A possessão demoníaca causada pelo derrame cerebral, isto é, pelo excesso de sangue, é manifestada na linguagem e culmina num discurso hemorrágico. O trecho cita versos de "Espírito Paráclito", poema de Jorge de Lima presente em *A Túnica Inconsútil*. Em entrevistas, Nassar declarou sua admiração pela poesia do modernista alagoano, que logrou reunir em sua obra surrealismo e misticismo cristão[49]. O título *Um Copo de Cólera* teria sido inspirado nos célebres versos do canto II de *A Invenção de Orfeu* – "há sempre um copo de mar / para um homem navegar" –, poema que forneceria a Nassar, ainda, a epígrafe da primeira parte de *Lavoura Arcaica*[50].

Como característica comum entre os dois escritores, Maria José Lemos identifica a escritura nostálgica do arcaico em busca de um tempo primordial e a eleição da *Bíblia* como ponto de convergência máxima, embora estejam presentes outras tradições[51]. Em ambas as obras, a criação divina e a poética se confundem. Do cristianismo, há o empréstimo de elementos de um orfismo arcaico, em que a linguagem quer retornar ao estado infantil em que a crença ainda é possível[52].

Vale destacar no poema os versos escolhidos por Nassar:

ESPÍRITO PARÁCLITO

Queima-me Língua de Fogo!
Sopra depois sobre as achas incendiadas
e espalha-as pelo mundo
para que a tua chama se propague!
Transforma-me em tuas brasas
para que eu queime também como tu queimas,
para que eu marque também como tu marcas!
Esfacela-me com tua tempestade,
Espírito violento e dulcíssimo,

---

49 E. Van Steen, op. cit., p. 102.
50 "Que culpa temos nós dessa planta de infância, de sua sedução, de seu viço e constância?"
51 M.J.C. Lemos, *Une Poétique de l'intertextualité*, p. 185.
52 Ibidem, p. 191.

> e recompõe-me quando quiseres,
> e cega-me para que os prodígios de Deus se realizem,
> e ilumina-me para que tua glória se irradie!
> Espírito, tu que és a boca de todas as sentenças,
> toca-me para que os meus irmãos desconhecidos e
> [longínquos e estranhos,
> compreendam a minha fala para todos os ouvidos que criares!
> [...]
> Espírito Paráclito, tu que és o único pássaro que desce sobre
> fura os meus olhos para que eu veja mais,
> para que eu penetre a unidade que tu és,
> a liberdade que tu és,
> a multiplicidade que tu és,
> para eu subir da minha pequenez e me abater em ti![53]

No uso de "Espírito Paráclito" em *Um Copo de Cólera*, Lemos vê uma paródia da concepção, presente em Jorge de Lima, da "tradição que deseja que o homem emane do divino, do qual ele traria em si o germe, apesar da queda que caracterizaria sua existência na terra"[54]. A maturação do divino em si próprio seria, de acordo com essa tradição, a tarefa espiritual do indivíduo, compreendida como uma evolução e simultaneamente um retorno a Deus. No entanto, Lemos ressalta com razão que Nassar "emprega a concepção de Lima no desvio, no excesso, na vontade de empurrar a língua até seu limite"[55].

Esse desvio é visível, por exemplo, na possessão: em *Atos dos Apóstolos* e em Jorge de Lima, ela é cristã, ao passo que, em *Um Copo de Cólera*, ela é demoníaca, mas de uma espécie desencantada, profana. Também nos epítetos consecutivos, que colocam o narrador não no espectro do fogo do Espírito Santo, mas no do calor que provém do "manipulador provecto do tridente" (p. 65), nota-se esse desvio. Incendiado pela cólera, ele vai utilizar a língua de forma convulsa, "picotar o discurso hemorrágico" (p. 64) numa longa enumeração de nomes que explicita sua arquitetada loucura.

A glossolalia, capacidade mística de falar línguas desconhecidas associada ao milagre do Pentecostes, é também o distúrbio em que pacientes psiquiátricos creem inventar novas linguagens.

---

53 J. de Lima, *Poesia Completa, A Túnica Inconsútil*, p. 383-385. (Grifo nosso.)
54 M.J.C. Lemos, op. cit., p. 192.
55 Ibidem.

Silvana Matias Freire estudou o fenômeno do ponto de vista linguístico, que é o de nosso interesse, e explica que a teoria de Saussure despojou a língua do som ao considerar essencial no sistema de signos apenas a união de sentido e imagem acústica, não confundida com o próprio som: "A glossolalia toma o sentido inverso: trata de fazer com que os sons existam apenas em si mesmos. Ou seja, em relação à linguística a glossolalia é a articulação de seu resto."[56]

Nesse fenômeno, a língua tende ao puro som e é então considerada excesso, resto. Na novela, esse excesso é descrito na forma de cascalho: "às voltas c'uma zoeira de sangues e vozes, às voltas também com cascalhos mais remotos, e foi de repente que caí pensando nela" (p. 78). O cascalho é a escória que o ferro solta ao ser forjado e o resquício da manipulação alquímica, e sua aparição no texto precede o momento em que o narrador, após ser tomado pela língua no auge da crise colérica – "zoeira de sangue e vozes" – chega à derrocada lembrando-se da mãe. A reflexão, ele diz, é "excreção tolamente enobrecida do drama da existência" (p. 42), é também resíduo, é excesso, é resto, tal qual o último capítulo, como veremos adiante.

Nada mais adequado ao narrador, nostálgico de uma idade pré-viril e armado desse esporro contra a linguagem da mulher, clara e desprovida de paixão, do que aproximar-se da glossolalia e afastar-se do campo da razão que repudia o excesso, uma vez que a voz costuma ter caráter regressivo, primitivo, e é frequentemente associada a um momento infantil do desenvolvimento individual[57].

As palavras claras são perniciosas, "impregnadas de valores" e trazem "no seu bojo, um pecado original" (p. 80). Estão distantes de uma pureza primordial, de uma virgindade não conspurcada pelo uso excessivo como veículo de transmissão dos conceitos. O sujeito tomado por esse fenômeno linguístico-religioso deseja, primeiro, "atingir um dizer unívoco e absoluto – em que ele possa dizer tudo"[58]. Segundo Michel de Certeau, o sujeito da glossolalia "fala 'para nada dizer', precisamente para não ser enganado pelas palavras, para escapar às armadilhas do sentido"[59].

---

56 S.M. Freire, A Exclusão do Significado, *Solta a Voz*, v. 16, n. 1, p. 101.
57 Ibidem, p. 102.
58 Ibidem.
59 Apud S.M. Freire, op. cit., p. 102.

Além disso, esse ser tocado pelas "línguas de fogo" quer realizar uma: "simulação dos primeiros momentos da linguagem, uma representação de sua origem; mas também um mito de sua gênese, uma das formas imaginárias que toma, na história da linguagem, o eterno retorno do momento em que, pela primeira vez, o homem se põe a falar pela primeira vez"[60].

METAMORFOSES

O excerto em que o signo do pé e seu universo são manipulados[61], pelo tanto que comporta, poderia fazer parecer que a exegese o tivesse elegido como única fonte. Nele comparecem: a comunhão; o corpo antes da roupa, simbolizando uma existência que precede a cultura; o corpo animalizado; o confronto entre homem e mulher, que é erótico e político, e que é, para fazer eco à filosofia nietzschiana, conflito de vontades; a consciência arquitetural do discurso; a destruição da verdade e a defesa da contradição.

De fato, não seria exagerado afirmar que, guardadas as devidas proporções, esse único trecho nos conduziria ao mesmo destino da análise da obra por inteiro. Isso acontece porque há na novela uma correspondência obsessiva entre micro e macrocosmo tanto no plano do enredo quanto no da forma, de modo que sua estrutura se assemelha a um fractal, organização geométrica complexa cujas propriedades, em geral, repetem-se em qualquer escala. Isto é, em cada mínima parte pode-se ver as mesmas estruturas do todo. Uma armadilha se esconde, porém, na antecipação numa mínima célula das características do maior dos animais: as partículas elementares que tudo compõem, por mais que pareçam irredutíveis, quando quebradas sempre revelam partículas menores, e assim sucessivamente numa progressão que tende ao infinito. Daí a necessidade desse movimento pendular, que ora observa o texto à distância, ora segue rente a ele.

Esse tipo de relação entre a parte e o todo é traço fundamental do hermetismo e da filosofia médica relacionada às tradições alquímicas, como a de Paracelso, que veem o corpo humano como reflexo e resumo do universo. Nessa mesma direção,

---

60 Jean-Jacques Courtine, apud S.M. Freire, op. cit., p. 102.
61 Ver Anatomia do Conflito, *supra*.

VONTADE DE PODER, VOLÚPIA DA SUBMISSÃO

a correspondência alcança então, na novela, um terceiro patamar. O texto torna-se objeto das analogias e é visto como um corpo, e as palavras, como órgãos ou outras partes desse conjunto:

não que não me metessem medo as *unhas que ela punha nas palavras*, eu também, além das caras amenas (aqui e ali quem sabe marota), sabia dar ao *verbo* o reverso das *carrancas* e das *garras*, sabia, *incisivo* como ela, *morder* certeiro com os *dentes das ideias*, já que eram com esses *cacos* que se compunham de hábito nossas intrigas, sem contar que – empurrado pra raia do rigor – meus *cascos* sabiam inventar a sua lógica, mas toda essa *agressão discursiva* já beirava exaustivamente a monotonia (p. 41-42, grifo nosso).

A metamorfose de corpo em palavra, como todas as outras, é dada no discurso. A unidade material que permite a metamorfose de uma coisa em outra, na economia da novela, é a vontade de poder, que no narrador se manifesta como defesa feroz do privilégio da fala e, na mulher, também como volúpia da submissão[62]. Para transformar o corpo material é preciso, portanto, transformar o sentido do corpo no interior do discurso e, do mesmo modo, para transformar o sentido da palavra corpo, é preciso antes provocar transformações no corpo físico. Essa é a função do confronto físico e verbal.

Ao estudar a poética barroca e a dependência que ela, mais que qualquer outra, tem da confiança nos poderes da linguagem, Genette observa como se configura a homologia entre coisa e palavra que permite a ocorrência das transmutações. Segundo ele, o que distingue essa poética é:

o crédito que ela concede às ligações laterais que unem, isto é, opõem, em figuras paralelas, as palavras às palavras e por meio delas as coisas às coisas, sendo que a relação das palavras às coisas só se estabelece ou pelo menos só opera por homologia, de figura a figura: a palavra safira não corresponde ao objeto safira, da mesma forma que a palavra rosa não corresponde ao objeto rosa; a oposição das palavras restitui o contraste das coisas e a antítese verbal sugere uma antítese material[63].

É por conta de uma relação como a descrita acima que as figuras masculina e feminina são operadores fundamentais da novela. O narrador tem consciência de que se trata de "agressão

---

62 Como foi observado em Drama Sinuoso, supra, p. 34s.
63 G. Genette, op. cit., p. 39.

58

discursiva", isto é, de que o campo de combate, ou melhor, o palco – para fazer nossa uma imagem sua – é o do texto. Se a manutenção do privilégio da narração pode evitar a ruína da imagem de macho viril diante da mulher ameaçadora, convém dotar o verbo do que possa servir a protegê-lo, e então ele se animaliza. As ideias têm dentes e são incisivas. O verbo serve ao seu reverso, ou seja, as palavras tornam-se corpóreas, ganham garras e cascos. As intrigas são compostas de cacos, resíduos cortantes, e servem para ferir como os cascos – a paranomásia aproxima os sentidos – de um cavalo.

Denise Padilha Lotito analisou com detalhes o sistema metafórico de *Lavoura Arcaica* e observou que em sua base está a afirmação "homem é natureza", que se desdobra, no próximo nível do diagrama, em outras duas: "homem é planta" e "homem é animal"[64]. Essa mesma configuração também está presente em *Um Copo de Cólera*. Sistema metafórico é uma denominação apropriada tanto na novela quanto no romance porque, como explica Lotito, as:

ligações entre as metáforas alimentam-nas mutuamente, tornando-as familiares ao leitor. Cada palavra repetida, cada variação de metáfora pelo recurso de sinonímia, cada repetição de som associado ao contexto das metáforas produz no leitor uma sensação de familiaridade com a mensagem e com a motivação da figura, o que faz com que ele assimile o universo metafórico interno à obra e, consequentemente, a visão de mundo do narrador[65].

Na escolha das figuras de *Um Copo de Cólera* é frequente a junção dos contrários, e por isso há uma predileção pelo oximoro, figura cara ao estilo maneirista, como o presente em "meus pés, que ela comparou com dois lírios brancos" (p. 17). Os lírios brancos, símbolos de pureza e castidade, são relacionados ao amor, especialmente o não realizado, e às possibilidades antitéticas do ser. Num sentido diverso, na mitologia grega essa flor foi considerada símbolo da tentação ou da entrada no inferno, pois Perséfone

---

64 D.P. Lotito, *Expressividade e Sentido*, p. 118. Seu estudo expande essa árvore e organiza as metáforas do romance de acordo com ela: à "homem é planta", por exemplo, seguem-se "parte do organismo do homem é parte do organismo da planta", "produto do organismo do homem é produto do organismo da planta" e "situação do homem é situação da planta".

65 Ibidem.

é capturada por Hades quando está prestes a colhê-la[66]. Na linguagem da novela, que aproxima os elementos díspares, os lírios carregam os dois significados, e são, ao mesmo tempo, sinônimos de pureza e de devassidão, instrumentos de poder e gozo.

A retroalimentação metafórica que visa transmitir a visão de mundo do narrador é patente, além de nas palavras relacionadas aos pés, na repetição do *leitmotiv* "não tive o bastante, mas tive o suficiente". Na novela, como no romance, as figuras que transformam personagens em animais e plantas reforçam-se umas às outras. O protagonista chama a mulher de "trepadeira" e compara-se a uma "raiz" (p. 13). Ela refere-se a ele como "meu mui grave *cypressus erectus*" (p. 19). O viés erótico é bastante óbvio. Além dele, ao homem associa-se o sentido de imobilidade da raiz, e à mulher, o de movimento da trepadeira, condizentes com a economia geral da novela, em que o homem está em sua propriedade e a mulher vem visitá-lo e em que, num sentido figurado, ele não tem opinião e ela se entrega "lascivamente aos mitos do momento" (p. 45). Na mitologia greco-romana, o cipreste é a árvore das regiões subterrâneas e tem relação com as divindades do inferno; na região do mediterrâneo, evoca a imortalidade e a ressurreição – todos significados extensíveis ao protagonista que flerta com o vocabulário da queda e que vai renascer no texto. No fim do livro, a mulher, agora a narradora, ao chegar à propriedade, fica impressionada com "a gravidade negra e erecta dos ciprestes" (p. 82), reforçando a homologia entre o homem e sua propriedade.

Os pares antitéticos luz/escuridão e pés/cabeça são amplificados, no sistema de *Um Copo de Cólera*, pelas metáforas vegetais, pois

> De fato, as raízes representam a contrapartida perfeita das partes visíveis da planta. Enquanto estas ascendem nobremente, aquelas, ignóbeis e pegajosas, chafurdam no interior do solo, enamoradas da podridão como as folhas da luz. Há também que se notar que o valor moral indiscutível do termo *baixo* é solidário dessa interpretação sistemática da direção das raízes: o que é *mal* é necessariamente representado, na ordem dos movimentos, por um movimento do alto ao baixo.[67]

---

66 J. Chevalier; A. Gheerbrant, Lis, *Dictionnaire des symboles*, p. 578.

67 G. Bataille, Le Langage des fleurs, *Oeuvres complètes*, v. 1, p. 177. (Tradução nossa.)

Se há essa homologia entre homem, natureza e propriedade, mais impactante ainda se torna a invasão das formigas que devoram com seus dentes cortantes a cerca viva. A "trepadeira" ameaça a "raiz" como a formiga ameaça a cerca viva. Para aumentar o teor da ameaça, a mulher se animaliza e converte-se em praga e predadora, em serpente: "não há rama nem tronco, por mais vigor que tenha a árvore, que resista às avançadas duma reptante" (p. 19).

Serpente e homem rivalizam e são diferentes de todos os outros animais. A simbologia desse réptil é vastíssima, mas em quase todas as interpretações estão presentes mistério, libido, volatilidade, forças obscuras da alma, tempo não linear. A mulher é que é dúbia e sinuosa, é ela que se enrosca ao corpo dele, "lubrificando a língua viperina entorpecida a noite inteira no aconchego dos meus pés" (p. 35).

Ao comparar-se ao cavalo, ele defende o empirismo e pretende-se prova viva do fracasso do racionalismo, numa alusão ao erro de Aristóteles. Com seus cascos ele almeja, portanto, atingir a mulher por associá-la à verdade dogmática. No momento em que ele quer subjugá-la pela armadilha do discurso, é mais conveniente que a presa deixe de ser a serpente ameaçadora e converta-se em pássaro. A consciência de que é possível por meio do fingimento apropriar-se de qualquer modo de dizer é fundamental para vencer o jogo, conforme visto no uso que o narrador faz dos vocabulários do teatro e da retórica, ambos com ênfase nos efeitos.

É dessa importância do efeito de verdade que advém, ainda, o uso do intertexto na novela, as frequentes citações sem aspas e a incorporação de outros textos filosóficos e literários sem explicitação das fontes: uma vez que os discursos se equivalem, é legítimo usar a fala de outrem como se fosse a própria, inclusive para afirmar o oposto do que ela afirmara em seu contexto original. O fragmento a seguir mostra essa emulação de um modo de dizer em ação: "*era só fazer de conta* que cairia na sua fisga, beliscando de permeio a isca inteira, mamando seu grão de milho como se lhe mamasse o bico do seio, bastando pra embicar com as palavras que eu *rebatesse feito um clássico* 'não é você que vai me ensinar como se trata um empregado'" (p. 40, grifo nosso).

No clímax do confronto, momento que antecede o resultado esperado do ritual, quando, por meio da agressão discursiva,

VONTADE DE PODER, VOLÚPIA DA SUBMISSÃO   61

a sujeição está prestes a chegar ao termo, ele, até então ave atraída pelo "grão amargo" do sarcasmo da mulher, transforma-se em serpente para capturar o pássaro em que ela havia se convertido: "forjei uma víbora no músculo viscoso da língua". A conversão é textual, é uma emulação das características simbólicas do animal no discurso: "sempre atento aos sinais de sua carne eu passei então a usar a língua, muda e coleante, capaz sozinha das posturas mais inconcebíveis" (p. 71). A língua aqui é ao mesmo tempo o órgão humano, a parte do corpo da serpente e o sistema de comunicação e expressão humanas. O jogo de sujeição discursiva e erótica já está prestes a atingir o objetivo de restituir-lhe a virilidade antes em perigo.

A ave pode então ser capturada: "as penas todas do corpo mobilizadas, tanto fazia dizer no caso que a ave já tinha o voo pronto, ou que a ave tinha antes as asas arriadas". Do mesmo modo que em "Menina a Caminho" a palavra do outro é performativa e constitui um corpo erótico para a menina, aqui também o discurso modela: "não conheci ninguém que trabalhasse como você, você é sem dúvida o melhor artesão do meu corpo", confessa a mulher, antes de o narrador continuar "modelando a lascívia em sua boca" e descer "a mão no gesso quente do pescoço" (p. 72-73).

O verbo *forjar* significa "trabalhar com metais" e também "fabricar de modo mentiroso". Seu substantivo, *forja*, pode referir-se à oficina em que se produzem os objetos metálicos e, num uso regional, à armadilha para grandes caças. Esse homem é, portanto, um modelador, e, por meio das palavras, forja, além da lascívia na boca da mulher, a víbora que vai capturá-la.

EXCREÇÃO E INSEMINAÇÃO

Após a possessão pelas línguas de fogo[68], no fim da longa discussão, depois de a amante reagir "que nem faísca", o narrador, vertendo "bílis no sangue das palavras", faz a cólera chegar ao seu auge e o incêndio finalmente ocorre: "o circo pegou fogo (no chão do picadeiro tinha uma máscara), minha arquitetura em chamas veio abaixo, inclusive os ferros da estrutura, e eu me queimando

68   Ver Línguas de Fogo, supra, p. 52s.

disse 'puta' que foi uma explosão na boca e minha mão voando na cara dela, e não era a bofetada generosa parte de um ritual, eu agora combinava intencionalmente a palma co'as armas repressivas do seu arsenal (seria sim no esporro e na porrada)" (p. 69).

Esse fogaréu que converte em agressão física o que até então era do âmbito do discurso tem um efeito colateral: faz desmoronar temporariamente os pilares do fingimento. A máscara cai e a bofetada não é mais parte da encenação ritual, mas sim índice de seu resultado. A mistura de potência sexual e violência é manifestada pela coincidência sonora entre *esporro* e *porrada*, e amplificada no primeiro termo, que reúne os significados de "reprimenda violenta" e "ejaculação". Essa ressurreição da potência é confirmada pelo narrador nesse espelho convexo que é o outro:

tornei a dizer "puta" e tornei a voar a mão, e vi sua pele cor-de-rosa manchar-se de vermelho, e de repente o rosto todo ser tomado por um formigueiro, seus olhos em brasa na cara dela, ela sem se mexer amparada pelo carro, eu já recuperado no aço da coluna, ela mantendo com volúpia o recuo lascivo da bofetada, cristalizando com talento um sistema complexo de gestos, o corpo torcido, a cabeça jogada de lado, os cabelos turvos, transtornados, fruindo, quase até o orgasmo, o drama sensual da própria postura (p. 69).

O xingamento e o tapa finalmente injetam sangue nos olhos da mulher, aquecem-nos. O recuo imposto pela agressão ao corpo é "lascivo". Pelo verbo e pelo gesto, ele logra recuperar a virilidade até então em xeque, e frui, na narração, o reflexo do drama sensual da postura do corpo feminino. Ele impõe ao corpo da mulher os desvios e a sinuosidade que confere à língua, controla-a como um ventríloquo: "pouco importava a qualidade da surra, ela nunca tinha o bastante, só o suficiente, estava claro que eu tinha o pêndulo e o seguro controle do seu movimento, estava claro que eu tinha mudado decisivamente a rotação do tempo" (p. 70).

O pêndulo, instrumento das artes da adivinhação, é "aquilo que pende", e pode, nesse sentido, ser relacionado ao pênis, um apêndice. Com o pêndulo, ele tem o controle do movimento da mulher e, além disso, é capaz de engendrar uma outra espécie de reversão: a do fluxo temporal. Nesse ponto-chave se dá a inversão cronológica responsável pela queda do narrador, que vai finalmente lembrar-se da infância e tornar-se matéria da narração da mulher. As artes de feiticeiro, os conhecimentos do ocultismo que manipula os metais e o cozimento dos humores, agora em sua máxima temperatura, tudo isso foi fundamental para transformá-lo no canalha que ele precisa ser para que ela possa desejá-lo:

"peraí que você vai ver só" foi o que pensei dando conta de que a merda que me enchia a boca já escorria pelos cantos, mas eu não perdia nada dessa íntima substância, ia aparando com a língua o que caía antes da hora, sem falar que a fumaceira do momento era propícia ao ocultismo, não ia desperdiçar a chance de me exercitar nas finas artes de feiticeiro, por isso a coisa foi assim: surgiram, em combustão, gotas de gordura nos metais das minhas faces, meu rosto começou a transmudar-se, primeiro a casca dos meus olhos, logo depois a massa obscena da boca, num instante eu era o canalha da cama, e eu li na chama dos seus olhos "sim, você canalha é que eu amo" (p. 70).

O funcionamento do ritual é comprovado pela fumaceira propícia ao ocultismo e pela excreção: o corpo expele merda e gotas de gordura. A merda que cai antes da hora é aparada pela língua – órgão e sistema. Os olhos e a boca transmudam-se. A metamorfose, ele a confirma no espelho dos olhos dela: livrou-se da primeira máscara, a de "broxa", e assumiu outra, a de "canalha da cama".

É nesse momento, ainda convertida em pássaro, que ela cai na armadilha. Depois de ele oferecer-lhe o dedo – que ela toca com a ponta da língua, como serpente, e mordisca, como formiga – vem o golpe fatal: "estou sem meias e sem sapatos, meus pés como sempre estão limpos e úmidos". Desesperada, ela enfim confessa a volúpia da submissão: "larga logo em cima de mim todos os teus demônios, é só com eles que eu alcanço o gozo" (p. 73). Os pés, mesmo limpos, combinam perfeitamente com os demônios que ela anseia encontrar. Ao lembrar o caso do conde de Villamediana, que sonhava tocar os pés da rainha Elisabeth, Bataille detecta as origens da atração dessa parte do corpo: "o prazer de tocar o pé da rainha existe em razão direta da feiura e da infecção representadas pela *baixeza* do pé, praticamente pelos pés mais deformados. Assim, supondo que o pé da rainha seja perfeitamente bonito, seu charme sacrílego deriva no entanto dos pés deformados e enlameados"[69].

69   G. Bataille, Le Gros orteil, op. cit., p. 203. (Tradução nossa.)

64

Uma vez a mulher entregue e apta a servir, como bom orador o homem vai passar em revista, antes de partir para a conclusão, seus métodos e suas principais lições, num trecho que, apesar de longo, merece destaque:

Eu vi então que eu tinha definitivamente a pata em cima dela, e que eu podia subverter – debaixo da minha forja – o suposto rigor da sua lógica, pois se eu dissesse num sopro "você viu quantas coisas você aprendeu comigo?" ela haveria de dizer "sim amor sim" e se eu também dissesse "que tanto você insiste em me ensinar?" ela haveria de dizer "esquece amor esquece" e se eu lhe dissesse "já é dia, faz tempo que o teu bom senso se espreguiçou, por que caminhos anda ele agora?" ela haveria de dizer "não sei amor não sei" e vendo o calor, sacro e obsceno, fervilhando em sua carne eu poderia dizer "mais cuidado nos teus julgamentos, ponha também neles um pouco desta matéria ardente" e ela sem demora concordaria "claro amor claro" e me lembrando do escárnio com que ela me desabou eu, sempre canalha, poderia dizer como arremate "e quem é o macho do teu barro?" e ela fidelíssima responderia "você amor você" e eu poderia ainda meter a língua no buraco da sua orelha, até lhe alcançar o uterozinho lá no fundo do crânio, dizendo fogosamente num certeiro escarro de sangue "só usa a razão quem nela incorpora suas paixões", tingindo intensamente de vermelho a hortênsia cinza protegida ali, enlouquecendo de vez aquela flor anêmica, fazendo germinar com meu esperma grosso uma nova espécie, essa espécie nova que pouco me importava existisse ou não (p. 73-75).

Por meio das perguntas e respostas, fruindo a "volúpia da submissão", ela começa a servir-se em pequenas doses do discurso que ele lhe imputa, como se esse diálogo fosse um ensaio do que acontecerá em plenitude no último capítulo. Além de demonstrar de que maneira a manipulação dos diversos modos de dizer é fundamental para subverter a lógica, o pequeno interrogatório hipotético rememora os principais ensinamentos desse narrador que, contraditoriamente, não pretende fazer proselitismo e nem se crê fariseu: a crítica da razão cartesiana ("faz tempo que o teu bom senso se espreguiçou")[70]; o impacto do calor da paixão no sangue e o elogio de sua mistura com a razão ("mais cuidado nos teus julgamentos, ponha também neles um pouco desta matéria ardente"); e a afirmação de sua virilidade ("quem é o macho do teu barro?").

Em seguida, penetrando a orelha da mulher com seu discurso colérico, simbolizado por um "escarro de sangue", ele tinge de

70 *Descartes: Obras Escolhidas*, p. 63.

vermelho a flor até então anêmica. É com esse gesto, o da injeção de sangue na cabeça da mulher por meio da língua, que ele se inocula no "uterozinho lá no fundo do crânio" e faz "germinar com seu esperma grosso uma nova espécie". Tal como Maria, que visitada pela língua de fogo do Espírito Santo concebeu Jesus sem a necessidade do ato sexual, também essa mulher, numa Anunciação desencantada, é inseminada pelo discurso incendiário e gera um ser – o novo e híbrido narrador.

As repetições ("sim amor sim", "esquece amor esquece", "não sei amor não sei", "claro amor claro") remetem a um conteúdo implícito na segunda epígrafe do livro: "Hosana! eis chegado o macho! Narciso! sempre remoto e frágil, rebento do anarquismo!" (p. 7 e 62). Extraída de uma fala da mulher no auge do conflito, essa epígrafe atualiza conteúdos da tradição cristã e da Antiguidade clássica. Anterior ao trecho acima, essa fala da mulher lança luz sobre alguns aspectos do diálogo que nele é encenado.

Ao ver Jesus entrar em Jerusalém, iniciando o período da Paixão, o povo pede a Jeová: "Salve-nos agora", tradução do hebraico "hosana". Utilizada aqui como um irônico pedido de ajuda diante das ameaças do homem, essa citação, bem como a menção à fragilidade, aponta para a virilidade do narrador posta em questão. A atitude de Narciso de mergulhar em busca da própria imagem, segundo Genette, "simboliza bem o que poderíamos chamar de sentimento, ou melhor, *ideia barroca da existência*, que nada mais é que a Vertigem, mas uma vertigem consciente, e se me permitem, *organizada*"[71] ou seja, o mito fortalece o caráter de loucura intencionalmente engendrada que tentamos destacar. Além da crítica à vaidade, a epígrafe alude a outra personagem do mesmo mito, a ninfa Eco:

> Eco tinha, então, corpo, não só voz; porém,
> igual agora, a boca repetia, gárrula,
> entre tantas, somente as últimas palavras.
> Fez isto Juno, pois podendo surpreender
> as ninfas se deitando em montes com seu Júpiter,
> Eco sempre a retinha com longas conversas,
> para as ninfas fugirem. Satúrnia entendeu
> e disse: "a tua língua, que me iludiu tanto,
> pouco poder terá, no uso parvo da voz".

---

71 G. Genette, op. cit., p. 30.

E a ameaça confirma: quando alguém diz algo,
Eco repete apenas o final das frases.[72]

Como a ninfa amaldiçoada por Juno e apaixonada por Narciso, a amante é punida pelo narrador pelo mau uso da voz e só vai poder repetir palavras: "sacana sacana sacana", "amor amor amor", "medo medo". Analogamente ao mito, o homem busca na água dos olhos da amante a imagem da qual possa enamorar-se e deseja reunir-se a ela num mergulho que resultará em sua morte simbólica e seu renascimento, como se verá a seguir.

VENTRÍLOQUO, TRAVESTI

Os capítulos que abrem e fecham o livro, além de terem o mesmo título, "A Chegada", iniciam-se praticamente pelas mesmas orações: "E quando eu cheguei à tarde na minha casa lá no 27" (p. 9); e "E quando cheguei na casa dele lá no 27" (p. 82), respectivamente.

Embora pequenas, as diferenças entre elas são significativas: além da mudança do pronome possessivo (*minha/dele*), na segunda estão ausentes o pronome pessoal (*eu*) e a marca temporal (à tarde). A mudança do possessivo é o primeiro sinal do aparecimento de um novo narrador. Além do início e do título, os capítulos compartilham léxico, sintaxe e estilo. O modo como a mulher descreve o homem no último capítulo é semelhante ao modo como ele se descreve quando narra.

É nessa moldura que ela encontra um bilhete escrito pelo homem "num forjado garrancho de escolar". Ao vê-lo deitado de lado e encolhido na cama, percebe que ele "fingia esse sono de menino". A regressão à infância é, desse modo, fingimento, atuação, só pode efetivar-se no discurso. O livro se encerra com o desejo da mulher: "de receber de volta aquele enorme feto" (p. 83-84).

Nesse instante em que a mulher assume a narração e se serve das palavras do amante, a tão ansiada fusão ou dominação, prenunciada no ato sexual e no banho, ganha corpo na forma do relato. O desaparecimento, na segunda oração, do pronome pessoal e da marcação temporal são eloquentes: instaura-se um

72 Ovídio, *Metamorfoses*, p. 101.

VONTADE DE PODER, VOLÚPIA DA SUBMISSÃO

sujeito com menos marcas de individuação, sujeito em que há, na verdade, indícios da união de dois sujeitos; e um tempo difícil de ser determinado, um tempo fora do tempo da narrativa.

Nesse capítulo, o homem parece abrir mão da fala e delegá-la à mulher, num arremedo da condição da criança que, antes da aquisição da linguagem, só existe no plano do discurso enquanto narração da mãe. O que acontece, porém, é que impedida de ter voz própria, ao obter o privilégio de narrar, a mulher só pode fazê-lo com a voz do amante. Antes acusada de ser o ventríloquo que fala pelo povo, numa inversão de papéis ela se transforma no boneco manipulado. Ou no travesti de carnaval, imagem requisitada mais de uma vez na novela e que reúne o masculino e o feminino sem apagar as características distintivas dos gêneros. No travesti, como no narrador do último capítulo, a aparência exterior de mulher oculta e deixa ver um homem.

A peculiaridade desse capítulo em relação aos demais faz pensar, como vimos, num texto que expele de dentro de si, como escória, resíduo ou excedente, um outro texto, e que, assim como um tumor ou uma verruga – ainda que condenados ao rol culturalmente construído dos elementos dignos de nojo ou asco –, é tão parte do corpo da obra quanto qualquer outra. Quais as características desse apêndice textual que se destaca do corpo da novela, e a que ele serve?

Delmaschio, ao analisar *Um Copo de Cólera* sob a luz das teorias de Derrida, considera essa mistura de vozes como a comprovação do surgimento da escritura: "Traços de estilo não vêm singularizar sua fala, dando mostras de que o que prossegue, para além do embate entre aquelas duas figuras caracterizadas, *grosso modo*, como mulher jovem e homem grisalho, jornalista e semirrecluso, é a rede discursiva – e por extensão de poder – que os amarra e conduz. Não importa quem fala, importa que a escritura fale."[73]

Para ela, o acionamento da escritura, cujo índice no último capítulo é o bilhete deixado pelo homem, permite a superação das oposições logocêntricas encenadas em todo o texto, como masculino e feminino, escrita e fala, fora e dentro. Uma superação que certamente interessa ao chacareiro é a da diferença entre as figuras femininas de amante e mãe. O narrador vai se

---

73 A. Delmaschio, op. cit., p. 94.

insurgir porque a personagem o deseja mais como amante dona de um corpo autônomo do que como mãe, cujo corpo o bebê sente como extensão do seu: "a femeazinha que ela era, a mesma igual à maioria, que me queria como filho, mas (emancipada) me queria muito mais como seu macho" (p. 77). Na fragilidade da criança oculta-se, nessa lógica, o triunfo da vontade que submete o outro a seus desejos, daí o interesse do narrador na regressão.

A lição da mãe, escrita na "página mais intensa do seu livro de sabedoria", era a de que "um filho só abandona a casa quando toma uma mulher como esposa". A criança não fala, não tem o mecanismo para expressar a lembrança, portanto tornar-se falante significa, para a criança, estar pronta para um afastamento do contato imediato. Atado fervorosamente a esse tempo em que não há dúvidas, tempo que "mal vislumbrava através da lembrança", o narrador não pretende abandonar a casa, não pretende abrir mão dessa ligação imediata com outro corpo e não aceita outorgar-lhe autonomia. No tempo ao qual ele anseia retornar, ele diz pensando nele e nos irmãos, "tínhamos então as pernas curtas, mas debaixo desse teto cada passo era seguro". Os membros inferiores são os sustentáculos do desejo e os repositórios da força na fisiologia da novela. A finalidade do ritual é ativar a memória do mito: tornar os passos seguros (a conjunção adversativa "mas" é importante) apesar das pernas curtas, não viver a ausência de virilidade contida na extensão desses membros como risco ou ameaça (p. 79-80).

Absorvido pela mulher no discurso, o narrador retorna à infância, torna-se provisoriamente feto. Provisoriamente, porque ele sabe que a união é mito e, como tal, só pode ser atualizada como rito erótico-discursivo: "e foi de repente que caí pensando nela [...] revivendo os velhos tempos da nossa união, ruminando desde cedo as resíduos deste mito" (p. 78). Além do conflito entre o narrador e a mulher, o que a infância resolve é a cisão do narrador com seu desejo.

É essa a comunhão ansiada e que só pode ser vivida num tempo "sem áreas de penumbra" (p. 80). Como o tempo cronológico não pode ser revertido, a comunhão é realizada por meio da lembrança, que representa, segundo Bergson, "precisamente o ponto de interseção entre o espírito e a matéria"[74]. É

---

74 *Matéria e Memória*, p. 5.

na lembrança ou na memória que espírito e matéria – desejo e corpo – poderão estar em sintonia. O suporte da memória é a linguagem e, no universo do narrador, a linguagem é manipulável, maleável, as palavras são a matéria-prima do fingimento. Sempre tratada de forma irônica e com desconfiança, a linguagem só pode ser relativa, portadora de verdades provisórias. Por ser erótico-discursivo e só poder ser realizado na memória, o ritual que pretende transformar a natureza dos elementos na intenção de conquistar uma unidade perdida, associada à idade do ouro da infância, resulta em algo vazio, em uma pedra filosofal que se esfarela, em uma consagração da impossibilidade.

3. Geometria Barroca do Destino

Erotismo e Reescritura em "Lavoura Arcaica"

I

CÍRCULO

"Talvez a história universal seja a história de algumas metáforas", escreveu Jorge Luis Borges em "A Esfera de Pascal", misto de ensaio e conto escrito em 1951[1]. De Xenófanes de Colofônio, seis séculos antes da era cristã, a Pascal, no século XVII, o argentino vai catalogar as variações de uma máxima que, no *Corpus Hermeticum* atribuído a Hermes Trismegisto, compilado no século III, tem a seguinte construção: "Deus é uma esfera inteligível cujo centro está em toda a parte e a circunferência em nenhuma."

Em *Lavoura Arcaica*, os avatares do círculo e da esfera são tão importantes para a sina da família que não seria de surpreender se a máxima hermética que une geometria e religião viesse à mente dos leitores do romance que a conhecem. Os movimentos das personagens, interiores ou exteriores, dependem, em grande medida, da integridade e da posição de diversos círculos. Iohána,

---

1 J.L. Borges, A Esfera de Pascal, *Obras Completas*, v. 2, p. 162.

o pai, detém uma autoridade baseada nos textos sagrados e ocupa posição central na família patriarcal, representada graficamente pela cabeceira da mesa das refeições e dos sermões. Sua posição bastante precisa na dinâmica do microcosmo, diferentemente do Deus referido na máxima, cria ao redor de si uma circunferência cujos rígidos limites alguns dos filhos sonham transpor ou alargar. Para fazê-lo, um deles, André, esforça-se, por meio de um discurso de características opostas às do pai, para que a circunferência limitante não esteja em parte alguma. Mais do que o centro estar em todos os lugares, a esse filho é conveniente a hipótese de múltiplos centros, porquanto impossibilita a existência de uma única força dominante.

Na cosmogonia de Timeu, o mundo, ser vivo completo e perfeito, é constituído numa forma esférica, a partir dos quatro elementos: o fogo, a água, o ar e a terra. Apesar de, como diz a personagem de Platão, compreender em si mesma todas as formas e ter um centro à mesma distância de todos os pontos de sua circunferência[2], como todo sólido, a esfera separa o que está em seu interior do que está fora. A esfera, portanto, exclui.

Tal qual no texto de Borges e no *Timeu*, de Platão, em *Lavoura Arcaica* a metáfora da esfera tem papel fundamental. Numa propriedade rural, vivem o pai, Iohána, sua mulher, não nomeada, e os filhos, Pedro, Rosa, Zuleika, Huda, André, Ana e Lula. Nesse ponto do trajeto, é conveniente notar que a alternância de uso do nome próprio "André" e da entidade denominada "narrador" deve-se justamente ao jogo complexo de semelhanças e diferenças entre o *eu* que narra *a posteriori* e o *eu* que experimenta os acontecimentos quando eles ocorrem, um dos pontos-chave do romance. A narrativa se inicia com Pedro, o primogênito, chegando a um quarto de pensão para buscar André, o filho tresmalhado, a fim de levá-lo de volta. Sua fuga, descobriremos ao longo do romance, se dá logo após um incesto. Durante a festa pelo retorno, a dança de Ana faz com que Pedro revele o conflito ao pai, que então assassina a filha. Entremeados, há mergulhos do narrador nas áreas menos iluminadas do passado da família.

O curto capítulo 24 explicita as linhagens opostas na genealogia familiar a partir das posições à mesa:

---

2 Platão, *Timeu*, 32c-33b.

GEOMETRIA BARROCA DO DESTINO

Eram esses os nossos lugares à mesa na hora das refeições, ou na hora dos sermões: o pai à cabeceira; à sua direita, por ordem de idade, vinha primeiro Pedro, seguido de Rosa, Zuleika, e Huda; à sua esquerda, vinha a mãe, em seguida eu, Ana, e Lula, o caçula. O galho da direita era um desenvolvimento espontâneo do tronco, desde as raízes; já o da esquerda trazia o estigma de uma cicatriz, como se a mãe, que era por onde começava o segundo galho, fosse uma anomalia, uma protuberância mórbida, um enxerto junto ao tronco talvez funesto, pela carga de afeto; podia-se quem sabe dizer que a distribuição dos lugares na mesa (eram caprichos do tempo) definia as duas linhas da família.

O avô, enquanto viveu, ocupou a outra cabeceira; mesmo depois da sua morte, que quase coincidiu com nossa mudança da casa velha para a nova, seria exagero dizer que sua cadeira ficou vazia. (p. 154-155)

A árvore desenhada por essa descrição é a estrutura fundamental de muitos estudos do romance. Sabrina Seldmayer serve-se de um jogo de palavras lacaniano para concluir, com acerto, que os filhos do lado esquerdo são "os que procuram uma *père version*, uma outra versão da palavra paterna"[3]. Maria José Lemos, ao analisar as ressonâncias bíblicas no romance, lembra que "André é um dos doze apóstolos de Cristo, aquele que é representado à esquerda do Salvador na Santa Ceia."[4] Também André Luis Rodrigues localiza as origens bíblicas da divisão identificada pelo narrador do romance: em *Mateus*, Cristo dispõe à sua direita os homens que serão salvos, os que alimentaram e saciaram a sede de alguém ou o vestiram, e à sua esquerda os que não o fizeram não o aceitaram como salvador[5]. Ao relacionar essa passagem bíblica ao romance, o intérprete conclui que "os da esquerda, os tortos, os desajustados são exatamente aqueles que não sabem, não querem ou não podem entrar no jogo da (dis)simulação". Em seguida, analisa em detalhe o significado do estigma, da cicatriz, da marca que os caracterizam e que remonta a Caim[6].

O movimento geral do romance parece ser o de um esforço dos filhos pertencentes ao galho esquerdo da família – André, Ana e Lula – para ferir a circularidade imposta pelas leis do pai,

---

3 S. Sedlmayer, *Ao Lado Esquerdo do Pai*, p. 46.
4 M.J.C. Lemos, *Une Poétique de l'intertextualité*, p. 51.
5 *Mateus* 25, 31-41.
6 A. Rodrigues, *Ritos da Paixão em Lavoura Arcaica*, p. 112-116.

74

causadora de uma repetição opressora, um eterno retorno[7]. Uma vez deformado o círculo que a sabedoria tradicional supõe perfeito, talvez vigore um tempo sinuoso, de limites maleáveis e capazes de incorporar a diferença e a novidade. Pensar como essa investida contra o tempo se desenvolve e quais suas características e consequências é um de nossos principais interesses.

SERPENTE

Instante suspenso de transição e em que as delimitações entre forças se enfraquecem, o crepúsculo favorece as reversões. Em *Lavoura Arcaica*, essa parte fugaz do dia é fundamental para a sina que acomete a família. É num momento de indecisão entre luz e sombra, por exemplo, que o círculo familiar fechado e autossuficiente amolece e pode ser rompido por parentes e amigos próximos. Durante a festa, o que era austeridade e trabalho torna-se fartura e fruição.

As filhas da família chamam a atenção pelos tons claros e pela leveza dos vestidos, exceto Ana, que tem como uma de suas marcas distintivas "a flor vermelha feito um coalho de sangue prendendo os cabelos negros" (p. 29). A apresentação das mulheres privilegia justamente a oposição entre claridade e escuridão. As novas regras que a festa instaura são visíveis no enfraquecimento dos limites dessa oposição: "as árvores mais altas que

---

7   F. Nietzsche, *A Gaia Ciência*, p. 230: "O *maior dos pesos* – E se um dia, ou uma noite, um demônio lhe aparecesse furtivamente em sua mais desolada solidão e dissesse: 'Esta vida, como você a está vivendo e já viveu, você terá de viver mais uma vez e por incontáveis vezes; e nada haverá de novo nela, mas cada dor e cada prazer e cada suspiro e pensamento, e tudo o que é inefavelmente grande e pequeno em sua vida, terão de lhe suceder novamente, tudo na mesma sequência e ordem – e assim também essa aranha e esse luar entre as árvores, e também esse instante e eu mesmo. A perene ampulheta do existir será sempre virada novamente – e você com ela, partícula de poeira!' – Você não se prostraria e rangeria os dentes e amaldiçoaria o demônio que assim falou? Ou você já experimentou um instante imenso, no qual lhe responderia: 'Você é um deus e jamais ouvi coisa tão divina!'. Se esse pensamento tomasse conta de você, tal como você é, ele o transformaria e o esmagaria talvez; a questão em tudo e em cada coisa, 'Você quer isso mais uma vez e por incontáveis vezes?', pesaria sobre os seus atos como o maior dos pesos! Ou o quanto você teria de estar bem consigo mesmo e com a vida, para não *desejar nada* além dessa última, eterna confirmação e chancela?"

compunham com o sol o *jogo de sombra e luz*", e depois "*o sol descendo espremido* entre as folhas e os galhos, se derramando às vezes na sombra calma através de *um facho poroso de luz divina*" (p. 26-27, grifo nosso).

O sol espremido deforma-se, perde a perfeição, assim como o círculo familiar, cujas fronteiras foram ultrapassadas durante a trégua na rotina do trabalho. As cestas com "melões e melancias partidas aos gritos de alegria" (p. 27) – também ameaçados em sua esfericidade – são deslocadas para o centro do espaço na preparação para a dança, cujo mote é sugerido, na visão do narrador, pelo viço das frutas. Uva, laranja, melão, melancia e sol compartilham a forma da roda dos homens que, segurando com força as mãos uns dos outros, compõem "ao redor das frutas o contorno sólido de um círculo" (p. 27-28). A flauta soprada por bochechas infladas faz a roda começar a girar. Primeiro quase emperrada, como a roda "de um carro de boi" (p. 28). Em seguida, como "um moinho girando célere" (p. 28). Os movimentos da festa, sorrateiramente associados ao ciclo do trabalho, aceleram.

As filhas do tronco direito aguardam a sua vez, mas Ana, desprovida da principal virtude do código de conduta do pai, a paciência, é atraída pela velocidade, que pode também fazer a roda se soltar de seu eixo. Por isso, ela vara o círculo que dançava. A partir daí, os signos que apontam para a perfeição da forma dão lugar aos que flertam com a sinuosidade: no interior da ciranda, Ana desenvolve "com destreza gestos curvos", "os braços erguidos acima da cabeça serpenteando", "as mãos graciosas girando no alto" (p. 29).

A dança tem a forma de oroboro, serpente-palíndromo que devora a própria cauda e simboliza um ciclo sempiterno. Essa serpente criada pela dança é invadida por outra, Ana, mulher--palíndromo. O palíndromo, palavra ou frase cuja leitura é exatamente igual, letra por letra, no sentido normal, da esquerda para a direita, e no sentido inverso, é um quebra-cabeça verbal que (como a literatura, em princípio) não parece ter nenhuma função utilitária. Ao estudar esse e outros jogos de linguagem, Hocke vai mostrar, porém, que eles "não promovem apenas o jogo, o divertimento, o chiste unicamente banal"[8]. Esses recursos

---

8   G.R. Hocke, *O Maneirismo na Literatura*, p. 49.

maneiristas, baseados nas combinações de letras, "também acabam por se tornar em método, a fim de gerar uma dupla camada linguística, um duplo sentido, uma dis-simulação (*Ver-Stellung*) linguística"[9]. A palavra torna-se, por meio da produção de correspondências enigmáticas, um instrumento para o "desvendamento do mundo"[10]. Se Ana é um palíndromo, talvez seja por ela ter a capacidade misteriosa e inesperada de promover alguma espécie de reversão, como a que se faz na leitura de seu nome.

Ela, diz André, "sabia esconder primeiro bem escondido sob a língua a sua peçonha e logo morder o cacho de uva que pendia em bagos túmidos de saliva" (p. 29). Com trejeitos de cigana, além de afetar os contornos da roda de dança, ela devora, como se fosse uma cobra, as frutas, envenena-as. É ao mesmo tempo a serpente do *Gênesis* que tenta a mulher e a própria mulher que come o fruto da árvore do conhecimento[11]. Da punição dada por Deus ao casal primordial e à serpente, terão ecos no romance a obrigação de obter, do solo que produz ervas daninhas e espinhos, o próprio alimento, de comer o pão com o suor do rosto e de ser picado no calcanhar pelo animal.

Na diferença entre a serpente que devora o próprio rabo e Ana, que é sinuosa, esconde-se uma ironia. Se, para o pai, a família é um corpo indivisível e deve prover-se somente do que germina em seu interior, então o incesto é ele também uma representação de oroboro, uma vez que nessa transgressão o corpo familiar se alimenta sexualmente dele mesmo: "foi um milagre descobrirmos acima de tudo que nos bastamos dentro dos limites da nossa própria casa, confirmando a palavra do pai de que a felicidade só pode ser encontrada no seio da família" (p. 118).

Em sua narração, ao encontrar na perfeição do círculo uma rachadura, André logra concluir que a autofagia que vai precipitar a demolição da casa também se encaixa na geometria do pai. É na própria circularidade que está a sua falha.

9   Ibidem, p. 51.
10 Ibidem, p. 52.
11 *Gênesis* 2, 1-19.

METADE

Sentado "sobre uma raiz num canto do bosque mais sombrio" (p. 30), André assiste de longe à festa. A corrente incestuosa com Ana tem como um de seus elos os signos da sinuosidade que marcam a dança. Um círculo mutilado – como o sol espremido, a propriedade visitada, a ciranda invadida e a fruta partida – é o que está na origem da busca amorosa incessante de um ser pelo outro, segundo Aristófanes, em *O Banquete*, de Platão. Acusados de investir contra os deuses, os humanos, até então esferas perfeitas dos gêneros masculino, feminino ou andrógino, são divididos ao meio por Zeus. A mutilação gera duas metades – no caso do andrógino, uma, homem, a outra, mulher – que tentam encontrar-se movidas pelo desejo de reconquistar a unidade: "E então de há tanto tempo que o amor de um pelo outro está implantado nos homens, restaurador da nossa antiga natureza, em sua tentativa de fazer um só de dois e de curar a natureza humana."[12] Restaurar pelo ato sexual a união garantida por alguma natureza arcaica, como a do diálogo platônico, parece ser a intenção de André quando, em seus apelos a Ana, ele afirma: "teríamos com a separação nossos corpos mutilados [...] entenda que quando falo de mim é o mesmo que estar falando só de você, entenda ainda que nossos dois corpos são habitados desde sempre por uma mesma alma" (p. 129).

Querer fazer parte da mesa da família é o mais legítimo dos anseios de acordo com seus membros, inclusive André. Pertencente ao galho esquerdo, iniciado pela mãe, ele porta o estigma, a cicatriz. Por isso, embora afirme almejar um objetivo elevado, do âmbito do espírito, só pode fazê-lo pelas vias do corpo. Mais ainda, do corpo submetido aos seus apetites.

Se a ideologia paterna procura "ocultar as contradições", omitindo o que há de escuridão na própria luz ou o que há de luminoso mesmo "nas trevas mais espessas", procedendo assim à inevitável fragmentação do que é uno, André anseia exatamente pela recuperação dessa unidade perdida. Assim, para ele, *lavoura* é simultaneamente *lavrar dos campos*, *lavrar do discurso* e, sobretudo, *lavrar dos corpos*. Ou, para expressá-lo de outro modo, *lavoura* é sempre *lavrar dos corpos*: do corpo da terra, do corpo

---

12 Platão, *O Banquete*, 191d.

das palavras, do corpo dos animais e dos seres humanos. À abstração do pai ele opõe o que dá de mais concreto: o próprio corpo.[13]

Ele pretende reunir-se à família no isolado cume da montanha formada pelos valores do pai, mas não pelo caminho da superfície, iluminado e direto, e sim por vias subterrâneas, tortuosas e obscuras. Os signos dessa sinuosidade são reiterados desde o início do romance, quando André masturba-se até ser interrompido pelas batidas do irmão à porta: "minha cabeça *rolava* entorpecida enquanto meus cabelos se deslocavam em *grossas ondas* sobre a *curva* úmida da fronte"; "o floco de paina *insinuava*-se entre as *curvas sinuosas* da orelha"; "o disperso e esparso *torvelinho*" (p. 8, grifo nosso).

OLHO

"Os olhos no teto". Assim André inicia a narração. Pouco adiante, diz: "eu estava deitado no assoalho do meu quarto" (p. 7). Olhos no teto, corpo no assoalho. Preso entre esses dois patamares, ele sente no corpo os sintomas da divisão do espírito: "amar e ser amado era tudo o que eu queria, mas fui jogado à margem sem consulta, fui amputado" (p. 137). A visada é para o alto, o movimento, para baixo: nessa geometria opõem-se forças de mesma direção, mas sentidos contrários. Como no instrumento medieval conhecido como "banco de tortura", em que mãos e pés da vítima são esticados por cordas presas a cilindros girados em direções contrárias, pouco importa qual puxará com mais vigor: a pessoa atada a essas poderosas forças opostas vai sempre terminar despedaçada.

O "percurso metafórico" – expressão de Roland Barthes[14] – do círculo ameaçado de rompimento ou deformação, que até o momento passou pelo sol, pelo andrógino, pelas frutas e pela roda da dança, é inaugurado, no romance de Raduan Nassar, logo em suas primeiras palavras, pelo *olho*. Faz lembrar a retórica de *A História do Olho*, de Bataille, que Barthes mapeia em seu ensaio para realçar a passagem de um termo por "*variações* através de

---

13 A. Rodrigues, op. cit., p. 57.
14 R. Barthes, A Metáfora do Olho, em G. Bataille, *A História do Olho*, p. 117.

um certo número de objetos sucessivos" (grifo do autor). O *olho*, matriz da principal cadeia metafórica, é, no romance bataillano, sucessivamente ovo, prato de leite, testículo, ânus, sol. E assim por diante, numa vertigem combinatória dessa cadeia com outra secundária, a dos avatares do líquido, ambas unidas pelos signos da lágrima e da viscosidade do globo ocular.

As personagens de *Lavoura Arcaica* explicitam sua filiação a um dos galhos da família pelo estado de seus olhos: "a gente sempre ouvia nos sermões do pai que os olhos são a candeia do corpo, e que se eles eram bons era porque o corpo tinha luz, e se os olhos não eram limpos é que eles revelavam um corpo tenebroso" (p. 13).

A autoridade do pai é de tal forma introjetada por André que, em sua narração, os estados interiores das personagens são sempre medidos com a régua do discurso paterno. O trecho acima traz a base da oposição recorrente entre claridade e escuridão, a partir da citação feita pelo pai dos evangelhos de *Lucas*: "A candeia do corpo é o olho. Sendo, pois, o teu olho simples, também todo o teu corpo será luminoso; mas, se for mau, também o teu corpo será tenebroso. Vê, pois, que a luz que em ti há não sejam trevas. Se, pois, todo o teu corpo é luminoso, não tendo em trevas parte alguma, todo será luminoso, como quando a candeia te alumia com o seu resplendor."[15]

E *Mateus*: "A candeia do corpo são os olhos; de sorte que, se os teus olhos forem bons, todo o teu corpo terá luz. Se, porém, os teus olhos forem maus, o teu corpo será tenebroso. Se, portanto, a luz que em ti há são trevas, quão grandes serão tais trevas!"[16]

Logo após lembrar o sermão do pai sobre a candeia do corpo e sua associação entre claridade, limpeza e bondade, André faz uma admissão importante: "sabia que meus olhos eram dois caroços repulsivos" (p. 13). Se ele próprio descreve-se a partir do diagnóstico paterno, é talvez porque não pretenda superá-lo. Nessa suposição, estamos de acordo com Lemos. Após determinar as semelhanças de sua interpretação dos ecos bíblicos no romance com a de Sedlmayer, a pesquisadora aponta a diferença significativa. Sobre as intenções de André, diz: "Trata-se menos da subversão do filho que da aceitação, a constatação que a formação

---

15 *Lucas* 11, 34-36.
16 *Mateus* 6, 22-23.

do poder e a criação de valores são sempre similares – o eterno retorno – seja no filho, no pai ou no avô, aproximando-se do ceticismo encontrado no *Eclesiastes*."[17]

Assim, talvez o que a transgressão questione seja não a divisão que esse diagnóstico impõe, mas o estigma que cabe àqueles que ocupam seu polo menos nobre, e nisso reside uma das inconsistências detectadas por André nos sermões: se a diferença é não só prevista como significativa numa organização que privilegia as oposições, por que ela é condenada? A resposta ao longo da análise vai girar em torno do elogio da dissimulação e da encenação. Mais do que a diferença, veremos, o que está em jogo é sua proibição.

No quarto de pensão, André tem "olhos baixos, dois bagaços". Pedro, que foi em busca do irmão, tem "olhos plenos de luz". De acordo com a fisiologia moral do texto, os olhos são o alvo adequado à punição imaginada por André: "me quebre contra os olhos a velha louça lá de casa" (p. 15). O conselho não proferido carrega uma grande dose de ironia, uma vez que, "guardião zeloso das coisas da família" (p. 63), André sabe, ao contrário dos demais, que os objetos da casa trazem em seus corpos as máculas da degeneração. Não estão, portanto, imunes ao mal que acomete os olhos do narrador e que hipocritamente, a seu ver, os outros renegam.

UTENSÍLIO

Berthold Zilly[18], tradutor do romance para o alemão, e André Luis Rodrigues[19] notaram que se intercalam os capítulos da ação principal – que vai do encontro de Pedro e André na pensão ao assassinato de Ana – e capítulos em que o narrador rememora fatos anteriores a ela. Como numa rubrica teatral, nos capítulos pares o narrador relata o estado das coisas no passado do isolado microcosmo familiar ou recupera na narração uma sensação experimentada antes da virada da fortuna. Para entender como os objetos maculados são convocados no texto, convém nos determos em dois capítulos de rememoração, o dez e o doze. Eles têm

17 M.J.C. Lemos, op. cit., p. 331. (Tradução nossa.)
18 Lavoura Arcaica "Lavoura Poética" Lavoura Tradutória, *Estudos Sociedade e Agricultura*, v. 17, n. 1, p. 5-59.
19 Op. cit., p. 60.

GEOMETRIA BARROCA DO DESTINO 81

uma característica peculiar: todo seu texto está contido entre parênteses. O que esses capítulos evidenciam é a presença antiga da loucura que se abate sobre os três filhos do galho esquerdo, André, Ana e Lula.

As ferramentas que permitem a André, nesses momentos, escavar as fundações da ruína da família são, como em *Um Copo de Cólera*, as da alquimia[20]. O capítulo 10 começa com a apresentação do procedimento que permite aos olhos desse guardião zeloso enxergar mais além que os demais: "Fundindo os vidros e os metais da minha córnea, e atirando um punhado de areia para cegar a atmosfera, incursiono às vezes num sono mal dormido, enxergando através daquele filtro fosco um pó rudimentar." (p. 63)

A partir da transmutação do corpo, atingida por meio de sabedorias mais ocultas que as correntes na casa, André tem acesso ao passado das louças que ele sugere a Pedro, ironicamente, atirar-lhe contra os olhos. No início desse retorno anamnésico, ele encontra os utensílios domésticos já conspurcados por um pó antigo: "um pilão, um socador *provecto*, uns varais extensos, e umas gamelas *ulceradas*, *carcomidas*, de tanto esforço em suas lidas, e uma caneca *amassada*, e uma moringa sempre à sombra *machucada* na sua bica, e um torrador de café, cilíndrico, *fumacento*, *enegrecido*, *lamentoso*, *pachorrento*, girando ainda à manivela na memória" (p. 62-63, grifo nosso).

Os objetos, "ao impregnar-se dos valores da família, perdem em *utilidade* o que ganham em *representação*", nota Rodrigues. "Assim, mais do que semelhança, analogia ou contiguidade, o que aproxima esses objetos na rememoração é o que neles há de simbólico relativamente ao sofrimento, às dores e às desgraças familiares."[21]

Em seguida, o narrador descreve os utensílios relacionados ao calor, mas fora de seus lugares: "e vou extraindo deste poço as panelas de barro, e uma cumbuca no parapeito fazendo de saleiro, e um latão de leite sempre assíduo na soleira, e um ferro de passar saindo ao vento pra recuperar sua febre, e um bule de ágata, e um fogão a lenha, e um tacho imenso, e uma chaleira de ferro, soturna, chocando dia e noite sobre a chapa" (p. 63).

---

20 Cf. R. Nassar, *Um Copo de Cólera*, p. 52s.
21 A. Rodrigues, op. cit., p. 143.

Por fim, encerrando o capítulo, adornos e outros objetos alvos ou do âmbito da claridade – o mesmo daqueles que se sentam ao lado direito do pai à mesa – mas sempre com uma adjetivação que os coloca em suspeição:

e poderia retirar do mesmo saco um couro de cabrito ao pé da cama, e uma louça *ingênua* adornando a sala, e uma Santa Ceia na parede, e as capas brancas *escondendo o encosto das cadeiras de palhinha*, e um cabide de chapéu *feito de curvas*, e um antigo porta-retrato, e uma fotografia castanha, nupcial, *trazendo como fundo um cenário irreal*, e puxaria ainda muitos outros fragmentos, miúdos, poderosos, que conservo no mesmo fosso como guardião zeloso das coisas da família (p. 63, grifo nosso).

O couro de cabrito – além do bode jovem, cabrito pode também ser o rapaz novo ou o menino – está ao *pé* da cama, parte do corpo que, na anatomia nassariana, sempre é convocada para falar do desejo e da transgressão[22]. A louça é *ingênua*. As capas brancas têm algo do âmbito da secura – a palhinha – a esconder. O chapéu é composto de sinuosidades. O cenário da fotografia é indício de manipulação.

Na sequência da rememoração, já no capítulo 12, André descreve com mais clareza seu alvo, o código de conduta que o condena. O uso de *atingir*, aqui, leva em conta o fato de a violência ou a virulência também ser uma forma de aproximação: todo murro pressupõe contato entre corpos. Os parênteses delimitadores do texto desses capítulos têm um poderoso sentido: a origem da corrupção é demarcada no interior mesmo da família, reforçada graficamente como comunidade fechada e autônoma. Outros capítulos de reminiscências, como o do relato da iniciação sexual de André com a cabra Sudanesa, não são isolados por parênteses. Talvez porque o narrador retorne a um tempo no qual os limites das leis paternas foram ultrapassados, tornando desnecessários os signos gráficos reveladores desses limites.

Os parênteses têm essa função não só quando eles isolam os capítulos, mas também, em alguns casos, quando protegem ou destacam um único sintagma:

No capítulo 28, o mais curto do livro, André registra um pequeno trecho do sermão paterno: "A terra, o trigo, o pão, a mesa, a família (a terra):

---

22 Ver E.R. Moraes, As Monstruosidades do Homem, *O Corpo Impossível*, p. 189-204, sobre a oposição simbólica entre mãos e pés.

existe nesse ciclo, dizia o pai nos seus sermões, amor, trabalho, tempo". Esse ciclo é a imagem, perfeita em sua concentração, do modo como o pai vê a família e o mundo. Ou melhor, como ele vê o mundo da família. A *terra*, entre parênteses, que fecha o ciclo e que acaba por fechar sintaticamente, a palavra *família* nesse ciclo, entre *a terra* e (*a terra*), tanto indica o começo de um novo (mas idêntico) ciclo como sugere que a família é também *a terra*. A família se fecha dentro dos estreitos limites da propriedade e constitui assim um mundo, o seu mundo, para além do qual, "para além das divisas [das terras] do pai", tudo é interdito.[23]

PÉ

Nos utensílios e no vestuário da família, André encontra a matéria elevada, nobre, decorosa, mas morta – "ossos sublimes" –, do código de conduta familiar: "o excesso proibido, o zelo uma exigência, e, condenado como vício, a prédica constante contra o desperdício, apontado sempre como ofensa grave ao trabalho" (p. 75-76). Mais grave, porém, é o aspecto dessa disciplina que, subvertido por André e Ana, constitui o motor da tragédia: a proibição "de adquirir fora o que pudesse ser feito por nossas próprias mãos, e uma lei ainda mais rígida, dispondo que era lá mesmo na fazenda que devia ser amassado o nosso pão: nunca tivemos em nossa mesa que não fosse o pão-de-casa" (p. 76).

A interpretação enviesada e obscena dessa lei cria em André a ideia de que só a consumação do desejo pela irmã pode integrá-lo à família. No afeto passado da mãe, na discrepância desse afeto com as pregações do pai, ele localiza a origem de toda ruína: "eu e a senhora começamos a demolir a casa" (p. 66). A metáfora por excelência do afeto materno desmesurado é extraída da lei do pai: a do gesto de amassar o pão. Antes de partir em busca do irmão que fugiu, Pedro ouve da mãe: "eu vou agora amassar o pão doce, ela disse me apertando como se te apertasse, André" (p. 36). Em sua narração, o filho tresmalhado se apropria desse gesto que modela, mas por meio da deformação.

A lembrança da mãe ainda não é capaz de impelir André à confissão, e por isso, na voz calma e serena que lembra a do pai, como numa oração, Pedro menciona a cal e as pedras da catedral

---

23 A. Rodrigues, op. cit., p. 25.

familiar. Quais são os pilares dessa catedral ameaçada de demolição? Pedro deles já se serviu na tentativa de convencer André a retornar: "O amor, a união e o trabalho de todos nós junto ao pai era uma mensagem de pureza austera guardada em nossos santuários." Por se inspirar nas palavras paternas, os argumentos de Pedro são dotados de claridade e versam sobre "as peculiaridades afetivas e espirituais" que os unem (p. 20-21). Era preciso, seguindo seus ensinamentos, não sucumbir às tentações e pôr-se de guarda contra a queda. Ora, se os sermões pregam o equilíbrio e a justa medida, André poderia esperar que o microcosmo familiar contivesse tudo que é necessário à vida, inclusive as tentações que o pai e Pedro acreditam só existir além das cercas vivas da propriedade. Caso contrário, a balança penderia para um dos lados. Para contribuir com esse equilíbrio, André vai procurar amassar o pão de casa de uma maneira imprevista: "bastava que um de nós pisasse em falso para que toda família caísse atrás; e ele falou que estando a casa de pé, cada um de nós estaria também de pé, e que para manter a casa erguida era preciso fortalecer o sentimento do dever, venerando os nossos laços de sangue" (p. 21).

A casa estar de pé, na economia do romance, ao contrário do que possa parecer, talvez não seja de todo um bom sinal. A solidez que o significado denota esconde uma rachadura que vem de apenas um dos componentes do sintagma. O que pode provocar a queda, diz Pedro, é uma pisada em falso, um tropeço. Em todo o livro, como nas demais obras de Raduan Nassar, os pés, por seu contato com o solo, sua inclinação ao baixo e sua oposição à cabeça, são índices da carnalidade e da contestação da ordem apoiada apenas na razão. A *casa de pé*, embora erguida, já foi de uma maneira sutil contaminada pelo signo *pé*.

A reiteração desses motivos vai se estender do início ao fim do romance. A dança de Ana, por exemplo, afeta sobremaneira André por conta de seus "*passos precisos* de cigana se deslocando no meio da roda [...] só tocando a terra na *ponta dos pés descalços*" (p. 29, grifo nosso). Não bastasse estar "sentado onde estava sobre uma raiz exposta", e portanto em contato com o que se esconde sob a superfície, acrescenta ele: "eu desamarrava os sapatos, tirava as meias e com os pés brancos e limpos ia afastando as folhas secas e alcançando abaixo delas a camada de espesso húmus, e a minha vontade incontida era de cavar o chão com as

GEOMETRIA BARROCA DO DESTINO

próprias unhas e nessa cova me deitar à superfície e me cobrir inteiro de terra úmida" (p. 30-31).

Ana e André têm, além das letras iniciais dos nomes, a primeira do alfabeto, outra coisa em comum: os pés descalços[24]. Na primeira dança, a mãe confunde-se com Ana devido à mudança de personagem na narração sem uso dos nomes próprios e com a manutenção do pronome "ela"[25], confusão que "revela as intersecções ente o amor materno, o amor fraterno e o amor carnal"[26]. Nesse momento em que a mãe se afasta da roda e vai com "olhos amplos e aflitos" em busca do filho no bosque, seus passos são marcantes, "amassando distintamente as folhas secas sob os pés e me [André] amassando confusamente por dentro" (p. 31). Ao reunir dois dos motivos já destacados, o do afeto exacerbado que é representado pelo gesto de amassar e o dos pés como parte privilegiada na fisiologia dos acometidos, André reafirma em sua narração a culpa da mãe e a própria inocência em relação ao destino da família, algo que a epígrafe da primeira parte do romance, do poeta Jorge de Lima, antecipa: "que culpa temos nós dessa planta da infância, de sua sedução, de seu viço e constância?"[27]

Essa planta pode bem ser parte do corpo humano, como em Ana, que ao dançar "tinha as plantas dos pés em fogo imprimindo marcas que queimavam" (p. 32) o irmão. Ao justificar sua partida, André diz que seus olhos não podiam "recusar as palmas

---

24 L. Perrone-Moisés, Da Cólera ao Silêncio, *Cadernos de Literatura Brasileira: Raduan Nassar*, p. 65. O nome Ana também corresponde ao pronome *eu* em árabe, o que reforça a identidade.

25 R. Nassar, *Lavoura Arcaica*, p. 31: "e eu nessa senda oculta não percebia quando ela se afastava do grupo buscando por todos os lados com olhos amplos e aflitos, e seus passos, que se aproximavam, se confundiam de início com o ruído tímido e súbito dos pequenos bichos que se mexiam num aceno afetuoso ao meu redor, e eu só dava pela sua presença quando ela já estava por perto, e eu então abaixava a cabeça e ficava atento para os seus passos que de repente perdiam a pressa e se tornavam lentos e pesados, amassando distintamente as folhas secas sob os pés e me amassando confusamente por dentro, e eu de cabeça baixa sentia num momento sua mão quente e aplicada colhendo antes o cisco e logo apanhando e alisando meus cabelos, e sua voz que nascia das calcificações do útero desabrochava de repente profunda nesse recanto mais fechado onde eu estava, e era como se viesse do interior de um templo erguido só em pedras mas cheio de uma luz porosa vazada por vitrais, 'vem, coração, vem brincar com teus irmãos'".

26 A. Rodrigues, op. cit., p. 79.

27 Para uma análise bastante completa da relação da obra de Raduan Nassar com a de Jorge de Lima, ver M.J.C. Lemos, op. cit., p. 171-193.

prudentes de velhos artesãos [...] me modelando calos; modelando solas nos meus pés de barro" (p. 65). Sair de casa pode fazê-lo, por meio de uma ação similar a de amassar, a de modelar, dar contornos socialmente aceitos aos membros que expressam seu desejo, e dotar o que era estátua, o que era imóvel, de calos e solas, marcas resultantes da faina. Ele tem, porém, na testa a "cicatriz sombria que não existe mas que todos pressentem" (p. 125), é da linhagem de Caim[28], como a irmã de quem não consegue tirar os olhos apesar da chegada da mãe. André esconde de vergonha os pés brancos, as unhas limpas, os dentes de giz, o asseio da roupa, a cara imberbe de criança quando visita escondido os bordéis, onde de "unhas sujas" e "pés entorpecidos", dorme "um sono provisório" (p. 70). No passado, abaixava os olhos para não ver a cara da irmã, o que só era possível por se tratar de um tempo em que tinha, diz ele, "os pés acorrentados" (p. 32).

TEBAS

Além de manter os pés brancos e de unhas limpas, controlar o desejo passa por mantê-los atados, impedidos de palmilhar o solo. Algo análogo ao que ocorre em outra história que também contém incesto, sina, desejo, vaticínio, crime e destruição de uma família num tempo de repetições. Em Édipo Rei, Jocasta, temendo a predição de que um filho seu assassinará o pai, Laio, entrega o recém-nascido a um pastor e ordena sua morte[29]. Consternado, ao invés de obedecer, o pastor entrega o bebê a outro homem, para que o leve para longe dali. Atirar o bebê de pés amarrados às águas evitaria que a profecia, que previa também a união do assassino do pai com a mãe, se cumprisse. Impedir com a amarração dos pés a realização futura de um desejo proibido estancaria

---

28 R. Nassar, *Lavoura Arcaica*, p. 138: "pertenço como nunca desde agora a essa insólita confraria dos enjeitados, dos proibidos, dos recusados pelo afeto, dos sem-sossego, dos intranquilos, dos inquietos, dos que se contorcem, dos aleijões com cara de assassino que descendem de Caim (quem não ouve a ancestralidade cavernosa dos meus gemidos?), dos que trazem um sinal na testa, essa longínqua cicatriz de cinza dos marcados pela santa inveja, dos sedentos de igualdade e de justiça, dos que cedo ou tarde acabam se ajoelhando no altar escuso do Maligno".

29 Toda menção à mitologia e à tragédia tem como fonte P. Grimal, *Dicionário da Mitologia Grega e Romana*.

O fluxo inexorável da tragédia. No entanto, as consequências da *hybris*[30] não podem ser evitadas. A marca visível desse excesso, no caso de Édipo, é uma cicatriz nos pés. No caso de André, é a cicatriz invisível no rosto.

Édipo Rei e *Lavoura Arcaica* aproximam-se na figura do filho que leva o patriarca à ruína e comete incesto: sem o saber, na peça grega; deliberadamente, no caso do romance brasileiro. Em decorrência do reconhecimento – na tragédia grega, a confirmação dos pastores de que Édipo é aquele de que falavam os oráculos; no romance, a revelação de Pedro ao pai do ocorrido entre André e Ana –, as duas tragédias chegam a desfechos em algo semelhantes. No texto clássico, Jocasta, alucinada e em desespero, arranca os cabelos e se enforca com uma corda. No contemporâneo, a reação da mãe ao assassinato é assim descrita por André: "e vi a mãe, perdida no seu juízo, arrancando punhados de cabelo, descobrindo grotescamente as coxas, expondo as cordas roxas das varizes, batendo a pedra do punho contra o peito" (p. 192).

Raduan Nassar promove uma sutil alteração na cena da tragédia: a corda com que Jocasta se enforca transforma-se nas "cordas roxas das varizes", uma vez que a mãe, apesar de perder o juízo tal qual Jocasta, não se mata. Três outros pontos, mais sutis, mas igualmente significativos, conectam os dois textos tão distantes no tempo. O primeiro, mais evidente, é o gesto de Édipo ao descobrir Jocasta morta: arranca os próprios olhos. Lá como cá, portanto, os olhos são os índices da maldição e os alvos da expiação. O segundo, menos evidente, é o fato de aquele que não vê – o cego Tirésias e André, "aquele que estava cego e recuperou a vista" (p. 169) – ser o único efetivamente a enxergar tudo aquilo de que não se pode falar, conduzindo ao destino fatal.

---

30 S. Calazans, Hybris, em C. Ceia (org.), *E-Dicionário de Termos Literários*. "Substantivo feminino grego, de raiz provinda do indo-europeu *ut + qweri*, (peso excessivo, força exagerada) passa a significar o que ultrapassa a medida humana (o *métron*). É, portanto, o excesso, o descomedimento, a desmesura. Em termos de religião grega, a *hybris* representa uma violência, pois, ao ultrapassar o *métron*, o homem estaria cometendo a insolência, um ultraje, na pretensão de competir com a divindade. O conceito de *hybris* tem sido aplicado principalmente em relação ao protagonista da tragédia que desafia as leis morais vigentes na *polis* e as proibições dos deuses. A transgressão do protagonista ou *hamartia* [...] leva à sua queda, o que não significa necessariamente um desfecho trágico."

E, por fim, há uma conexão mais sutil, relacionada ao espaço comum a ambos os textos. Conta a *Biblioteca* de Pseudo-Apolodoro que, após o rapto de Europa por Zeus, o pai da vítima, o rei Agenor, pediu aos filhos que saíssem à sua procura. Um deles, Cadmo, parte com a mãe, Teléfassa. Após a morte da mãe, aconselhado pelo oráculo de Delfos, ele desiste das buscas e vai fundar uma cidade. Conforme a orientação do oráculo, ele encontra uma vaca com algum sinal peculiar, segue-a e, no local onde ela se deita, funda Tebas. Cadmo precisa matar um dragão, tido por filho de Ares, que vive próximo à única fonte de água do local. É essa a primeira das desmedidas que vão condenar toda a linhagem do fundador de Tebas à maldição.

No romance, uma das máximas do pai aparece em diferentes reformulações. A primeira na voz de André, ao falar da fuga: "haveria de ouvir claramente de meus anseios um juízo rígido, era um cascalho, um osso rigoroso, desprovido de qualquer dúvida: 'estamos indo sempre para casa'" (p. 34)[31]. No sermão sobre o tempo, o pai inclui duas reformulações dessa máxima com um sujeito determinado, o gado, e destinos condizentes, o cocho e o poço: "com olhos amenos assistir à manipulação misteriosa de outras ferramentas que o tempo habilmente emprega em suas transformações, não questionando jamais sobre seus desígnios insondáveis, sinuosos, como não se questionam nos puros planos das planícies as trilhas tortuosas, debaixo dos cascos, traçadas nos pastos pelos rebanhos: que o gado sempre vai ao cocho, o gado sempre vai ao poço" (p. 60).

---

31 M.J.C. Lemos, op. cit., p. 28, vê no poema de Novalis citado por Nassar uma tentativa de retorno a um "canto original", cuja impossibilidade seria o motor da escritura: "Escrever é sempre um retorno, uma viagem em torno da história, de lembranças, da linguagem; mas um retorno inseparável de um desenho que se petrifica na impossibilidade, que se torna silêncio, impossibilidade mesma da linguagem" (p. 28). A autora também mostra como a vertiginosa espiral de intertextos criada por Nassar vai, por meio desse verso, chegar até Thomas Mann. Em sua novela *Tonio Kröger*, que também cita o verso de Novalis, a personagem principal traz uma marca na testa como as de Raduan Nassar, vive dividida entre a espiritualidade do pai e o ardor sensual da mãe, tal qual André, em *Lavoura Arcaica*. Por fim, para continuar na vertigem, o brasileiro cita em seu romance um trecho de *A Montanha Mágica*, do mesmo Mann: "especular sobre os serviços obscuros da fé, levantar suas partes devassas, o uso sacramental da carne e do sangue". Em *Lavoura Arcaica* é possível identificar muitas conexões com o romance alemão além desse trecho (cf. p. 244-265).

GEOMETRIA BARROCA DO DESTINO

O gado sempre vai ao poço e ao cocho. Em busca do alimento, o gado sempre vai para casa. A reação da mãe à tragédia remete à de Jocasta, no penúltimo capítulo. No último, a sabedoria do pai a respeito da volta para casa é repetida por André. A propriedade da família e o destino do boi se confundem nas máximas que afirmam que homens e animais estão sempre indo para onde encontram alimento, matam a sede e obtêm conforto: o poço, o cocho, a casa. Tebas, casa dos Labdácidas, é vítima de um destino inalterável que é decretado quando, após abandonar Europa, Cadmo funda a cidade no local em que a vaca com estigma se deita.

Também no romance um destino trágico atinge a família que deixa seu local de origem (a Europa, continente que tem o nome da irmã de Cadmo) e funda um novo lar. Essa casa, onde estão o cocho e o poço, é também o local aonde os bois vão se alimentar, onde se deitam. Quando se trata de André, o alimento que o obriga a retornar para casa e que pode matar sua fome e sua sede é o corpo da família – da mãe, de Ana, de Lula. Tebas, casa dos Labdácidas, foi fundada onde os bois se deitam e punida pela desmedida na busca por uma fonte de água. A propriedade de Iohána, onde os bois se deitam, está destinada à demolição devido à busca desesperada de André, "sem água, de boca seca e salgada" (p. 65), por umidade[32].

PASTOR

As imagens da natureza são manipuladas a fim de integrar à ordem das coisas aquilo que, por ser diferente, tende a ser prescrito pelas convenções baseadas em qualquer parâmetro da normalidade socialmente construída. É da natureza também o desvio, o excesso, a diferença – "a impaciência também tem seus direitos" (p. 88) –,

---

32 Embora haja no romance diversas referências explícitas e implícitas a diversos mitos gregos, e o gênero da tragédia tenha nele papel preponderante, nem sempre isso é percebido ou trazido em primeiro plano pelos intérpretes, que exploram principalmente os ecos bíblicos ou, um pouco menos, alcorânicos. Para S. Sedlmayer, op. cit., p. 51, por exemplo, "podemos constatar que a filiação desse romance pertence muito mais ao tronco literário inaugurado pelos arcaicos caracteres hebraicos, os precursores das histórias e dramas, do que à narrativa mitológica dos gregos".

90

eis o que quer fazer crer André em seu "desarvoro demoníaco" (p. 45). Seus olhos enfermiços, ao ver pela primeira vez na infância a cabra Sudanesa, por exemplo, transformam o espaço do animal em um quarto de cortesã, com "cama bem fenada, cheirosa e fofa" (p. 17). São olhos mais habituados à escuridão que à luz e, por isso, é num fim de tarde que a história entre o menino afetado pela doença ainda não nomeada e o animal pode ter início. Aos olhos de "amante extremoso", a cabra passa a ter ares de mulher: "patas de salto, jogando e gingando o corpo ancho suspenso nas colunas bem delineadas das pernas" (p. 18).

Essa confusão dos papéis das fêmeas – humana e animal – no discurso nostálgico de André se fortalece ainda mais a partir das relações do romance com o *Cântico dos Cânticos*. Atribuído a Salomão, o livro precisou, para ser aceito como parte das *Escrituras* apesar de seu conteúdo de tons eróticos e poéticos, ser objeto de leituras alegorizantes[33]. No *Cântico dos Cânticos*, os amantes se referem um ao outro como *irmão* e *irmã* por conta da força de sua ligação, mas sem que haja conotação incestuosa[34]. No romance, essa convenção poética é transformada em expressão de literalidade quando André une, numa mesma figura, irmã de sangue e objeto do desejo. As apropriações distorcidas do texto bíblico emprestam às memórias de André sobre Sudanesa a dubiedade necessária para que a mistura de sagrado e profano permita antecipar a tragédia: "No imaginário judaico-cristão, a cabra vincula-se ao mal, à luxúria, mas é também um animal dedicado ao sacrifício, à expiação. Nas relações substitutivas que o filho torto opera para saciar seus desejos, a irmã irá figurar na pira sacrificial, ao final da trama, condenada a expiar uma culpa que é de toda a família: notoriamente um papel vicário – que ocupa o lugar de outrem, de outra coisa."[35]

Assim o desejo desliza de um objeto a outro: a cabra se torna amante como a irmã, que por sua vez se torna animal dedicado ao sacrifício. Essa metamorfose se dá na narração. O pastor lírico, como André se intitula, descreve a cabra Schuda como

---

33 Uma edição pastoral da *Bíblia* registra, na introdução ao *Cântico*, a seguinte orientação: "O *Cântico* e o que ele descreve – o amor humano – podem e precisam ser lidos como parábola incomparável que revela a paixão e ternura de Deus pela humanidade."

34 B.C. Mota, A *Lavoura* e o *Jardim*, *Itinerários*, n. 35, p. 42.

35 Ibidem, p. 47.

mais "paciente, mais generosa, quando uma haste mais túmida, misteriosa e lúbrica, buscava no intercurso o concurso do seu corpo", isto é, quando o ato sexual que as metáforas velam se realiza. O ritmo desse ato é emulado no texto pela repetição do fonema /k/ em "buscava", "intercurso", "concurso" – nessas duas palavras, também pela rima final – e "corpo" (p. 19).

Nesse sistema metafórico, em que o órgão sexual equivale a um elemento de botânica, *haste*, e as características de um animal são transportadas para um humano e vice-versa, o pastor que tem relações com a cabra é o mesmo que promete guardar os rebanhos se for atendido em seus desejos: "sei ainda proteger nosso rebanho contra outras picadas, abrigá-lo dos ventos ásperos, conduzi-lo à sombra das árvores quando o sol já não está a prumo, ou debaixo dos telhados para escapá-los das intempéries mais pesadas, conhecendo, entre todos os poços da fazenda, a melhor água para apagar a veemência da sua sede" (p. 120).

No trecho acima, temendo ter perdido aquilo que acabara de conquistar, André tenta convencer Ana a abandonar as preces na capela. A veemência da sede dos animais, que as habilidades do narrador como pastor dúbio podem apaziguar, é a da própria sede. Ele, como o bom pastor do evangelho de *João*[36], conhece o rebanho do qual a irmã faz parte e tenta conduzi-lo ao poço em que ele próprio se satisfaz "sob a sombra das árvores e quando o sol já não está a prumo" (p. 120) – longe da claridade em que se desenvolve o galho saudável da família.

ÁGUA

Os benefícios da satisfação dessa sede, com os quais André sonha, contrapõem-se, não à toa, à aridez e à secura:

haveríamos os dois de rir ruidosamente, espargindo a urina de um contra o corpo do outro, e nos molhando como há pouco, e trocando sempre através das nossas línguas laboriosas a saliva de um com a saliva do outro, colando nossos rostos molhados pelos nossos olhos, o rosto de um contra o rosto do outro, e só pensando que nós éramos de terra, e que tudo o

---

36 "Eu sou o bom Pastor, e conheço as minhas ovelhas, e das minhas sou conhecido." (*João* 10, 14).

que havia em nós só germinaria em um com a água que viesse do outro, o suor de um pelo suor do outro (p. 113).

Os dois compartilhando urina, saliva e suor, seus rostos e corpos molhados, a água de um vital para o outro. A natureza – suas estações, seus períodos de plantio e de colheita – é uma das mais fortes representações do tempo cíclico. Se em grande medida o romance se sustenta em tal concepção do tempo e no que pode ameaçá-la, nada mais adequado a ele que um sistema metafórico capaz de conferir aos homens características do mundo vegetal.

Para a manutenção de tal sistema, são elementos vitais a água, a seiva e os líquidos em geral, dos mais ralos aos mais viscosos. O líquido, como mostra belamente o poema de Ponge, citado anteriormente na análise de "Menina a Caminho"[37], atende sempre ao vício de seu peso, e por isso sempre tende ao baixo. Além disso, destaca-se de outros estados da matéria por entregar-se sem oposição à forma, pouco importa o que o contenha. É dessas características, a tendência ao baixo e a multiformidade, que André vai se servir para destinar as águas a um tipo de plantio que na economia da obra só pode gerar frutos indesejados.

Ao servir-se dos signos do líquido para uma finalidade contrária à determinada pelo discurso do pai – a lavoura da terra –, mais uma vez André encontra uma brecha no interior do rígido código, que lhe permite reivindicar seu lugar à mesa da família sem abrir mão de seus desejos ou justamente por meio deles. Para que ele se encaixe, não é necessário substituir o código, basta ampliar até o limite suas interpretações. Por isso, mais do que partir de vez ou demolir efetivamente a casa – ameaçada apenas se suas demandas não forem atendidas –, o que André busca é fazer parte, integrar-se, mas nos seus termos.

Quando Pedro entra no quarto de pensão, André faz questão de frisar que ali os dois estavam separados por um "espaço de

---

37 F. Ponge, De l'eau: "Líquido é por definição o que prefere obedecer ao peso a manter a forma, o que rechaça toda postura para obedecer ao seu peso. E, por causa dessa ideia fixa, de seu mórbido escrúpulo, perde toda compostura. Desse vício, que o torna rápido, precipitado ou estagnado; amorfo ou feroz, amorfo e feroz, feroz perfurante, por exemplo; astuto, filtrante, circundante; tanto que podemos fazer dele o que quisermos, e conduzir a água por tubos para fazê-la depois jorrar verticalmente, a fim de fruir enfim seu modo de se precipitar como chuva: uma verdadeira escrava."

GEOMETRIA BARROCA DO DESTINO

terra seca" (p. 9). Esse espaço, onde nada que sacie a fome frutifica, é muito diferente do bosque no qual André se esconde dos olhos apreensivos da família e de onde assiste a dança: "amainava a febre dos meus pés na terra úmida" (p. 11). Delineia-se desde o início a oposição entre a secura, em que nada pode florescer, e a umidade, em que pode haver a germinação – ainda que das plantas mais daninhas. Os pés acometidos pela febre buscarão o que é úmido como os fluidos do corpo ou da terra, ameaças à assepsia sagrada proposta pela lei severa e solene[38].

Imediatamente após o afastamento ter criado um espaço de terra seca entre eles, algo se transforma:

num momento preciso nossas memórias nos assaltaram os olhos em atropelo, e eu vi de repente seu olhos se *molharem*, e foi então que ele me abraçou, e eu senti nos seus braços o peso dos braços *encharcados* da família inteira; voltamos a nos olhar e eu *disse* "não te esperava", foi o que eu *disse* confuso com o desajeito do que *dizia* e cheio de receio de me deixar escapar não importava com o que eu fosse lá *dizer*, mesmo assim eu repeti "não te esperava" foi isso o que eu *disse* mais uma vez e eu senti a força poderosa da família desabando sobre mim como um *aguaceiro* pesado enquanto ele *dizia* "nós te amamos muito, nós te amamos muito" e era tudo o que ele dizia enquanto me abraçava mais uma vez; [...] ele disse "abotoe a camisa, André". (p. 9-10, grifo nosso)

A rememoração do afeto familiar irriga os olhos e a narração. O contato físico é descrito como excesso de águas num fluxo que aumenta ainda mais quando Pedro declara o amor da família pelo membro que partiu. É curiosa a insistente repetição do verbo *dizer*, uma vez que André, durante todo o encontro com o irmão, por diversas vezes, vai abortar, enquanto pode, quase na garganta, suas confissões: "quando escorreguei e quase perguntei por Ana"; "eu poderia isto sim era perguntar"; "me levando impulsivo quase a incitá-lo num grito" (p. 14-15). Será que, livre

---

38 G. Bataille, *O Erotismo*, p. 177: "O sexo é, em suma, uma coisa a mesmo título que um pé (a rigor, uma mão é humana, e o olho, exprime a vida espiritual, mas temos um sexo, pés, de maneira bem animal)". Idem, Le Gros orteil, *Oeuvres complètes*, v. 1, p. 200: "O dedão do pé é a parte mais humana do corpo humano." E também S. Freud, *Obras Completas*, v. 17, p. 33: "Em muitos casos de fetichismo dos pés pôde-se mostrar que a pulsão de ver [escopofílica], originariamente voltada para os genitais e querendo chegar a seu objeto de baixo para cima, foi detida em seu trajeto pela proibição e pelo recalcamento, e por isso reteve como fetiches os pés ou os sapatos."

94

para dizer o que quiser na narração *a posteriori*, ele incorpora ao enunciado a maneira como gostaria que tudo tivesse se passado no momento da ação caso não tivesse sido impedido? Lemos vai se servir do conceito deleuziano de "síntese disjuntiva"[39] para definir essa multiplicidade de verdades no discurso de uma mesma voz narrativa, a de André, que se abre sempre "a outras verdades, como a do pai, ou a do avô, ou ainda a dos três misturadas. É sobre essa experiência do jogo dialógico e do perspectivismo que é construída a estratégia de leitura na obra de Nassar. Assim, em *Lavoura Arcaica*, o leitor ingênuo pode ser enganado pelo narrador – André – que conta sua história passional de modo cínico por desconfiar de sua própria versão da verdade"[40].

Está implícita na própria cena a razão pela qual André refreia o desejo de dizer o que quer no momento em que a ação ocorre – à demonstração de afeto se sobrepõe uma ordem em sentido contrário ao da intimidade: "abotoe a camisa, André". A voz do pai ecoa na do irmão mais velho, e André se dá conta da inutilidade de diálogo – "eu que achava inútil dizer fosse o que fosse passei a ouvir (ele cumpria a sublime missão de devolver o filho tresmalhado ao seio da família) a voz de meu irmão" (p. 16) – e o afeto entre eles seca com a mesma velocidade que jorrou.

No banheiro da família, no cesto de roupas, André vai encontrar manifestações de desejos que não puderam romper a superfície e vir à tona. No leito seco da família é possível buscar as marcas dos líquidos que escoaram no passado ou que permanecem ocultos em lençóis enterrados. Quanto mais fundo André escava, maior a chance de que essa água, como um desejo represado, jorre.

alguma vez te passou pela cabeça [...] suspender o tampo do cesto de roupas no banheiro e trazer com cuidado cada peça ali jogada? era o pedaço de cada um que eu trazia nelas quando afundava minhas mãos no cesto, ninguém ouviu melhor o grito de cada um, eu te asseguro, as coisas exasperadas da família deitadas no silêncio recatado das peças íntimas ali largadas [...] bastava afundar as mãos pra conhecer a ambivalência do uso, os lenços dos homens antes estendidos como salvas pra

---

39 Para conhecer mais profundamente o conceito e suas implicações, cf. o verbete de mesmo nome em: F. Zourabichvili, *O Vocabulário de Deleuze*, p. 55: "[a síntese disjuntiva ou disjunção inclusiva] faz passar cada termo no outro seguindo uma ordem de implicação recíproca assimétrica que não se resolve nem como equivalência nem como identidade de ordem superior".

40 M.J.C. Lemos, op. cit., p. 140-141. (Tradução nossa.)

GEOMETRIA BARROCA DO DESTINO

resguardar a pureza dos lençóis, bastava afundar as mãos pra colher o sono amarrotado das camisolas e dos pijamas e descobrir nas suas dobras, ali perdido, a energia encaracolada e reprimida do mais meigo cabelo do púbis, e nem era preciso revolver muito para encontrar as manchas periódicas de nogueira no fundilho dos panos leves das mulheres ou escutar o soluço mudo que subia do escroto engomando o algodão branco e macio das cuecas (p. 42-43).

Num gesto similar ao da protagonista de "Menina a Caminho", que afundava a mão na barrica de manjubas[41], André afunda as mãos no cesto. Os lenços dos homens evitaram que os lençóis fossem manchados. O soluço que engoma as cuecas com sêmen desperdiçado é mudo. Dentro do cesto, a ambivalência do uso se esconde na sinuosidade das dobras e da energia encaracolada dos objetos que são utilizados rentes ao corpo. Da maturidade sexual das mulheres, indicadas por suas regras, só restam as manchas nas roupas íntimas escondidas. O sangue secou e ficaram "as toalhas higiênicas cobertas de um pó vermelho como se fossem as toalhas de um assassino", processo em que há a violenta extinção de uma possibilidade de vida. Os humores da família estão mofando no cesto. As "manchas de solidão, muitas delas abortadas com as graxas da imaginação" não resultam da realização plena de um desejo. A escavação dos vestígios de desejo desperdiçado vai deixar entrever a morte da família, seu "ossuário" (p. 43), o corpo em sua secura máxima, destituído de tudo que é líquido ou viscoso.

O narrador vai, todo o tempo, retirar as palavras do cesto, cavar os poços em que animais e homens podem matar suas sedes. A cabra Schuda é generosa no intercurso lúbrico porque "lavava a língua e sorvia a água" (p. 17). O que Ana desperta em André ao morder "o cacho de uva que pendia em bagos túmidos de saliva" (p. 29) só pode ser amainado por outro líquido, e por isso ele tem de se "cobrir inteiro de terra úmida" (p. 31). A mãe, ao ouvir Pedro dizer que vai buscá-lo, tem os "olhos cheios d'água" (p. 35), e, em seguida, vai amassar o pão como costumava amassar o filho. Ao ouvir esse relato de Pedro, André fica "com a memória molhada". Tanta água represada periga transbordar.

---

41 Cf. *Menina a Caminho*, p. 32.

CORDEIRO

Na expectativa do retorno do filho, a mãe destece "a renda trabalhada a vida inteira em torno do amor e da união da família", como Penélope à espera de seu marido Ulisses. As sucessivas menções à mãe aproximam André do transbordamento. A gota d'água que vai desencadear o jorro discursivo é a menção a Ana e a seus pés descalços. Pedro percebe o dique prestes a romper-se e ordena que o irmão não beba mais vinho, sem sucesso:

eu berrei transfigurado, essa transfiguração que há muito devia ter-se dado em casa "eu sou um epilético" fui explodindo, convulsionado mais do que nunca pelo fluxo violento que me corria o sangue "um epilético" eu berrava e soluçava dentro de mim, sabendo que atirava numa suprema aventura ao chão, descarnando as palavras, o jarro da minha velha identidade elaborado com o barro das minhas próprias mãos, e me lançando nesse chão de cacos (p. 39).

Convulsionado pelo fluxo, André cede ao acesso de loucura e quebra o continente que dava forma e impunha limites ao desejo líquido de sua velha identidade, que ele só conseguiu reprimir com a fuga, peripécia que determina na família a transição da fortuna ao infortúnio. Ao descarnar as palavras, isto é, ao separar a polpa do discurso e revelar o caroço com o qual se identifica, André confessa-se enfermo e sugere ao irmão que volte para casa e compartilhe a revelação que vai aproximar ainda mais o romance da tragédia. Após a reviravolta da fortuna – a perda de um dos membros da família –, vêm o reconhecimento e seu efeito violento, consumados no desfecho. Todas essas etapas são vaticinadas por André.

No vaticínio, o filho tresmalhado descreve as irmãs desesperadas e determina o papel que elas devem ocupar na encenação dessa "trama canhota": o de "coro sombrio e rouco" que repete cinco vezes os gritos de "traz o demônio no corpo". Na cena imaginada por André, elas, "como quem blasfema", levantam as mãos aos céus e clamam: "Ele nos abandonou, Ele nos abandonou." Nos *Salmos*, a "oração do justo sofredor" traz o apelo do inocente que é punido e clama pela ajuda divina: "Deus meu, Deus meu, por que me desamparaste? Por que te alongas das palavras do meu bramido e não me auxilias?"[42] Mais tarde, os evangelhos de

---

42 *Salmos* 22, 1.

Marcos e *Mateus* vão trazer a passagem em que Cristo, depois de longa agonia na cruz e pressentindo a morte iminente, repete o apelo do justo sofredor do salmo: "E, perto da hora nona, exclamou Jesus em alta voz, dizendo: Eli, Eli, lemá sabactâni, isto é, Deus meu, Deus meu, por que me desamparaste?"[43]; "E, à hora nona, Jesus exclamou com grande voz, dizendo: Eloí, Eloí, lemá sabactâni? Isso, traduzido, é: Deus meu, Deus meu, por que me desamparaste?"[44]

A finalidade dessas citações – a do *Novo* ao *Antigo Testamento*, a de Raduan Nassar a ambos – pode fornecer pistas para a interpretação do romance. Em uma de suas audiências, o papa emérito Bento XVI esclarece a hermenêutica católica dessas passagens e o que significa para Jesus citar um salmo: "dado que no uso hebraico citar o início de um *Salmo* implicava uma referência ao poema inteiro, a prece dilacerante de Jesus, embora mantenha a sua carga de sofrimento indizível, abre-se à certeza da glória"[45]. Ou seja: embora ao repetir o salmo o filho de Deus possa aparentar demonstrar desconfiança e desamparo, o fim do salmo, implícito na citação, mostra justamente o contrário, a certeza da salvação.

O uso que Raduan Nassar faz da citação nesse caso ganha um forte tom irônico. No grito das irmãs imaginado por André, a modificação do vocativo – "Meu Deus", no salmo, "Deus meu" nos evangelhos, "Ele", no romance – cria uma ambiguidade: aquele que abandona os suplicantes no romance continua sendo o Deus cristão, como nos textos antigos, mas é ao mesmo tempo o pai da família, convertido então em responsável pelo sofrimento com seu abandono. Quando o vaticínio se torna realidade, após o efeito da dança de Ana no pai, essa ambiguidade se confirma, pois as irmãs, na sua função de coro, trocam "Ele" por "Pai!" em seus gritos. No romance, porém, ao contrário do salmo hebraico e da citação no *Novo Testamento*, não há, naquele que suplica, a crença no poder de salvação desse Pai. Pelo contrário, os apelos se dão justamente no momento da ruína completa do protetor, quando Iohána distancia-se ao máximo de qualquer possibilidade de perdão e assassina a própria filha. Se Cristo morreu

---

43 *Mateus* 27, 46.
44 *Marcos* 15, 34.
45 Papa Bento XVI, Audiência Geral.

para expiar os pecados dos homens, Ana morre para expiar os da família[46].

COCHO

Os lençóis de linho, diz André a Pedro, estão impregnados da palavra do pai, como uma espécie de Sudário de Turim. Na visão de André, os sermões paternos são, como a relíquia cristã, falsos objetos de devoção, ainda que o pai diga sempre "que é preciso começar pela verdade e terminar do mesmo modo". Em *João*, Jesus afirma a Tomé: "Eu sou o caminho, e a verdade, e a vida. Ninguém vem ao Pai senão por mim."[47] Nessa pedra angular dos sermões, a da verdade, André vai detectar a inconsistência que permite a reversão do discurso do pai, "de sintaxe própria, dura e enrijecida pelo sol e pela chuva", isto é, deteriorado pelo tempo: "ele [o pai] que dizia sem saber o que estava dizendo e sem saber com certeza o uso que um de nós poderia fazer um dia" (p. 42).

O pai, na descrição de André, é "lavrador fibroso". A acepção mais comum do substantivo *fibra* é a da biologia, que designa qualquer das estruturas que compõem o tecido vegetal ou animal. Ou seja, o adjetivo é conforme ao repertório de imagens do narrador. O sentido dessa palavra mais comumente associado a uma característica humana, porém, é o figurado: ter fibra é ter firmeza de caráter, um homem de fibra é reconhecido por sua coragem e sua determinação. O adjetivo derivado do substantivo diz, no caso do romance, da rigidez que André enxerga na firmeza do pai. Como dono da voz que determina o sistema metafórico, o narrador realiza, nesse uso do adjetivo, a transposição do sentido próprio ao figurado, a metaforização.

---

46 A. Rodrigues, op. cit., p. 134, aponta semelhanças do sacrifício de Ana pelo pai com o de Ifigênia por Agamenon, o de Antígona por Creonte e o de Isaac por Abraão: "Nos três casos, encontram-se sempre alguns dos seguintes componentes: uma ordem divina e a submissão ao poder da divindade que ordena; manutenção ou afirmação do poder terreno; demonstração da autoridade; orgulho e cobiça; superposição das leis, dos valores ou da fé aos indivíduos. Substituição do filho(a) alheia à manifestação da vontade e independente de qualquer hesitação por parte do pai no cumprimento da sentença."

47 *João* 14, 6.

Nesse exemplo, o recurso pode parecer pouco relevante por ser aplicado em escala mínima. No entanto, quando utilizado em sentido contrário pelo narrador, isto é, na interpretação dos preceitos paternos, ele ganha enorme peso: torna possível encontrar, se assim se quiser, no discurso solene e edificante, a "pedra amorfa que ele [o pai] não sabia tão modelável nas mãos de cada um", até mesmo um elogio do egoísmo ou do incesto. Diz o pai, nas palavras de André: "olha o vigor da árvore que cresce isolada e a sombra que ela dá ao rebanho, os cochos, os longos cochos que se erguem isolados na imensidão dos pastos, tão lisos por tantas línguas, ali onde o gado vem buscar o sal que se ministra com o fim de purificar-lhe a carne e a pele" (p. 42).

A dinâmica da vida rural que o pai descreve em sentido próprio, André, fazendo uso de suas prerrogativas de narrador, vai aproximar de um sentido figurado, isto é, interpretar e repetir como metáfora. Assim, a árvore que cresce distante pode ser ele mesmo. Longe de ser contraproducente no sistema da família, essa árvore isolada tem uma utilidade: dá sombra ao rebanho, permite que ele fuja da luz – cujos significados metafóricos já vimos. Os cochos, apesar de isolados, têm também papel relevante: dão de comer e beber ao gado, função que André acredita poder cumprir, em sentido figurado, para a irmã, esperando nela encontrar inclusive a fruição que a antropomorfização permite entrever nos cochos, "tão lisos por tantas línguas". Se pensarmos na paranomásia de *cocho* com uma palavra inexistente no romance, *coxo*, e seus significados, podemos entrever ainda na analogia do cocho com André alguns dos epítetos que ele atribui a si próprio: "o possuído", "o possesso", o que "traz o demônio no corpo", o de "passo trôpego", "o irmão acometido", "o filho torto", "o eterno convalescente", o da "confraria [...] dos aleijões", "um enfermo". Além disso, ser coxo é característica marcante de um dos deuses do panteão olímpico, algo que vai ter suas repercussões, como veremos mais adiante.

ESPINHO

O caminho e a verdade escolhidos por André não são os do pai, mas os do avô: "ninguém conheceu melhor o caminho da nossa união sempre conduzida pela figura do nosso avô, velho esguio talhado com a madeira dos móveis da família". Não à toa, na mesa da família, o avô nunca deixou de ocupar, mesmo depois de morto, a cabeceira oposta a de seu filho Iohána. A primeira descrição do velho é feita por André a Pedro; a segunda diz respeito ao modo como o avô é visto pelo atual patriarca. Convém começar a comparação entre as duas por essa última:

é na memória do avô que dormem nossas raízes, no ancião que se *alimentava de água e sal para nos prover de um verbo limpo*, no ancião cujo asseio mineral do pensamento não se perturbava nunca com as convulsões da natureza; nenhum entre nós há de apagar da memória a formosa senilidade dos seus traços; nenhum entre nós há de apagar da memória sua descarnada discrição ao ruminar o tempo em suas andanças pela casa; nenhum entre nós há de apagar da memória suas delicadas botinas de pelica, o ranger das tábuas nos corredores, menos ainda os passos compassados, vagarosos, que só se detinham quando o avô, com dois dedos no bolso do colete, puxava suavemente o relógio até a palma, deitando, como quem ergue uma prece, o olhar calmo sobre as horas (p. 58, grifo nosso).

André admite que na memória do avô estão as raízes da família, mas, ao contrário do que diz o pai, talvez elas não estejam adormecidas. O sal e a água consumidos pelo velho proviam a família de um verbo limpo. A cabra Schuda, vale lembrar, "lavava a língua e sorvia a água" (p. 17). O boi busca no cocho o sal para purificar-lhe a carne e a pele. O avô, além de ter os pés cobertos por calçados de pele animal, rumina como o boi, mas o que ele traz de volta – "em descarnada discrição" (p. 58), sem alarde, sem excesso – do estômago à boca, para ser novamente mastigado, é o tempo, que durante a ruminação é digerido em duas etapas. De asseio mineral, o avô não se perturbava com as convulsões da natureza: diferença entre ele e o filho Iohána, em cujo discurso são sempre inconciliáveis o asseio, que é seco, desprovido de visgos, e as convulsões da natureza, úmidas e que ameaçam os impacientes.

O sal tem um simbolismo dúbio nos textos bíblicos: pode representar tanto o pertencimento à cristandade – "Vós sois o sal da terra; e, se o sal for insípido, com que se há de salgar? Para nada mais presta, senão para se lançar fora e ser pisado pelos homens."[48] – quanto a maldição por meio da infertilidade: a mulher de Ló, ao contrariar a ordem dos anjos de Deus e voltar

---

48 *Mateus* 5, 13.

GEOMETRIA BARROCA DO DESTINO 101

o olhar para Sodoma durante a fuga da cidade punida pela chuva de enxofre e fogo, é transformada numa estátua de sal[49]. A consequência é que, para gerar sua descendência, as filhas de Ló embebedam o pai com vinho e deitam-se com ele. No *Deuteronômio*, tal como fez a Sodoma e Gomorra, o Senhor condena aqueles que se desviam de Si: "e toda a sua terra abrasada com enxofre e sal, de sorte que não será semeada, e nada produzirá, nem nela crescerá erva alguma, assim como foi a destruição de Sodoma e de Gomorra, de Admá e de Zeboim, que o SENHOR destruiu na sua ira e no seu furor"[50].

Em *Juízes*, também parte do *Velho Testamento*, há outra cena em que o sal é convocado como símbolo de destruição e ruína. Abimeleque, para tornar-se rei de Israel, faz matar os outros setenta filhos legítimos de seu pai: "E Abimeleque pelejou contra a cidade todo aquele dia e tomou a cidade; e matou o povo que nela havia, e assolou a cidade, e a semeou de sal."[51] Porém, um de seus irmãos, Jotão, escapa e profere ao povo a "parábola das árvores" ou "do rei espinheiro". As árvores decidem eleger um rei e convidam para o posto a oliveira, a figueira e a parreira, mas todas recusam o posto por preferirem continuar apenas fornecendo aos homens azeite, figos e vinho. Por fim, recorrem ao espinheiro, que aceita a função de rei, convida as demais a desfrutar de sua sombra e ameaça tudo incendiar se não for reconhecida sua autoridade.

Em *Lavoura Arcaica*, muitas vezes as personagens são descritas como árvores ou como sendo feitas em madeira. O avô, na visão de André, é "velho esguio talhado com a madeira dos móveis da família" (p. 44). O pai tem "peito de madeira debaixo de um algodão grosso e limpo, o pescoço sólido sustentando uma cabeça grave, e as mãos de dorso largo prendendo firmes a quina da mesa como se prendessem a barra de um púlpito" (p. 61). Ana, durante a prece na capela, "não se mexia, continuava de joelhos, tinha o corpo de madeira" (p. 124).

A parábola bíblica ensina que, embora se alimentem do mesmo solo, cada árvore é diferente e produz de acordo com a sua própria natureza, sendo pelo fruto que se conhece a árvore. O espinheiro atende ao pedido com uma ironia: "E disse o

49 *Gênesis* 19, 17-26.
50 *Deuteronômio* 29, 23.
51 *Juízes* 9, 45.

espinheiro às árvores: Se, na verdade, me ungis rei sobre vós, vinde e confiai-vos debaixo da minha sombra; mas, se não, saia fogo do espinheiro que consuma os cedros do Líbano."[52] Como planta rasteira, eis a ironia, o espinheiro não produz sombra. Sua única utilidade é a de fazer fogo. Na tradição cristã, a terra de espinhos é virgem, não cultivada, e os espinhos são uma consequência do pecado original: "E a Adão disse: Porquanto deste ouvidos à voz de tua mulher e comeste da árvore de que te ordenei, dizendo: Não comerás dela, maldita é a terra por causa de ti; com dor comerás dela todos os dias da tua vida. Espinhos e cardos também te produzirá; e comerás a erva do campo."[53]

Não por acaso, no romance, ao admitir seu pecado a Pedro, André tem o corpo coberto de espinhos e, como na parábola, antevê incêndios por não ter tido o seu desejo atendido como a uma ordem: "cansado de ideias repousadas, olhos afetivos, macias contorções, que tudo fosse queimado, meus pés, os espinhos dos meus braços, as folhas que me cobriam a madeira do corpo, minha testa, meus lábios, contanto que ao mesmo tempo me fosse preservada a língua inútil" (p. 46).

O avô, o pai, Ana, todos são de madeira, têm anatomia vegetal, mas só André é o espinheiro que pode incendiar a casa, ainda mais se for mantido seco, sem contato com a água. No avô, como vimos, as diferenças convivem: convulsões da natureza não perturbam seu asseio mineral; o tempo é ruminado, digerido em duas etapas, de duas maneiras diferentes; e, por fim, seu alimento é o sal, que na hermenêutica cristã tem as interpretações dúbias de pertença à cristandade e de maldição, e a água, de simbologia vasta, mas que no universo de Raduan Nassar costuma representar tudo o que está embebido em desejo. Assim, embora a descrição do pai insista no avô como fonte de seus preceitos dogmáticos e categóricos – inclusive na forma, por meio da anáfora, figura frequente na retórica religiosa, de "nenhum entre nós há de apagar da memória" (p. 58) –, André o vê como legitimador de suas dubiedades.

Apesar do asseio mineral que o coloca no espectro da claridade, o avô está sempre de terno preto de tamanho inadequado. Essa inadequação à carcaça magra – não devemos nos esquecer que os olhos de André, no mesmo eixo paradigmático de *excesso*

52 *Juízes* 9, 15.
53 *Gênesis* 3, 17-18.

ou *resquício* de algo consumido e desprovido de carne, são *caroços* e *bagaços* – carrega o rosto branco e seco, e portanto ao gosto do pai, de torpeza, aproximando-o de André. Se o terno é largo, o colete é apertado. É asceta, busca o aperfeiçoamento espiritual por meio da renúncia; fenado, seco como o feno; e tem o sono desidratado. Não se abstém, porém, de nas noites mais quentes e úmidas, ou seja, uma vez recuperada a umidade de seu sono, de trazer na lapela um jasmim rememorado e onírico. Flor do velho mundo, associada à beleza, o jasmim e seu perfume também têm muito a ver com o erotismo e a tentação pelas mulheres. Nesse avô, portanto, ainda que pelas vias da memória, ainda que em "haustos contidos" e escondidos detrás das portas, existia uma espécie de gozo, e é o poder desse "perfume" que André deixa transparecer em sua descrição. A fonte desse gozo vem do passado, associado, na economia do romance, à velha casa da família onde o incesto é consumado: "nos fazendo esconder os medos de meninos detrás das portas, ele não nos permitindo, senão em haustos contidos, sorver o perfume mortuário das nossas dores que exalava das suas solenes andanças pela casa velha" (p. 44-45).

A confirmação da diferença entre o avô e o pai aparece no órgão privilegiado da anatomia moral no romance: "não tinha olhos esse nosso avô, Pedro, nada existia nas duas cavidades fundas, ocas e sombrias do seu rosto, nada, Pedro, nada naquele talo de osso brilhava além da corrente do seu terrível e oriental anzol de ouro". O homem da família que André identifica como "guia moldado em gesso", material cuja rigidez depende em alguma medida da água, não tem o órgão que permite determinar a corrupção ou a retidão (p. 45). O único brilho que André nota no avô é o emitido pelo objeto que representa o tempo. Isso porque, na concepção do pai, o tempo traz "a umidade às almas secas; satisfaz os apetites moderados, sacia a sede aos sedentos, a fome aos famintos, dá a seiva aos que necessitam dela" (p. 57). Ou seja: André reconhece brilho apenas naquilo que pode, na concepção do pai, alimentá-lo.

POMO

Para o pai, a primeira definição importante é a do tempo como alimento. Dessa definição mais genérica, o pai passa a uma especificação: "[o tempo] é um pomo exótico que não pode ser repartido, podendo entretanto prover igualmente a todo mundo" (p. 52). Se ela for verdadeira, o tempo deve, pelo menos aos olhos de André, trazer satisfação e saciedade, uma vez que, segundo o discurso, ele é inconsumível, não se esgota.

O sermão, que começa com essa analogia, vai, depois de uma série de exemplos, conselhos e advertências, culminar nas constatações de que "o amor na família é a suprema forma de paciência" e a paciência, "a virtude das virtudes" (p. 60). A moderação recomendada enfaticamente pelo pai passa, porém – e aí reside outra inconsistência, segundo André –, a não ser recomendável quando se trata do exercício da virtude máxima:

é através da paciência que nos purificamos, em águas mansas é que devemos nos banhar, encharcando nosso corpo de instantes apaziguados, fruindo religiosamente a embriaguez da espera no consumo sem descanso desse fruto universal, inesgotável, sorvendo até a exaustão o caldo contido em cada bago, pois só nesse exercício é que amadurecemos, construindo com disciplina a nossa própria imortalidade, forjando, se formos sábios, um paraíso de brandas fantasias onde teria sido um reino penoso de expectativas e suas dores (p. 58).

O exemplo, que recomenda empanturrar-se do sumo desse fruto que é simultaneamente o tempo e o amor na família, premia a voracidade, mas aconselha um paraíso forjado – falso – de brandas fantasias em vez de um inferno de expectativas. Manipulação sutil, uma vez que a paciência – aceitação do tempo, na visão de André – também pode conduzir ao inferno das expectativas.

No romance, além do tempo, outros elementos são comparados a frutos. O mais importante deles é, por meio de metáfora e metonímia, Ana: "a boca um doce gomo" e "olhos de tâmara" (p. 30 e 189). Ao dançar, ela morde o "cacho de uva que pendia em bagos túmidos de saliva" (p. 187), e no gesto a imaginação de André embute forte conotação sexual por meio de *bago*, cujo sentido figurado é o de testículo. O afeto desmedido da mãe também é um fruto, cujo excesso de doçura ameaça desencadear a confissão, que é também uma excreção: "estava por romper-se o fruto que me crescia na garganta, e não era um fruto qualquer, era um figo pingando em grossas gotas o mel que me entupia os pulmões e já me subia soberbamente aos olhos, mas num esforço maior, abaixando as pálpebras, fechei todos os meus poros" (p. 37).

A partida de André provoca-lhe "um dilacerado grito de mãe no parto", que empresta à casa os contornos e os confortos de um útero, espaço no qual todos os alimentos do filho provêm do corpo da família representada pela figura materna. Ao abandonar esse espaço, André compromete a doçura desmesurada do afeto da mãe e sente "seu fruto secando" (p. 66), numa ameaça ao "pomo exótico" que é o tempo, circular como as uvas ou as romãs que servem de armadilha para atrair a irmã à casa velha.

Ao permitir uma leitura múltipla do ato de se alimentar, aproximando-o, por meio das artimanhas do discurso, da ação de satisfazer qualquer desejo, André busca legitimar sua necessidade de fruir do corpo da irmã – pelo menos na própria visão ou na do interlocutor desconhecido a quem dirige seu relato. O operador que permite a metamorfose de um elemento em outro é o tempo, pois, como afirma o pai, ele está em tudo, inclusive "na massa fértil" dos corpos (p. 52).

O que o pai demonstra, sem o saber, ao descrever a presença do tempo no processo que se inicia por uma "terra propícia", passa por uma "árvore secular" e "uma prancha nodosa e dura" e chega aos "móveis da família", é que, tal qual a massa fértil dos corpos dos filhos, que a mãe modela como se fosse massa de pão, o tempo também pode ser modelado, manipulado, transformado. Interpretação contrária à pretendida por seu discurso, pródigo no uso de anáforas que lhe conferem um ar de imutabilidade, de verdade escrita em pedra: "ninguém em nossa casa há de" (p. 52-53).

O equilíbrio depende do bom uso de uma balança que tem "num dos pratos a massa tosca, modelável, no outro, a quantidade de tempo" (p. 53-54). O que André pretende é utilizar essa balança de outra maneira. Em vez de modelar a massa tosca – de seu corpo, mas não só –, a fim de equilibrá-la ao tempo, ele vai manipular o conteúdo do outro prato, isto é, o próprio tempo, para adequá-lo ao seu peso.

A pergunta retórica que visa demonstrar a impossibilidade de controlar o tempo – "pode responder a que parte vai quem monta, por que é célere, um potro xucro?" (p. 54) – encontra respostas nesse e em outros sermões, e as respostas não trazem a negativa esperada pelo pai: o gado sempre vai ao cocho, o gado sempre vai ao poço, a pomba avança "sempre no caminho tramado dos grãos de milho" (p. 95), "estamos indo sempre para casa" (p. 34). Podemos responder, portanto, a que parte vamos: sempre aonde estiver o alimento que nos garanta a sobrevivência. Para André, a fome é boa fiadora da pressa.

O equilíbrio defendido pelo pai tem uma finalidade, a de protegê-los do mundo das paixões. Como no quarto de trabalho de "Hoje de Madrugada", na quitinete de "O Ventre Seco" e na propriedade guardada pela cerca viva de *Um Copo de Cólera*, também em *Lavoura Arcaica* há a confiança de que o isolamento protege das ameaças existentes no exterior. Nesse caso, porém, seja lá o que ameaça a família já se esconde no interior da casa e dos corpos e foi gestado no próprio útero dessa estrutura:

o mundo das paixões é o mundo do desequilíbrio, é contra ele que devemos esticar o arame das nossas cercas, e com as farpas de tantas fiadas tecer um crivo estreito, e sobre este crivo emaranhar uma sebe viva, cerrada e pujante, que divida e proteja a luz calma e clara da nossa casa, que cubra e esconda dos nossos olhos as trevas que ardem do outro lado; e nenhum entre nós há de transgredir esta divisa, nenhum entre nós há de estender sobre ela sequer a vista, nenhum entre nós há de cair jamais na fervura desta caldeira insana, onde uma química frívola tenta dissolver e recriar o tempo; não se profana impunemente ao tempo a substância que só ele pode empregar nas transformações, não lança contra ele o desafio quem não receba de volta o golpe implacável do seu castigo (p. 54-55).

Dissolver e recriar o tempo por meio da alquimia da palavra faz com que as trevas, não as de fora, mas as de dentro, ameacem a luz calma e clara. O castigo dessa ousadia, porém, não recai sobre André, o que pode fazer crer que a frivolidade de manipular o tempo talvez aconteça no sentido oposto, não o de acelerá-lo, e sim o de paralisá-lo. Nesse caso, é o pai quem comete o crime e trai suas próprias palavras.

Num outro trecho do discurso, a maior parte dos pecados que completam a anáfora em cada máxima – "ai daquele que brinca com fogo", "ai daquele que se deixa arrastar pelo calor de tanta chama", "ai daquele que deita nas achas desta lenha escusa", "ai daquele que queima a garganta com tanto grito"[54] – tem rela-

---

54 Ibidem, p. 42, identifica a origem bíblica dessa anáfora nos textos de profetas como Isaías, Jeremias e Habacuc.

ção com o gesto de provocar o fogo ou deixar-se atrair por ele. O fogo é o elemento associado a André, mas quem favorece o incêndio desse espinheiro por meio da privação de umidade é o pai e seus preceitos. Assim, ao assassinar a filha, é Iohána quem mais "se antecipa no processo das mudanças" e por isso tem "as mãos cheias de sangue", como previa o próprio sermão (p. 55).

O discurso do pai deixa claro que ameaçar o corpo é ameaçar também a casa, que proteger um é proteger o outro: "erguer uma cerca ou guardar simplesmente o corpo, são esses os artifícios que devemos usar para impedir que as trevas de um lado invadam e contaminem a luz do outro" (p. 56). Na novela *Um Copo de Cólera*, a estrutura do texto é fractal (ou, se quisermos permanecer num terreno mais palmilhado pela crítica, baseado numa *mise-en-abyme*), ou seja, em cada parte é possível encontrar o todo em miniatura. No romance, só a estrutura familiar tem essa forma: todo membro da família é toda a família, tudo que acomete um membro acomete o conjunto.

A essa constatação de que casa e corpo são equivalentes, segue-se outra pergunta retórica que também carrega em si, de forma cifrada, como "sombra das coisas futuras", o prenúncio da tragédia. Diz o pai: "que força tem o redemoinho que varre o chão e rodopia doidamente e ronda a casa feito fantasma, se não expomos nossos olhos à sua poeira?" (p. 56). O redemoinho que rodopia doidamente é Ana em sua dança. O fantasma que ronda a casa é Ana vagando pelos bosques e pela casa velha, muda, sonâmbula, após o incesto e a partida do irmão.

Essa união se dá sobre terra salgada e não pode, de acordo com o código moral, gerar frutos. A mancha dessa e de qualquer outra desmedida, desde que cometida no universo da propriedade, desde que não implique um rompimento do círculo familiar, deve ser relevada. O sermão do pai prevê a absolvição do incesto, que não pode produzir frutos que vinguem, mas não a absolvição do próprio crime, o de ter erguido o punho contra o membro da família acometido:

não haverá blasfêmia por ocasião de outros reveses, se as crias não vingam, se a rês definha, se os ovos goram, se os frutos mirram, se a terra lerda, se a semente não germina, se as espigas não embucham, se o cacho tomba, se o milho não grana, se os grãos caruncham, se a lavoura pragueja, se se fazem pecas as plantações, se desabam sobre os campos gafanhotos, se raiva a tempestade devastadora sobre o trabalho da família; e quando acontece um dia de um sopro pestilento, vazando nossos limites tão bem vedados, chegar até as cercanias da moradia, insinuando-se sorrateiramente pelas frestas das nossas portas e janelas, alcançando um membro desprevenido da família, mão alguma em nossa casa há de fechar-se em punho contra o irmão acometido: os olhos de cada um, mais doces do que alguma vez já foram, serão para o irmão exasperado, e a mão benigna de cada um será para este irmão que necessita dela, e o olfato de cada um será para respirar, desse irmão seu cheiro virulento, e a brandura de cada um, para ungir sua ferida, e os lábios para beijar ternamente seus cabelos transtornados (p. 59-60).

Se na união da família está o acabamento de seus princípios, é compreensível que André localize nos sermões o perdão antecipado por tudo que não vinga, pela semente que não dá fruto. O pai recomenda, entre posturas mais urgentes, que cada um se sente num banco na posição perenizada na história da arte por obras como *Melancolia I*, gravura de Dürer, e *O Pensador*, estátua de Rodin: um dos cotovelos apoiado no joelho, a cabeça apoiada no dorso da mão. É nessa postura que cada um deve observar o tempo e suas transformações.

O interessante é que o enunciado cria um efeito irônico que o narrador provavelmente reconhece (uma vez que esse efeito deriva das inconsistências por ele detectadas nos sermões) e o pai certamente não. Esse efeito advém do fato de a pose sugerida pelo pai ter simbolizado, ao longo da história, o temperamento melancólico ou saturnal, típico de artistas, de acordo com a tradição iniciada no *Problema xxx* de Aristóteles. Nos indivíduos com essa compleição, a imaginação predomina sobre a razão. Na gravura de Dürer, além da figura sentada, há, entre outros objetos, uma ampulheta em que o tempo se esvai e um sólido com uma imagem de caveira.

O que se faz ver por meio desses símbolos da relação do melancólico com a temporalidade, em resumo, é: no romance, o pai recomenda à família a submissão ao tempo, benéfico e generoso em sua visão, mas o faz por meio de uma tópica associada a uma vivência angustiante do tempo. "Para o indivíduo nascido sob o signo de Saturno, o tempo é o meio da repressão, da inadequação, da repetição, mero cumprimento. No tempo, somos apenas o que somos: o que sempre fomos. No espaço, podemos

GEOMETRIA BARROCA DO DESTINO

ser outra pessoa."[55] Esse tempo descrito por Sontag é o que André experimenta no modo de vida imposto pelo pai.

FOME

Os obstáculos que impossibilitam o diálogo entre André e o pai derivam de maneiras distintas de lidar com a alegoria. A parábola do capítulo 13, a mais contada pelo pai em seus sermões, traz o melhor exemplo dessa diferença.

Ela conta a chegada de um faminto ao suntuoso palácio de um rei, ancião de suaves barbas brancas e face iluminada por sorriso benigno. A descrição desse ancião é toda baseada na oposição entre claridade e escuridão, também muito frequente, como vimos, nas descrições de objetos, personagens e cenários ao longo de todo o romance. O ancião recebe o faminto e lhe convida a compartilhar uma refeição. A sala é decorada com desenhos de flores e folhagens e possui em seu centro uma enorme taça de alabastro da qual jorra água fresca. O ornato nas paredes, uma vegetação artificial, é sinal de que a possibilidade de vida que a refeição oferece também pode não ser verdadeira. Embora a água corra na sala, os serviçais lhes trazem, primeiro, um gomil imaginário, e no líquido supostamente derramado o ancião estimula o faminto a lavar suas mãos. Em seguida, fingem trazer comidas, das quais o ancião finge servir-se antes de oferecê-las ao faminto.

Sofrendo, o pedinte adere à encenação e simula também deleitar-se com as sucessivas iguarias, pois "os pobres deviam demonstrar muita paciência diante dos caprichos dos poderosos, abstendo-se por isso de dar mostras de irritação" (p. 80). Depois do longo banquete, o rei declara finalmente ter conseguido encontrar "um homem que tem o espírito forte, caráter firme, e que, sobretudo, revelou possuir a maior das virtudes de que um homem é capaz: a paciência" (p. 84)[56]. Só aí, então, pão

---

55 S. Sontag, *Sob o Signo de Saturno*, p. 90.

56 A. Rodrigues, op. cit., p. 50, numa interessante comparação entre a parábola no romance e sua fonte em *O Livro das Mil e Uma Noites*, mostra como a ironia da citação reside no uso distinto da palavra "espírito". No livro clássico, ela está relacionada com a busca do ancião por um homem que possa fruir da encenação, de

verdadeiro é trazido ao faminto, que passa a morar no castelo e a nunca mais saber o que é a fome.

A retórica neoclássica admite subdivisões da alegoria – "procedimento de ornamentação figurada de discursos" – baseadas no critério da clareza[57]. A *alegoria transparente*, isto é, de interpretação imediata, é quase um apagamento da alegoria, visto que a natureza da analogia é explícita. A *alegoria perfeita*, também chamada de *enigma*, é a que privilegia o hermetismo ou a obscuridade por meio da supressão de qualquer elemento em sentido próprio. Na *alegoria imperfeita*, a mais recomendável de acordo com a retórica antiga, o atributo da imperfeição não tem relação com mau funcionamento ou má qualidade da construção, mas sim com a mistura do próprio e do figurado a serviço da clareza. O subgênero que completa a classificação é o da *alegoria incoerente*, que reúne metáforas pertencentes a campos semânticos incompatíveis, o que caracterizaria um defeito, de acordo com o critério neoclássico.

O pai do romance de Raduan Nassar acredita narrar a parábola do faminto de modo que ela se configure como *alegoria transparente*. A intenção de transparência não só é evidente – o que André confirma ao comentá-la com Pedro – como é explicada pelo próprio pai por meio de vários exemplos em outros pontos da narrativa. Na primeira parte do livro, o capítulo que traz a história do faminto é o único que não é composto por um único e longo período. Sua pontuação segue o padrão do texto escrito na "velha brochura" que o pai lê, padrão que, tão diferente dos longos fluxos ou jorros sem pontos finais do restante dessa parte, por estar mais adequado à tradição dominante, confere-lhe certa rigidez.

Base do sistema retórico do pai, o sentido da alegoria, explícito na tolerância do faminto para com os caprichos do soberano, é cristalino para a família: o tempo recompensa quem espera, e é na experiência de sua passagem que essa recompensa se encontra. A analogia entre tempo e alimento – o tempo é um pomo – antecipa essa máxima, apresentada de forma clara também no diálogo após o retorno de André, que precede a tragédia final:

modo a tornar-se um jogo compartilhado. No romance, o homem de "espírito forte" que o ancião busca é o capaz de suportar a cruel tortura que ele comanda.

57 J.A. Hansen, *Alegoria*, p. 27-67.

– É egoísmo, próprio de imaturos, pensar só nos frutos, quando se planta; a colheita é a melhor recompensa para quem semeia; já somos bastante gratificados pelo sentido de nossas vidas, quando plantamos, já temos nosso galardão só em fruir o tempo largo da gestação, já é um bem que transferimos, se transferimos para gerações futuras, pois há um gozo intenso na própria fé, assim como há calor na quietude da ave que choca os ovos no seu ninho. (p. 160-161)

Por cima da alegoria que o pai crê transparente, André edifica, no movimento de interpretação, uma outra. A de André não é transparente, mas incoerente, e portanto mais afim ao seu modo de narrar, que privilegia a agudeza, "relação inesperada, artificialíssima, entre dois conceitos distantes, feita de modo a pôr em correspondência também inesperada relações de objetos distantes"[58]. Na história da literatura, a incoerência dos conceitos agudos passa de defeito de estilo a modo de compor programático no que se convencionou chamar de Barroco, período que Hansen vê como um desenvolvimento artístico de formas da elocução da retórica[59]. O estilo fiador da transgressão linguística que permite aproximar elementos inconciliáveis cai bem ao gosto de André, uma vez que ele tenta justificar, pela narração, uma transgressão que une elementos amorosamente inconciliáveis, os irmãos, de acordo com as regras de decoro. Ou seja, André emula na linguagem a aproximação que o código de conduta do pai prevê como incoerência, defeito, pecado ou crime. No diálogo final, a escolha dessa estratégia retórica e os seus efeitos no pai ficam claros. André assim descreve seu modo de dizer:

– Misturo coisas quando falo, não desconheço esses desvios, são as palavras que me empurram, mas estou lúcido, pai, sei onde me contradigo, piso quem sabe em falso, pode até parecer que exorbito, e se há farelo nisso tudo, posso assegurar, pai, que tem também aí muito grão inteiro. Mesmo confundindo, nunca me perco, distingo pro meu uso os fios do que estou dizendo. – Mas sonega clareza para o teu pai. (p. 162-163)

Fala após fala, o pai reafirma a incompreensão causada pelo discurso do filho, até ordenar que ele "seja simples no uso da palavra". O modo de dizer de André é também seu modo de

58 Ibidem, p. 70.
59 Ibidem, p. 69.

interpretar, e isso lhe permite encontrar na alegoria transparente do pai sentidos mais obscuros, mais condizentes com as críticas ao ciclo inescapável de austeridade que lhe é imposto. O pai lê a parábola na velha brochura, e essa leitura é narrada em discurso direto por André. Apesar disso, em alguns pontos, como na descrição que o ancião faz da sobremesa, o narrador incorpora de forma velada um comentário próprio a respeito dos textos cristalizados aos quais o pai recorre: "vamos aos doces: esta torta *empolada* de nozes e romãs, com certo *ar épico*, parece muito capaz de nos tentar" (p. 82, grifo nosso). "Empolado" e "épico" são adjetivos do campo semântico da linguagem e do discurso, não dos alimentos. "A *mala affectatio* ou incoerência ocorre, assim, quando o significado produzido por analogia convém apenas a um dos termos, convindo aos outros apenas por construção intelectual forçada ou evidenciadora do arbítrio da relação."[60] O verbo utilizado para descrever o modo de o ancião comer o doce também é revelador da intromissão do narrador no discurso direto do pai: "E o ancião dava o exemplo, *imolando* colherada sobre colherada, com apetite e requinte." (p. 82, grifo nosso)

Aproximar o ato de se satisfazer, de ceder ao apetite, com o de matar em sacrifício é o que faz André ao justificar a necessidade de sua união física à irmã, seu "alimento".

A alegoria, na visão do pai, estabelece uma relação entre seus traços semânticos por metáfora, por semelhança. Desse modo, o ancião, rei generoso, é concomitantemente o tempo e sua própria figura, a de patriarca que estabelece as regras dos ritos de alimentação física e espiritual da família. O pai empresta a si e ao tempo os traços de generosidade e de provedor. André, porém, vai por outro caminho e estabelece uma relação por oposição ou ironia, menos direta. O ancião, o pai ou o tempo passa a ser não bom e generoso, mas cruel e mentiroso, pois põe à prova quem padece e desse exige, mais que paciência, que atue contra os próprios interesses. Isto é, obriga-o a tornar-se parte de seu projeto de encontrar um homem virtuoso sem se importar com o sofrimento causado pela torturante encenação: "era um requinte de saciados testar a virtude da paciência com a fome de terceiros" (p. 109), diz André a Pedro.

60 Ibidem, p. 80.

Na parábola narrada pelo pai, o homem é de espírito forte, caráter firme e paciente, e contenta-se apenas com pão e água, quando o que lhe fora oferecido durante a encenação fora um vistoso banquete, conforme observou André Luis Rodrigues[61]. Na parábola contada pelo filho, o faminto não só percebe essa inconsistência como, com a força da fome, reage desferindo um murro no ancião. Para justificar tal ato, visto como ingratidão por seu salvador, o faminto recorre à mesma inconsistência irônica do ancião, ao dizer que os muitos vinhos consumidos, todos inexistentes, é que lhe subiram a cabeça. Ou seja, André apela à maneira com que o pai interpreta a alegoria para criar outra alegoria mais condizente com seu modo de narrar. A mesa farta, mas irreal, do banquete do pai corresponde ao dispêndio ou consumo improdutivo do afeto na família, que não alimenta André do que ele necessita. À fruição dos processos, André prefere a de seus resultados, o gozo do corpo erótico familiar, ignorando qualquer objeção aos meios para atingi-lo. Objeção incorporada na fala do ancião quando ele declara sua preferência, por analogia, pelo que é seco e portanto oposto à umidade lúbrica buscada por André: "Tens aqui tâmaras secas, tâmaras em licor, passas… De que é que mais gosta? Por mim prefiro a fruta seca à fruta preparada pelo confeiteiro" (p 82).

---

61 A. Rodrigues, op. cit., p. 49.

114

II

PÁSCOA

Início da impressionante sequência que conduz ao clímax da primeira parte do livro – o sexo entre irmãos –, o capítulo 14 começa com André erguendo-se de uma espécie de túmulo:

Saltei num instante para cima da laje que pesava sobre meu corpo, meus olhos de início foram de espanto, redondos e parados, olhos de lagarto que abandonando a água imensa tivesse deslizado a barriga numa rocha firme; fechei minhas pálpebras de couro para proteger-me da luz que me queimava, e meu *verbo foi um princípio de mundo*: musgo, charcos e lodo; e meu primeiro pensamento foi em relação ao espaço, e minha primeira saliva revestiu-se do emprego do tempo. (p. 86, grifo nosso)

Ao salto de André, deixando para trás a laje que até então pesava sobre seu corpo, sucedem alusões à abertura do primeiro livro do *Antigo Testamento* – "No princípio, criou Deus os céus e a terra" – e ao primeiro versículo do evangelho de *João* – "No princípio, era o Verbo, e o Verbo estava com Deus, e o Verbo era Deus". No *Gênesis*, Deus cria, com suas palavras, céu e terra, luz e trevas, ervas e árvores, animais e, em seguida, homem e mulher. Em *João*, a referência ao *Gênesis* estabelece pela primeira vez a identificação entre o Verbo e Jesus, o qual passa então a ser visto como a palavra de Deus corporificada.

No trecho acima do romance, de caráter cosmogônico, ao afirmar que seu verbo foi um princípio de mundo, André pretende, pelo menos no que tange ao poder criador da palavra, imiscuir-se na aproximação das figuras de Deus e seu filho, realizada por João. Com essas relações em mente, é possível entrever, na descrição da saída de André do "túmulo", ecos da ressurreição de Cristo. Os quatro evangelistas dão atenção à enorme pedra que fechava o sepulcro, encontrado já vazio por Maria Madalena no domingo posterior à crucificação. Essa pedra, tal qual a laje que pesava sobre o corpo de André, e o retorno à luz depois de um período de escuridão, criam o paralelo entre a personagem do romance e a figura de Jesus. Paralelo que fica ainda mais explícito quando André, em dois momentos, refere-se ao domingo de festejos pela devolução daquele por quem choravam como "minha páscoa" (p. 150 e 183).

GEOMETRIA BARROCA DO DESTINO 115

Na tradição cristã, a Páscoa comemora a ressurreição – retorno à luz da vida – de Jesus. Na cronologia cristã, os eventos que vão do julgamento ao sepultamento do crucificado ocorrem na sexta-feira santa; no sábado, Pilatos ordena que se monte guarda diante do sepulcro, selado por uma pedra; no domingo de Páscoa, o Anjo do Senhor dá a notícia a Maria e Maria Madalena de que Jesus já não se encontra ali, pois ressuscitou. Na tradição judaica, a páscoa tem significado distinto. Antes da chegada da décima praga enviada por Deus para punir o povo egípcio, a da morte dos primogênitos, o profeta Moisés instrui: cada família hebreia deve molhar seus umbrais com o sangue de um cordeiro sacrificado, só assim poupará os filhos do mal que acometerá os opressores. O Pessach, a páscoa judaica, relembra a passagem desse anjo da morte e celebra a fuga dos hebreus da escravidão.

Se a saída de André da escuridão para a luz assemelha-se a uma ressurreição e antecede o que ele vai chamar de "minha páscoa", o narrador opera nesse trecho duas importantes inversões em relação aos textos sagrados, das quais ele dá as seguintes pistas: "meu primeiro pensamento foi em relação ao espaço, e minha primeira saliva revestiu-se do emprego do tempo" (p. 86-87).

Vejamos como ocorrem. O sacrifício de Cristo, cordeiro de Deus, para remissão dos pecados dos homens, é – *mutatis mutandis* – equivalente, no romance, ao assassinato de Ana pelo pai. O pecado que o gesto do pai visa redimir é o do desrespeito às interdições previstas no código de conduta da família (desrespeito, em última instância, à virtude da paciência e ao tempo). A sequência, que culmina no incesto, se inicia com a cena de André voltando à luz, metaforicamente ressuscitado. Por ser dotado do poder de criação por meio das palavras e por ter as características de um lagarto – um dos seres que ganham vida no início do *Gênesis* –, André instaura nesse princípio um mundo a seu gosto, diferente daquele criado por Deus (ou mantido pelo pai): ao mundo do *Gênesis*, organizado a partir da separação entre terra e água, André prefere outro, em que esses elementos confundem-se, mundo de "musgo, charcos e lodo", espaço de indistinção em que há a umidade lúbrica. A primeira inversão é, portanto, essa que está contida no pensamento do narrador em relação ao espaço: da distinção, realizada pelo Verbo, entre o seco e o úmido[62], à indistinção, realizada pelo verbo, presente no musgo, nos charcos e no lodo, mais propícia às demandas afetivas de André.

A segunda inversão é a do tempo, revestida "na primeira saliva" desse demiurgo. No texto bíblico, o sacrifício do cordeiro de Deus (a crucificação na Sexta-feira Santa) antecede o retorno à vida (a ressurreição no Domingo de Páscoa). Em *Lavoura Arcaica*, o sacrifício passa a ser *resultado* desse retorno. Isso equivale a dizer que, na sexta-feira santa de André, ocorre não seu sacrifício, mas sua ressurreição metafórica e, num movimento em direção oposta, no seu domingo de páscoa, em vez de seu retorno à vida, ocorre o sacrifício – não o seu, mas o de Ana – para remissão dos pecados da família. O retorno à vida da figura demiúrgica que quer e pode instaurar uma nova dinâmica se dá, portanto, antes do sacrifício, ou, ainda, o sacrifício é justamente consequência desse retorno.

Do emprego subversivo do tempo deriva outra aproximação entre o romance e os textos da tradição bíblica: se o assassinato de Ana representa o rompimento definitivo do círculo familiar e o fim das rígidas normas do pai, então a demolição da família por um gesto paterno na páscoa de André simboliza, analogamente ao Pessach judaico, a libertação da opressão imposta por um déspota.

PEDRA

Só um espaço úmido como esse que André inaugura é passível de fecundação:

dizer o que nunca havia sequer suspeitado antes, nenhum espaço existe se não for fecundado, como quem entra na mata virgem e se aloja no interior, como quem penetra num círculo de pessoas em vez de circundá-lo timidamente de longe; e na claridade ingênua e cheia de febre logo me apercebi, espiando entre folhagens suculentas, do voo célere de um pássaro branco, ocupando em cada instante um espaço novo; pela primeira vez senti o fluxo da vida, seu cheiro forte de peixe, e o pássaro que voava

---

62 "E disse Deus: Ajuntem-se as águas debaixo dos céus num lugar; e apareça a porção seca. E assim foi." (*Gênesis* 1, 9)

GEOMETRIA BARROCA DO DESTINO 117

traçava em meu pensamento uma linha branca e arrojada, da inércia para o eterno movimento (p. 87).

Para ver a dança da irmã, André "entra na mata virgem e se aloja no interior". Faz equivaler essa entrada à fecundação, provavelmente por se tratar de um movimento em direção à terra úmida. Para o narrador, durante a dança, Ana também age como quem fecunda um espaço, pois "penetra num círculo de pessoas em vez de circundá-lo timidamente de longe", ou seja, fere a circularidade estéril do estado de coisas anterior. Uma vez criado esse espaço fértil, surge uma possibilidade de vida.

Na casa velha, que a deterioração trabalha para devolver à natureza – "a madeira que gemia, as rachas nas paredes, janelas arriadas, o negrume da cozinha" (p. 91) –, André vê Ana tal qual via as pombas presas em suas armadilhas de menino. Sente "pela primeira vez o fluxo da vida e seu cheiro forte de peixe" (p. 87) – na linguagem popular, cheiro associado ao genital feminino. Caçador e pescador, André se assemelha, no uso da palavra, ao sofista do diálogo platônico[63]. Como ele, tem consciência da versatilidade do discurso. Ana, pássaro em direção à própria captura, rompe com a inércia da imobilidade e da repetição imposta pelo código de conduta paterno. A antecipação do gozo, da vida finalmente em movimento, em fluxo, erotiza a natureza, e as folhagens passam a ser "suculentas", de forma a adequar-se a esse novo estado de coisas, que atende ao desejo incestuoso:

e mal saindo da água do meu sono, mas já sentindo as patas de um animal forte galopando no meu peito, eu disse cegado por tanta luz tenho dezessete anos e minha saúde é perfeita e sobre esta pedra fundarei minha igreja particular, a igreja para o meu uso, a igreja que frequentarei de pés descalços e corpo desnudo, despido como vim ao mundo, e muita coisa estava acontecendo comigo pois me senti num momento profeta da minha própria história, não aquele que alça os olhos pro alto, antes o profeta que tomba o olhar com segurança sobre os frutos da terra, e eu pensei e disse sobre esta pedra me acontece de repente querer, e eu posso! (p. 87-88)

Profeta de sua própria história, despido como quando nasceu, André funda sua igreja particular, em cujo interior, ao contrário das igrejas tradicionais, o olhar não se eleva para os santos

---

63   L.W. Rassier, *Le Labyrinthe hermétique*, p. 322.

do altar ou do forro, mas sim tomba – convém lembrar que a queda, no cristianismo, é a transição da inocência e da obediência à culpa e à desobediência após a mordida no fruto proibido, e que o demônio é um anjo caído – sobre os frutos da terra tocada pelos pés descalços.

É irônico que, na confissão de seu pecado, André faça uso justamente da "Confissão de Pedro", episódio do evangelho de *Mateus* nomeado a partir do título da seção à qual pertence na Vulgata: *Confessio Petri*. Nele, como parte da revelação de sua verdadeira identidade aos apóstolos, Jesus lhes pergunta o que o povo pensa da questão. Pedro responde: "Tu és o Cristo, o Filho do Deus vivo." Jesus então faz a afirmação que, na tradição católica, colocaria o apóstolo como base da comunidade de crentes vindoura: "Pois também eu te digo que tu és Pedro e sobre esta pedra edificarei a minha igreja, e as portas do inferno não prevalecerão contra ela."[64] De acordo com André, a verdade, palavra angular dos sermões do pai: "era a pedra em que tropeçávamos quando crianças, essa a pedra que nos esfolava a cada instante, veja, Pedro, veja nos meus braços, mas era ele também, era ele que dizia provavelmente sem saber o que estava dizendo e sem saber com certeza o uso que um de nós poderia fazer um dia" (p. 41)[65].

Na *Bíblia*, "André é o primeiro a seguir o Mestre, a quem apresentou Pedro, mas é Pedro o escolhido como o primeiro dos doze."[66] Ao dizer que sobre uma pedra vai fundar sua igreja, André se serve da etimologia do nome do irmão e afirma que é justamente com os preceitos do pai, cujo depositário é Pedro, que ele vai, por meio da versatilidade das palavras e da maleabilidade dos discursos, reivindicar o direito de consumar a união proibida. Extraída também de uma metáfora bíblica, essa união vai servir ao narrador como base para uma nova metáfora, essa sim conforme aos seus intentos obscuros. Assim como no texto sagrado, os irmãos são pescadores. Raduan Nassar transporta-os para a lavoura, mas permanece, digamos, um resquício textual de seu antigo universo, o da pesca: a associação do sexo feminino com o odor dos peixes e a imagem do "anzol de ouro" do avô.

---

64 *Mateus* 16, 16-18.
65 A. Rodrigues, op. cit., p. 46n., identifica as fontes bíblicas das imagens de "pedra angular" e "pedra de tropeço", ambas citadas algumas vezes por André.
66 M.J.C. Lemos, op. cit., p. 51. (Tradução nossa.)

GEOMETRIA BARROCA DO DESTINO

Em seu livro do *Antigo Testamento*, como na leitura alegorizante do *Cântico dos Cânticos*, Ezequiel utiliza a imagem do casamento como uma representação da união de Deus com seu povo:

E, passando eu por ti, vi-te manchada do teu sangue e disse-te: Ainda que estás no teu sangue, vive; sim, disse-te: Ainda que estás no teu sangue, vive. Eu te fiz multiplicar como o renovo do campo, e cresceste, e te engrandeceste, e alcançaste grande formosura; avultaram os seios, e cresceu o teu cabelo; mas estavas nua e descoberta. E, passando eu por ti, vi-te, e eis que o teu tempo era tempo de amores; e estendi sobre ti a ourela do meu manto e cobri a tua nudez; e dei-te juramento e entrei em concerto contigo, diz o Senhor JEOVÁ, e tu ficaste sendo minha. Então, te lavei com água, e te enxuguei do teu sangue, e te ungi com óleo. Também te vesti de bordadura, e te calcei com pele de texugo, e te cingi de linho fino, e te cobri de seda. E te ornei de enfeites e te pus braceletes nas mãos e um colar à roda do teu pescoço. E te pus uma joia na testa, e pendentes nas orelhas, e uma coroa de glória na cabeça. E assim foste ornada de ouro e prata, e a tua veste foi de linho fino, e de seda, e bordadura; nutriste-te de flor de farinha, e de mel, e de óleo; e foste formosa em extremo e foste próspera, até chegares a ser rainha.[67]

O profeta descreve durante o exílio, por meio de uma alegoria composta em inegáveis tintas eróticas, o casamento de Deus com Israel. Jerusalém seria destruída, diz ele, por Nabucodonosor, rei dos babilônios. Seu povo, levado prisioneiro como castigo divino por Israel ter se tornado uma meretriz. Porém, o misericordioso Deus revela, através do profeta, que o exílio chegaria ao fim e Israel então se recuperaria. A descrição dos adornos que Deus oferece à noiva, Israel, faz lembrar as miudezas com as quais as prostitutas de *Lavoura Arcaica* presenteiam André e que vão acabar no corpo de Ana durante a trágica dança final:

espalhe aromas pelo pátio, invente nardos afrodisíacos; convoque então nossas irmãs, faça vesti-las com musselinas cavas, faça calçá-las com sandálias de tiras; pincele de carmesim as faces plácidas e de verde a sombra dos olhos e de um carvão mais denso suas pestanas; adorne a alba dos seus braços e os pescoços despojados e seus dedos tão piedosos, ponha um pouco dessas pedrarias fáceis naquelas peças de marfim; faça ainda que brincos muito sutis mordisquem o lóbulo das orelhas e que suportes bem concebidos açulem os mamilos; e não esqueça os gestos, elabore posturas langorosas, escancarando a fresta dos seios, expondo pedaços

---

67 *Ezequiel* 16, 6-13.

de coxas, imaginando um fetiche funesto para os tornozelos; revolucione a mecânica do organismo, provoque naqueles lábios então vermelhos, debochados, o escorrimento grosso de humores pestilentos; carregue esses presentes com você e lá chegando anuncie em voz solene "são do irmão amado para as irmãs" (p. 72-73).

A valia desse sobrevoo a alguns textos religiosos do mesmo universo dos que estão no substrato de *Lavoura Arcaica* é a seguinte: em momentos-chave da narração, André mobiliza imagens que o associam à figura de Cristo, o noivo da alegoria. Se ele é como Cristo, Ana torna-se o equivalente à noiva-igreja, que deve ser santificada pela palavra. Esses deslocamentos fazem o que era sagrado tornar-se profano: a união prevista pela alegoria bíblica converte-se em realidade no plano da narrativa e a relação entre duas metáforas torna-se relação entre dois corpos. A pedra, que na infância era de tropeço, ganha outra função: "sobre esta pedra me acontece de querer, e eu posso!"

ARROTO

O sol da cosmogonia inaugurada por André é incendiário e sanguíneo, e por isso provoca efeitos lúbricos:

vendo o sol se enchendo com seu sangue antigo, retesando os músculos perfeitos, lançando na atmosfera seus dardos de cobre sempre seguidos de um vento quente zunindo nos meus ouvidos, [...] me atirando numa súbita insônia ardente, que bolhas nos meus poros, que correntes nos meus pelos enquanto perseguia fremente uma corça esguia, cada palavra era uma folha seca e eu nessa carreira pisoteando as páginas de muitos livros, colhendo entre gravetos este alimento ácido e virulento, quantas mulheres, quantos varões, quantos ancestrais, quanta peste acumulada, que caldo mais grosso neste fruto da família! eu tinha simplesmente forjado o punho, erguido a mão e decretado a hora: a impaciência também tem os seus direitos! (p. 88)

O calor do sol sanguíneo irriga o corpo de André, faz seus músculos retesarem-se, desperta-o do sono e prepara-o para a caça. Também os livros de sabedoria, repletos de folhas secas ou envelhecidas, podem ser pisoteados, uma vez que neles André já colheu o que precisa para alimentar o incêndio. Já absorveu, da vasta tradição religiosa de fundo moralizante, repleta de mulheres

GEOMETRIA BARROCA DO DESTINO

e varões e ancestrais, histórias que, despidas de seu conteúdo alegórico, mostram-se obscenas, como, por exemplo, a do sofrimento cruel imposto a Jó por Deus, ou a das filhas de Ló. É da peste e do caldo grosso acumulados nessa longa tradição que André forja o gesto necessário para finalmente consumar a relação erótica com a irmã.

Decretada a hora de a impaciência reivindicar seus direitos, encerra-se o primeiro grande arco narrativo, no qual se realizam as excursões ao passado em busca da genealogia da paixão que ameaça demolir a casa e cujo termo é a confissão. O capítulo 15, reproduzido abaixo, é um desses que aparecem entre parênteses. Neles, vale repetir, o narrador faz comentários que se destacam do tempo da ação e que versam fundamentalmente sobre o estado das coisas no passado do microcosmo familiar. Nesse caso em específico, sobre a lição do avô:

Em memória do avô, faço este registro: ao sol e às chuvas e aos ventos, assim como a outras manifestações da natureza que faziam vingar ou destruir nossa lavoura, o avô, ao contrário dos discernimentos promíscuos do pai – em que apareciam enxertos de várias geografias, respondia sempre com um arroto tosco que valia por todas as ciências, por todas as igrejas e por todos os sermões do pai: "Maktub". (p. 89)

Esse capítulo, por sua posição na arquitetura do romance, a meio caminho do fim, marca uma mudança determinante nos rumos da trama. Mas não é só isso que lhe confere especial importância. Outro componente torna-o decisivo: recorrendo à memória do avô em contraposição aos sermões do pai, nele André faz ver ao destinatário indefinido de sua narração ou a si próprio que todas as manifestações da natureza – sol, chuva, ventos, mas, também e mais importante ainda que menos explícitas, as que dizem respeito à natureza humana –, todas elas, façam vingar ou destruir a lavoura, férteis ou estéreis, devem ser aceitas, porquanto tudo tenha sua hora e todo destino seja inexorável. "Está escrito", diz o avô, segundo o narrador, num "arroto tosco". Descrição que pode ter relação tanto com a sonoridade da palavra árabe a ouvidos para os quais a língua – ou a moral – dos antepassados já não faz tanto sentido quanto com a concepção de que uma sabedoria atinente ao inexorável ou ao incontrolável só pode vir das entranhas do corpo. Temos, pois, um narrador consciente da concepção trágica, no sentido grego, da vida. Nas entrelinhas da lembrança do avô, ele defende que os acontecimentos relatados nos capítulos seguintes não poderiam ter sido evitados.

JARDIM

Ao rememorar a infância no capítulo 2, André contrapõe o chamado de "vozes protetoras" vindas de urnas antigas – as vozes da lei – aos "mensageiros mais velozes, mais ativos" e que "montavam melhor o vento, corrompendo os fios da atmosfera". O vencedor desse conflito entre lei e natureza é em seguida indicado sob o véu da linguagem poética: "(meu sono, quando maduro, seria colhido com a volúpia religiosa com que se colhe um pomo)" (p. 12). No capítulo 16, quando descreve em minúcias o encontro com a irmã na casa velha, esses mensageiros retornam: "centenas de feiticeiros desceram em caravana do alto dos galhos, viajando com o vento [...] em conluio aberto com a natureza tida por maligna" (p. 90). Nesse ponto, já foi possível descobrir qual dos chamados André atende: no episódio da ressurreição simbólica, ele passa do sono à insônia, ou seja, o momento em que o sono já maduro pode ser colhido com volúpia chega. Quais são os efeitos da presença desses mensageiros da natureza? "[P]ovoaram a atmosfera de resinas e de unguentos, carregando nossos cheiros primitivos, esfregando nossos narizes obscenos com o pó dos nossos polens e o odor dos nossos sebos clandestinos, cavando nossos corpos de um apetite mórbido e funesto." (p. 90-91)

Esses feiticeiros fornecem as condições necessárias – a umidade e a viscosidade das resinas e unguentos, a obscenidade dos narizes que inspiram os polens e o odor dos sebos – para a satisfação dos apetites de André. Todos os ambientes relacionados à casa velha onde ele se refugia ganham, nesse instante, adjetivos sexuais: a madeira geme, as paredes têm rachas – sinônimo de rachadura, mas também de vagina –, as janelas estão arriadas – adjetivo que pode significar tanto "abaixado" quanto, numa acepção popular, "apaixonado" ou "submetido ao amor". Se nesse "esconderijo lúdico" André tranca sua "libido mais escura", é esperado que a cozinha seja caracterizada pelo "negrume" e que só exista "um braço de sol passando sorrateiramente por uma fresta

GEOMETRIA BARROCA DO DESTINO

do telhado, acendendo um pequeno lume, poroso e frio, no chão do assoalho". A luz no interior dessa casa em que impera o "silêncio úmido" não é a que vem do sol, mas a de André, incendiária:

eu fui dizendo, como quem ora, ainda incendeio essa madeira, esses tijolos, essa argamassa, logo fazendo do quarto maior da casa o celeiro dos meus testículos (que terra mais fecunda, que vagidos, que rebento mais inquieto irrompendo destas sementes!), vertendo todo meu sangue nesta senda atávica, descansando em palha o meu feto renascido, embalando-o na palma, espalhando as pétalas prematuras de uma rosa branca (p. 92).

O ambiente impregnado de um erotismo destrutivo, como no quarto de pensão onde eram consagrados os objetos do corpo e onde a satisfação do desejo, não à toa, era referida como sendo do âmbito da natureza – "onde se colhe, de um áspero caule, na palma da mão, a rosa branca do desespero" (p. 7) –, esse ambiente é ele também propício ao gozo, e por isso André recorre às metáforas vegetais para descrever a masturbação: o sêmen são "pétalas prematuras de uma rosa branca" (p. 92).

Com esses preparativos para o que vai acontecer na casa – "uma orgia religiosa" – ele pretende chegar à "gruta encantada dos pomares" (p. 94). Esse uso conjunto ou indistinto dos vocabulários sagrado do e do profano, dos corpos do homem e da natureza, bebe, mais uma vez, no *Cântico dos Cânticos*. "Jardim fechado és tu, irmã minha, esposa minha, manancial fechado, fonte selada."[68] Se a amada do romance, como a irmã dos *Cânticos*, é um jardim, não é difícil adivinhar a qual parte da anatomia feminina corresponde a "gruta".

POMBA

Durante esse tempo de esperas na casa velha, André ouve passos vindos da escada de entrada, e eles afetam seu corpo. Numa metamorfose importante, a metáfora do pênis como planta[69] é momentaneamente substituída pela do pássaro: "vendo o coração me surgir assim de repente feito um pássaro ferido, gritando aos saltos na minha palma!" (p. 94)

68 *Cântico dos Cânticos* 4, 12.
69 "Áspero caule" (p. 7), "haste mais túmida, misteriosa e lúbrica" (p. 19), "caule de crisântemo" (p. 113), "haste mórbida desta rama" (p. 129).

A mudança de elo na cadeia metafórica vai trazer à memória do narrador as pombas da infância, "avançando sempre no caminho tramado dos grãos de milho" (p. 95) – como o boi que vai ao cocho e ao poço, numa reiteração do fatalismo de que, não importa aonde vamos, estamos indo sempre para casa. Por isso, tais quais as pombas da infância que partiam, mas voltavam porque André as amava, era inevitável que Ana viesse à casa velha. E que fosse capturada na armadilha, pois as mãos do irmão "eram um ninho" (p. 95), e Ana era como a amante-irmã do *Cântico dos Cânticos*: "Pomba minha, que se aninha nos vãos do rochedo, pela fenda dos barrancos... Deixa-me ver tua face, deixa-me ouvir tua voz, pois tua face é tão formosa e tão doce a tua voz!"[70]

Ao ver a irmã chegando à casa velha, André sente que se aproxima o momento de rompimento do círculo. Por ser como as pombas, Ana é referida algumas vezes pelo refrão "branco branco o rosto branco" (p. 95), que perverte a dicotomia entre claridade e escuridão, já que confere um atributo do primeiro conjunto a alguém pertencente ao galho esquerdo da família e portanto regido pelo segundo. A repetição do sintagma "o tempo"[71] retoma, parodicamente, o modo de dizer dos sermões, que tem como uma de suas figuras mais características a anáfora.

A máxima do *Eclesiastes* – "Tudo tem o seu tempo determinado, e há tempo para todo o propósito debaixo do céu" – é pretexto para o decreto de André de que é chegada a hora da impaciência fazer valer seus direitos[72]. Ela precede uma série de ações opostas e complementares, garantindo a cada uma seu direito de existir[73]. André estica, amplia ou deforma a série bíblica em seu próprio proveito: "o tempo é versátil", "o tempo

---

70   *Cântico dos Cânticos* 2, 14.
71   "O tempo, o tempo é versátil, o tempo faz diabruras, o tempo brincava comigo, o tempo se espreguiçava provocadoramente, era um tempo só de esperas, me guardando na casa velha por dias inteiros." (p. 93)
72   *Eclesiastes* 3, 1.
73   Idem 3, 2-8: "há tempo de nascer e tempo de morrer; tempo de plantar e tempo de arrancar o que se plantou; tempo de matar e tempo de curar; tempo de derribar e tempo de edificar; tempo de chorar e tempo de rir; tempo de prantear e tempo de saltar; tempo de espalhar pedras e tempo de ajuntar pedras; tempo de abraçar e tempo de afastar-se de abraçar; tempo de buscar e tempo de perder; tempo de guardar e tempo de deitar fora; tempo de rasgar e tempo de coser; tempo de estar calado e tempo de falar; tempo de amar e tempo de aborrecer; tempo de guerra e tempo de paz".

GEOMETRIA BARROCA DO DESTINO

faz diabruras", é um "tempo de esperas", mas "um tempo também de sobressaltos". O que poderia parecer um elogio da espera é na verdade uma apologia da ação. Como no caso do salmo 22 citado por Jesus na hora da morte (p. 106), para que a citação do *Eclesiastes* feita por Raduan Nassar possa ser inteiramente compreendida é preciso ir no texto original além do trecho citado:

O pessimismo encontrado no *Eclesiastes*, próximo do ceticismo, não propõe uma submissão, uma resignação diante da vida nem um sentimento de ressentimento face nossa limitação, mas, assim como em Nassar ou Nietzsche, prega uma "ética do trabalho, o "niilismo ativo": "Tudo o que te vem à mão para fazer, faze-o conforme a tua capacidade, pois, no Xeol [túmulo] para onde vais, não existe obra, nem reflexão, nem conhecimento e nem sabedoria.[74]

Se – e aí o eco mais explícito do texto religioso – "existe o tempo de aguardar e o tempo de ser ágil" (p. 95), estando Ana na entrada da casa velha, escura e úmida, é evidente a qual desses dois tempos André crê ter chegado.

Conforme o sentido habitual do olhar e a predileção fisiológica dos filhos do galho esquerdo da família, o que chama a atenção do narrador na irmã convertida em pomba são as patas ou os pés, visíveis por meio de seus vestígios, de suas sobras, de seus restos: "as cruzetas deformadas e graciosas, impressas nos seus recuos e nos seus avanços pelos pés macios no chão de terra". Tanto André quanto Ana são ameaças à circularidade. Ao vê-la do lado de fora, ele afirma saber que para atraí-la "deveria ter tramado com grãos de uva uma trilha sinuosa até o pé da escada" e "feito uma guirlanda de flores, em cores vivas, correr na balaustrada do varandão que circundava a casa". Ele pretende que ela, como na dança, rompa a circularidade da guirlanda seguindo pela trilha sinuosa e composta de vestígios de frutas consumidas. Essa trilha que conduz à entrada da casa não à toa termina no signo do *pé*. A palha do ninho que ele preparou para recebê-la é adequada ao incêndio, cuja iminência é marcada por outro signo da curvatura imperfeita, o "redemoinho" em que André afirma se perder (p. 95-97).

A pomba está prestes a ser capturada e André tem "a linha numa das mãos, o coração na outra" – o órgão pulsante e irrigado,

74 M.J.C. Lemos, op. cit., p. 334. (Tradução nossa.)

outra metáfora do pênis. A reversibilidade dos discursos garante que a armadilha também dependa da justa medida defendida pelo pai: "existia a medida sagaz, precisa, capaz de reter a pomba confiante no centro da armadilha". Quando ela transpõe a soleira, o incêndio anuncia-se e André torna-se "um lenho erguido à sua frente: impassível, seco, altamente inflamável". Ana traz, nos olhos que ele adivinha turvados por uma pasta escura, a certeza de sua captura, pois está, segundo o narrador, de asas arriadas e "esmagada sob o peso de um destino forte". De pés descalços na umidade do assoalho, André tem todo o corpo "de repente obsceno" e preparado para o que está por vir: "estava escrito", diz ele, repetindo o *maktub* do avô, mas não na língua original da família. Essa tradução esconde uma apropriação maliciosa, uma vez que pretende justificar como destino o fato de a irmã ter chegado até ali quando de fato André não cessa de anunciar a trama da armadilha urdida com esmero para capturá-la (p. 98-99).

DEUS

Ana já está deitada na palha e tem os "olhos fechados como os olhos de um morto". André se estira queimando ao lado dela, como uma flecha com "veneno na ponta desta haste". Para surpresa dele, porém, a mão que ele "amassava" – verbo de conotação sexual na economia da obra – "não tinha verbo [...], nenhuma inquietação, não tinha alma aquela asa, era um pássaro morto" (p. 101). Teria a armadilha causado a morte da presa? Ana está desprovida de palavras. Nunca, nos diversos momentos em que é referida na narração, conhecemos sua voz. Pedro reconhece essa afasia quando descreve o impacto da partida de André na irmã: "ninguém em casa consegue tirar nossa irmã do seu piedoso mutismo" (p. 37). Nem quando, mais adiante, André suplica por uma palavra sua, ela se manifesta: "se você está na casa, me responda, Ana" (p. 114); e um pouco depois, "Ana, me responda alguma coisa, me diga uma palavra, uma única palavra" (p. 130).

Se, no romance, o poder criador está associado à palavra, desprovida do verbo, Ana está desprovida também do Verbo. É por isso que, sem saber onde tinha se separado de sua fé – "nós dois que até ali éramos um" (p. 102) –, André pede a Deus por um

GEOMETRIA BARROCA DO DESTINO

milagre que devolva a vida à irmã. Num paradoxo sintomático, em se pensando em alguém que se descreve como fundador de uma igreja erguida para o próprio benefício, o que André promete em troca do milagre é trazer de volta à existência o mesmo Deus a quem suplica. Cria-se claramente uma impossibilidade lógica: aquele que pode trazer a irmã de volta só existirá se a tiver trazido de volta. Esse aparente impasse, no entanto, desfaz-se no resultado esperado do milagre. Se bem-sucedido, ele ressuscitará tanto Deus quanto Ana. O realizador do milagre não pode ser, portanto, o Deus da crença familiar, que é seu objeto e não seu sujeito, mas aquele que tem o poder demiúrgico, aquele que domina a alquimia da palavra – o narrador. Ana e Deus, confundidos, são objetos restituídos de verbo e Verbo por André, tornam-se uma única figura nesse momento da narração. Esse amálgama obsceno e sacrílego, que vai conduzir a um ponto extremo a relação entre consumar o amor por Ana e fundar uma igreja, é, de certa forma, fruto de uma introjeção, de uma devoração do sistema de valores do pai, todo ele lastreado em uma retórica religiosa. Quando funda sua igreja, André não o faz na posição de um de seus fiéis, mas sim na do deus a quem ele próprio se devota.

Se a fusão entre Ana e Deus ocorre, é possível ver, no sentido mais aparente da cena, outro mais obscuro, cuja chave são os pronomes oblíquos ou possessivos na segunda pessoa do singular: "Te", "Teu" "Tuas", "Teus" e "Ti" (p. 102-107). Referentes a Deus, porquanto grafados em maiúsculas, eles também e principalmente designam Ana. O milagre começa com André levantando uma prece alta "nos lábios esquisitos", algo que admite jamais ter feito um dia. Os lábios esquisitos – e o que ocorre em seguida na cena parece confirmá-lo – parecem ser os do genital de Ana:

levantei nos lábios esquisitos uma prece alta, cheia de febre, que jamais eu tinha feito um dia, um milagre, um milagre, meu Deus, eu pedia, um milagre e eu na minha descrença Te devolvo a existência, me concede viver esta paixão singular fui suplicando enquanto a polpa feroz dos meus dedos tentava revitalizar a polpa fria dos dedos dela, que esta mão respire como a minha, ó Deus, e eu em paga deste sopro voarei me deitando ternamente sobre Teu corpo, e com meus dedos aplicados removerei o anzol de ouro que Te fisgou um dia a boca, limpando depois com rigor Teu rosto machucado, afastando com cuidado as teias de aranha que cobriram a luz antiga dos Teus olhos; (p. 102-103)

O corpo sobre o qual André promete deitar-se, caso o milagre aconteça, é o de Deus – "Teu corpo" – e o de Ana. Isso faz com que André, caso a promessa seja paga, torne-se o principal beneficiado. É como se a força do desejo durante a narração fosse tamanha, às vésperas de sua consumação no tempo da memória, que ele, o desejo, contaminasse todos os enunciados e se realizasse por meio deles outra vez. No tempo da trama, o ato ainda está para consumar-se, o que há é apenas a sua expectativa. No tempo da narração, *a posteriori*, o ato já se consuma durante a enunciação dessa expectativa. Remover o anzol de ouro do ser capturado é libertá-lo dos ditames temporais paternos, simbolizado pela corrente do relógio de bolso do avô. Afastar com cuidado as teias de aranha que cobriram a luz antiga dos olhos do ser capturado é livrá-los da luz atual, a que cega, a que envolve os filhos do lado direito da família. A cena prossegue:

não me esquecerei das Tuas sublimes narinas, deixando-as tão livres para que venhas a respirar sem saber que respiras, removerei também o pó corrupto que sufocou Tua cabeleira telúrica, catando zelosamente os piolhos que riscaram trilhas no Teu couro; limparei Tuas unhas escuras nas minhas unhas, colherei, uma a uma, as libélulas que desovam no Teu púbis, lavarei Teus pés em água azul recendendo a alfazema, e, com meus olhos afetivos, sem me tardar, irei remendando a carne aberta no meio dos Teus dedos (p. 103).

A carnalidade com que André descreve algo que é de natureza divina indica não uma espécie de ascese, isto é, um percurso do profano, do baixo, da terra e dos pés ao sagrado, ao alto, ao céu e à cabeça, mas o contrário. Significa dizer que, se Deus e Ana misturam-se na prece, é muito mais por Deus ser rebaixado aos patamares da carnalidade e da mortalidade[75], e portanto tornado apto a estabelecer relações tanto de poder quanto de prazer, e menos por Ana se elevar às alturas de sua santidade. André produz um movimento inverso ao produzido pela família, para quem Ana "se fechou em preces na capela" e tem "a cabeça sempre coberta por uma mantilha" (p. 37), ou seja, tem ares e comportamento de santa. É por isso que o trecho acima, apesar de mostrar o retorno a uma vida dos sentidos e da limpeza, é repleto de signos do que é baixo ou sujo: o pó corrupto, a cabeleira telúrica,

---

75 Em tese, também o que se dá com o Cristo, Deus feito homem e vítima sacrificial.

GEOMETRIA BARROCA DO DESTINO   129

os piolhos e suas trilhas, as unhas escuras, o púbis, os pés, a carne aberta no meio dos dedos.

Segundo uma das abordagens do teísmo clássico, Deus só pode ser descrito pela negação, ou seja, em termos do que ele não é, pois, se compartilhasse qualquer atributo com uma de suas criações, seres sujeitos à mudança, deixaria de ser perfeito e, por conseguinte, superior e exterior ao universo criado. O fato de Deus não ser feito de matéria, nem constituído de partes, e de ser onipotente, onipresente e imutável, implica, na visão de teístas críticos da visão clássica, que Deus não é afetado pelos sofrimentos humanos nem deseja suas boas ações, pois, se o fizesse, denotaria algum tipo de carência ou necessidade que o atingiria em sua perfeição. Para esses teístas, uma reciprocidade entre Deus e os homens, baseada na possibilidade de mudança, é moralmente necessária para que a relação tenha algum sentido. A figura sagrada, para André, não pode ser a que não sofre mudanças, como o tempo contra o qual se rebela, e por isso ele avança na direção contrária, a de um Deus carnal, sujo, piolhento.

Nesse trajeto, que mais se aproxima do divino quanto mais humano se é, a equivalência entre o sopro de vida e o sexo oral não poderia fazer mais sentido:

Te insuflarei ainda o ar quente dos meus pulmões e, quando o vaso mais delgado vier a correr, Tu verás então Tua pele rota e chupada encher-se de açúcar e Tua boca dura e escancarada transformar-se num pomo maduro; e uma penugem macia ressurgirá com graça no lugar dos antigos pelos do Teu corpo, e também no lugar das Tuas velhas axilas de cheiro exuberante, e caracóis incipientes e meigos na planície do Teu púbis, e uma penugem de criança há de crescer junto ao halo do Teu ânus sempre túmido de vinho; e tudo isso ressurgirá em Ti num corpo adolescente do mesmo milagre que as penas lisas e sedosas dos pássaros depois da muda e a brotação das folhas novas e cintilantes das árvores na primavera, e logo um vento brando há de devolver o gesto soberano dos Teus cabelos, havendo júbilo e louçania nesta expansão. (p. 104)

A metáfora da mulher como vaso, de óbvias inspirações anatômicas – portanto baseada numa sinédoque – também pode ser de origem bíblica. Em versículos como *Tessalonicenses*, por exemplo, no qual o apóstolo Paulo aconselha como deve ser o tratamento das esposas pelos maridos, para uma mesma palavra do hebraico, as traduções em português ora optam por *vaso*, ora

130

por *mulher*[76]. A mulher é vaso cuja função é ser plantado com a semente do homem. Quando ele vier a correr, quando tiver sido preenchido por André, no corpo de Ana e de Deus vai ser iniciado um novo ciclo. O que era roto e chupado enche-se de açúcar e presta-se novamente à fruição. O que era duro e escancarado torna-se pomo maduro, no ponto de devoração. Como na muda dos pássaros ou na brotação das folhas, penugens ressurgem de um corpo infantil – anterior à experiência do erotismo como pecado ou culpa.

Como a noiva amada por Deus no livro de *Ezequiel* (p. 127), na promessa de André, a jovem é ornamentada em uma linguagem de estilo alto:

Te vestirei então de cetim branco com largas palas guarnecidas de galões dourados, ajustando nos Teus dedos anéis cujas pedras guardam os olhares de todos os profetas, e braceletes de ferro para Teus punhos e um ramo de oliveira para Tua nobre fronte, resinas silvestres escorrerão pelo Teu corpo fresco e limpo, punhados de estrelas cobrirão Tua cabeça de menino como se estivesses sobre um andor de chão de lírios; e alimentos tenros Te serão servidos em folhas de parreira, e uvas e laranjas e romãs frescas, e, de pomares mais distantes, colhidas da memória dos meus genitores, as frutas secas, os figos e o mel das tâmaras, e a Tua glória então nunca terá sido maior em toda a Tua história! (p. 104)

O vestido de cetim branco tem largas e luxuosas palas. Além de porção de tecido que enfeita a parte logo abaixo da gola, "pala" é também o vestuário de atores trágicos, de origem romana, e, numa acepção popular, mentira. Assim, pode haver algo de falso nessa promessa de luxo ou nessa linguagem de estilo alto, e essas palas podem fortalecer em Ana a aparência de personagem trágica.

É da oliveira, árvore símbolo da paz nas tradições cristã e judaica, o ramo que a pomba traz a Noé para anunciar o fim do dilúvio. Também no romance a pomba branca – Ana – anuncia com um ramo de oliveira que os líquidos já correram. No Islã, a oliveira representa a luz, numa alusão a seu óleo, usado antigamente para alimentar as lâmpadas. As resinas silvestres que escorrem pelo corpo de Ana podem ser as da oliveira, nas quais

---

76 *Tessalonicenses* 4, 4. Na *Bíblia de Jerusalém*: "que cada qual saiba tratar a própria esposa com santidade e respeito". Na *Almeida Revista e Corrigida*: "que cada um de vós saiba possuir o seu vaso em santificação e honra".

se misturam a luz benigna da família e a incendiária de André, mas também o sêmen, cujas gotas alvas são os "punhados de estrelas" que cobrem a cabeça da criança durante a prece.

SACRIFÍCIO

Esses dois sistemas metafóricos – o da obscenidade e o da religião – compartilham um mesmo corpo[77]. O corpo de André, o corpo de Ana, o corpo da família, o corpo da linguagem: "que dubiedade, que ambiguidade já sinto nesta mão, alguma alma quem sabe pulsa nesse gesso enfermo, algum fôlego, alguma cicatriz vindoura já rememora sua dor de agora" (p. 104). O narrador tem consciência das múltiplas possibilidades da palavra e reúne, nesse último período, de forma engenhosa, passado, presente e futuro.

Santo Agostinho concebeu o tempo como a experiência do ir e vir da alma humana. A partir dessa concepção, é mais preciso dizer que no período acima o narrador reúne não passado, presente e futuro, mas sim modulações do presente: o passado é vivido como presente das coisas passadas (rememoração); o futuro, como presente das coisas futuras (expectativa ou predição)[78]. André vaticina que ele e a irmã estão para realizar algo que deixará "alguma cicatriz". A união incestuosa vai causar no futuro uma ferida mortal no corpo da família, e por isso a dor de agora, fruto da ferida futura, é experimentada como predição no momento da ação e como rememoração na narração *a posteriori*. Isso equivale a dizer, numa fórmula mais simples, que o futuro – as marcas no corpo familiar, que vai passar a ter entre seus membros um delator, um assassino e uma vítima – é que vai engendrar, no passado, a dor que André percebe na mão de Ana.

Para Agostinho, "a memória reproduz não as coisas em si, já passadas (pois o tempo passado já não é), mas as palavras nascidas de suas imagens, que ao passar se fixaram na alma, mediante os sentidos, quais vestígios"[79]. São os vestígios do afeto desmesurado

---

77 Ver E.M. Moraes, As Metamorfoses da Figura Humana, op. cit., p. 75-90, sobre o modo como o corpo serviu ao longo dos séculos na literatura como ponto privilegiado das analogias.

78 *Confissões*, XI: 20, 26.

79 Ibidem, XI: 18, 23.

132

da mãe na infância que permitem a André predizer o resultado de seu afeto por Ana. O resultado trágico – o sacrifício – é descrito logo na sequência da prece: "um milagre, meu Deus, e eu Te devolvo a vida e em Teu nome sacrificarei uma ovelha do rebanho do meu pai, entre as que estiverem pascendo na madrugada azulada, uma nova e orvalhada, de corpo rijo e ágil e muito agreste" (p. 104-105). A ovelha a ser sacrificada é Ana.

Nesse ponto, nossa análise difere da dos demais intérpretes até agora citados, que não logram identificar, nas duas etapas da prece – a devolução da vida a Deus e o sacrifício de um animal –, a figura de Ana confundida com a dos objetos dessas promessas[80].

Não se pode ver senão o que já existe, ensina Santo Agostinho em suas reflexões sobre o tempo. Por isso, quem prevê o futuro vê, na realidade, suas causas e talvez os seus sinais. Quando André percebe nas mãos de Ana, até então inertes, "dubiedade" e "ambiguidade", isto é, quando a massa modelável do discurso permite perverter as tábuas da lei, a união pode ser consumada.

arregaçarei os braços, reúno faca e cordas, amarro, duas a duas, suas tenras patas, *imobilizando a rês assustada debaixo dos meus pés*, minha mão esquerda se prenderá aos botões que despontam no lugar dos cornos, torcendo suavemente a cabeça para cima até descobrir a área pura do pescoço, e com a direita, grave, desfecho o golpe, abrindo-lhe a garganta, liberando balidos, *liberando num jorro escuro e violento o sangue grosso; tomarei a ovelha ainda fremente nos meus braços, faço pendente de borco de uma verga*, deixando ao chão a seiva substanciosa que escorre dos tubos decepados; entrarei na sua pele *um caniço resoluto que comporte, duro e resistente, um sopro forte*, aplicando nele meus lábios e soprando como meu velho tio soprava a flauta, enchendo-a de uma antiga canção desesperada, estufando seu tamanho como só a morte de três dias estufa os animais; e esfolada, *e rasgado o seu ventre de cima até embaixo, haverá uma intimidade de mãos e vísceras, de sangues e virtudes, visgos e preceitos, de velas exasperadas carpindo óleos sacros e muitas outras águas, para que a Tua fome obscena seja também revitalizada* (p. 105).

A dubiedade e a ambiguidade dão à predição do sacrifício um caráter performativo que diz respeito não à realização da ação narrada – o sacrifício de uma rês –, mas sim ao ato sexual

---

80 M.J.C. Lemos, op. cit., p. 155: "André oferece seu próprio corpo em sacrifício, um corpo que se funde com o de Deus; num segundo momento, oferece também um cordeiro do rebanho de seu pai." (Tradução nossa.)

GEOMETRIA BARROCA DO DESTINO

que ela encobre. Alguns dos exemplos de performativos listados por Austin podem tornar mais claro outro ponto importante no modo como, ao narrar o sacrifício metafórico, André realiza o ato sexual:

"(b) Batizo este navio com o nome de Rainha Elizabeth" – quando proferido ao quebrar-se a garrafa contra o casco do navio.
"(c) Lego a meu irmão este relógio" – tal como corre em um testamento.
Estes exemplos deixam claro que proferir uma dessas sentenças (nas circunstâncias apropriadas, evidentemente) não é descrever o ato que estaria praticando ao dizer o que disse, nem declarar que o estou praticando: é fazê-lo.[81]

Uma das condições adequadas para que uma sentença seja performativa é a existência de "um procedimento convencionalmente aceito, que apresente um determinado efeito convencional e que inclua o proferimento de certas palavras, por certas pessoas, e em certas circunstâncias"[82]. O fato de André descrever o ato sexual como rito religioso, acontecimento de caráter totalmente convencional, fornece a condição necessária para que a sentença se converta em ato, seja performativa. Um indício de que são concomitantes a promessa vindoura e o sexo em curso é a da alternância dos tempos verbais entre presente e futuro: "arregaçarei", "reúno", "amarro", "minha mão esquerda se prenderá aos botões", "com a direita, grave, desfecho o golpe".

OVELHA

É com os pés que André promete imobilizar a ovelha de patas amarradas. O golpe faz jorrar do jovem animal sangue grosso como esperma. De borco, isto é, com a face para baixo, a ovelha presa à verga treme, agita-se. O sacrifício descrito por André é feito em adequação ao Pessach, a Páscoa Judaica: "O cordeiro, ou cabrito, será sem mácula, um macho de um ano, o qual tomareis das ovelhas ou das cabras e o guardareis até ao décimo quarto dia deste mês, e todo o ajuntamento da congregação de Israel o

81   J.L. Austin, *Quando Dizer É Fazer*, p. 24.
82   Ibidem, p. 31.

134

sacrificará à tarde. E tomarão do sangue, e pô-lo-ão em ambas as ombreiras, e na verga da porta, nas casas em que o comerem."[83]

No romance, o sacrifício é o de uma fêmea tomada do rebanho do pai. A *verga* é a peça horizontal logo acima de portas e janelas nas construções. É à verga que o cordeiro bíblico e a ovelha do sacrifício prometido por André se prendem. A ovelha que é Ana, de bruços, também está pendente de uma verga. Aqui, porém, o sentido da palavra remete a outra acepção, a de *pênis*, e os tremores do corpo sacrificado são também, portanto, os de natureza sexual. Em seguida, do mesmo campo semântico da "verga", surge o "caniço resoluto", "duro e resistente", que André fará entrar na pele do animal e faz entrar no corpo de Ana. A "antiga canção desesperada" com que André insufla seu corpo são os desejos há tanto tempo represados. Ele se imagina soprando a flauta, como o tio durante a dança, para que, como naquela ocasião, a música provoque movimentos em Ana. As representações do genital masculino reaparecem nas "velas exasperadas carpindo óleos sacros e muitas outras águas".

Rasgar o ventre de cima até embaixo, misturar mãos e vísceras, sangues e virtudes, visgos e preceitos, tudo isso serve para revitalizar a fome obscena que o narrador atribui a Ana. Antes amalgamada à figura de Deus, agora é com o animal sacrificial que a imagem de Ana é misturada na narração. O sacrifício, cuja função no Pessach é evitar a maldição divina que condena um filho da família, desencadeia, em *Lavoura Arcaica*, os eventos que levam à morte da filha. O sacrifício, que no texto cristalizado da tradição representa a salvação, no discurso do filho tresmalhado desencadeia a condenação. Em operação semelhante à que levou a cabo quando se serviu dos significados da Páscoa cristã, André inverte nesse momento os significados da Páscoa judaica.

Nesse instante, a prece parece surtir efeito:

um milagre, um milagre, eu ainda suplicava em fogo quando senti assim de repente que a mão anêmica que eu apertava era um súbito coração de pássaro, pequeno e morno, um verbo vermelho e insano já se agitando na minha palma! cheio de tremuras, cegado de muros tão caiados, esmaguei a água dos meus olhos e disse em febre Deus existe e em Teu nome imolarei um animal para nos provermos de carne assada, e decantaremos

83 *Êxodo* 12, 5-7.

GEOMETRIA BARROCA DO DESTINO

numerosos vinhos capitosos, e nos embriagaremos depois como dois meninos, e subiremos escarpas de pés descalços (que tropel de anjos, que acordes de cítaras, já ouço cascos repicando sinos!) e, de mãos dadas, iremos juntos incendiar o mundo! (p. 105-106)

O coração de pássaro, pequeno e morno, verbo vermelho e insano, volta a bater[84]. Será o coração, antes metáfora do pênis, nesse instante um substituto de seu similar no corpo feminino, o clitóris? Talvez. O fato, porém, é que, atendido o milagre, o encadeamento de orações coordenadas aditivas impõe um ritmo ascendente ao final do trecho, como se a entonação e a intensidade da voz acompanhassem a subida da escarpa e o ruído do tropel, dos acordes de cítaras e dos cascos galopantes – ascensão rumo ao aposto entre parênteses que metaforiza o gozo e tem como termo a promessa do incêndio fatal para o mundo fechado da família.

ESCRITURA

No início do capítulo 19, André enfim confessa a Pedro: "'Era Ana, era Ana, Pedro, era Ana a minha fome' explodi de repente num momento alto, expelindo num só jato violento meu carnegão maduro e pestilento, 'era Ana a minha enfermidade, ela a minha loucura, ela o meu respiro, ela a minha lâmina, meu arrepio, meu sopro, o assédio impertinente dos meus testículos' gritei de boca escancarada, expondo a textura da minha língua exuberante." (p. 107)

O momento alto, além de ser o de rememorar o êxtase, é também o de expor a textura da língua exuberante, de estilo elevado, que não dissimula o seu grau de elaboração. Ou, se preferirmos, de artificialidade, denunciada nesse trecho pelas anáforas "Era Ana" e "ela". Note-se que Ana só é retratada, nessa enumeração, como uma série de atributos do narrador. Algo que fica mais visível ainda se comparado com o trecho seguinte, em que as anáforas se referem a ele próprio: "era eu o irmão acometido, eu, o irmão exasperado, eu, o irmão de cheiro virulento, eu, que tinha na pele a gosma de tantas lesmas, a baba derramada do demo,

---

84 L.W. Rassier, op. cit., p. 337, detecta ainda que a descrição de Ana como pássaro vermelho que volta das cinzas à vida remete à fênix mitológica.

e ácaros nos meus poros, e confusas formigas nas minhas axilas, e profusas drosófilas festejando meu corpo imundo" (p. 108).

André tem no corpo marcas da natureza, mas de uma natureza que não é objeto adequado ao ciclo da produtividade – "A terra, o trigo, o pão, a mesa, a família (a terra); existe neste ciclo, dizia o pai nos seus sermões, amor, trabalho, tempo" (p. 181) –, natureza que passa a formar com o homem quase que um único corpo. A separação artificial que confere ao homem uma condição de destaque na hierarquia da existência, por crer ter submetido a natureza ao seu ciclo do trabalho, é desfeita pelo narrador. Passível de decomposição, morada e alimento de vidas minúsculas, o homem é reincorporado ao mundo natural. A natureza a que André se associa não é regida pela produtividade, mas pelo excesso, pelo dispêndio, é a das formigas confusas, não a das ordeiras, é a do resíduo das lesmas, é a dos ácaros e das drosófilas, dos seres ínfimos e desprovidos de utilidade para o homem.

A lei da casa não prevê tal comunhão, por isso, após a confissão e antes do retorno, André pede a Pedro um ritual de ternura que resgate a limpeza da infância, um banho "na bacia dos nossos banhos de meninos". No entanto, o impacto da revelação (e do estilo?) atinge o primogênito nos olhos. Ao invés do ritual, o que ele oferece é o ríctus, a deformação do rosto. Para poder fazer o papel de substituto, Pedro deve incorporar o pai e por isso busca a segurança de um discurso lastreado na tradição:

estava claro que ele tateava a procura de um bordão, buscava com certeza a terra sólida e dura, eu podia até escutar seus gemidos gritando por socorro, mas vendo-lhe a postura profundamente súbita e quieta (era o meu pai) me ocorreu também que era talvez num exercício de paciência que ele se recolhia, consultando no escuro os textos dos mais velhos, a página nobre e ancestral, a palma chamando à calma (p. 108-109).

O incesto é a manifestação, nos membros inferiores, da doença que André acredita atingir o corpo da família. Inferiores no sentido moral, uma vez que os dois irmãos pertencem ao ramo da "protuberância mórbida" iniciada pela mãe, e no anatômico, já que neles pernas e pés dominam o restante do corpo. De acordo com a medicina particular do narrador, que inverte a função de toda palavra, transforma remédio em veneno e é própria de um mundo desejosamente às avessas, a doença que aflige

GEOMETRIA BARROCA DO DESTINO

a família é a própria saúde. Aquele que é tido como enfermo é, portanto, o verdadeiro detentor da sabedoria:

na corrente do meu transe já não contava a sua dor misturada ao respeito pela letra dos antigos, eu tinha de gritar em furor que a minha loucura era mais sábia que a sabedoria do meu pai, que a minha enfermidade era mais conforme que a saúde da família, que os meus remédios não foram jamais inscritos nos compêndios, mas que existia uma outra medicina (a minha!), e que fora de mim eu não reconhecia qualquer ciência, e que era tudo só uma questão de perspectiva, e o que valia era o meu e só o meu ponto de vista, e que era um requinte de saciados testar a virtude da paciência com a fome de terceiros (p. 109).

Contra "os textos dos mais velhos", André expõe agora de forma inequívoca o perspectivismo que comanda sua visão de mundo. A pergunta é: o fato de tudo ser só uma questão de ponto de vista está na base da legitimidade de seu desejo incestuoso ou o perspectivismo é por ele convocado *a posteriori* para justificar esse desejo? Se a segunda opção for a correta, como parece, teríamos aqui o caso de alguém que, por saber-se incapaz de evitar uma violação ou mesmo por não pretender evitá-la, esforça-se para alargar os limites do código a fim de fazê-lo comportar seu delito e assim evitar tornar-se um criminoso. A narração de André seria, por esse viés, uma *reescrita* de sua história. Ou, ainda melhor, uma *reescritura*, para incluir no termo, além do sentido de escrever novamente, o de reescrever a Escritura, todo texto da tradição, seja ela cristã, islâmica, literária ou mitológica, para que seja mais conforme a sua necessidade.

GOZO

Após expor o conteúdo de seu discurso (a *inventio* da retórica clássica), isto é, sua visão de mundo, André elenca, também com algum didatismo, as figuras adequadas à transmissão dessa visão de mundo (a *elocutio*) e o modo como essa enunciação deve se realizar (a *actio*), este descrito no trecho a seguir:

e dizer tudo isso num acesso verbal, espasmódico, obsessivo, virando a mesa dos sermões num revertério, destruindo travas, ferrolhos e amarras, tirando não obstante o nível, atento ao prumo, erguendo um outro

138

equilíbrio, e pondo força, subindo sempre em altura, retesando sobretudo meus músculos clandestinos, redescobrindo sem demora em mim todo o animal, cascos, mandíbulas e esporas, deixando que um sebo oleoso cobrisse minha escultura enquanto eu cavalgasse fazendo minhas crinas voarem como se fossem plumas, amassando com minhas patas sagitárias o ventre mole deste mundo, consumindo neste pasto um grão de trigo e uma gorda fatia de cólera embebida em vinho (p. 109-110).

A mistura de "acesso verbal, espasmódico, obsessivo", com a atenção ao prumo, ao nível, ao equilíbrio, denuncia mais uma vez a consciência que esse narrador tem da versatilidade do discurso: se o que ele anseia é fazer caber sua diferença no círculo fechado do mito familiar, deve necessariamente imiscuir no discurso de equilíbrio do pai o seu delírio, provar que não são excludentes. É pelo discurso, "subindo sempre em altura", tornando-o elevado e complexo em contraposição ao simplismo das fábulas paternas, que ele pode tornar-se sagitário, metade homem, metade cavalo[85]. A parte humana, guardiã do prumo e do nível, a parte animal, a dos membros inferiores, a dos músculos clandestinos relacionados ao sexo, responsável pela força. O "ventre mole deste mundo" que será – nunca é demais ressaltar a importância do verbo – amassado pelos cascos é o de Ana, o da mãe e o da terra: a "almofada quente" (p. 25) ou a trincada "louça antiga" do ventre da mãe (p. 66); o "ventre mole" da hora de abandonar a casa (p. 32); o "ventre humoso" de Ana (p. 113), "serpente [que] desvairava no próprio ventre" (p. 190); e o "ventre fofo das campinas" (p. 128).

Na infância, o ventre da mãe é quente, mas a voz "nascia das calcificações do útero" (p. 31). Mais tarde, no momento da despedida, André se lembra de ter sido aninhado na palha do útero da mãe, comparado então à louça antiga e com trincas. Um útero ossificado num ventre que é como louça antiga e trincada não pode mais prover o quente e excessivo afeto da infância. André vai buscá-lo, pois, no úmido e viçoso ventre de Ana, cujos atributos são compartilhados com a terra da lavoura.

A fala convulsa de André mistura três figuras ou elementos: "eu, o epilético, eu, o possuído, o tomado, eu, o faminto, arrolando

---

85 Ibidem, p. 325, lembra que o sagitário é imagem bastante comum também na obra de Jorge de Lima.

GEOMETRIA BARROCA DO DESTINO 139

na minha fala convulsa a alma de uma chama, um pano de verônica e o espirro de tanta lama" (p. 110).

O primeiro: "a alma de uma chama", vestígios de uma luz. O segundo: uma imagem de Cristo como a gravada em sangue e suor no véu de Verônica[86] durante a Paixão, imagem que reforça a ligação das figuras de André e Ana com a do filho de Deus, especialmente no que se refere à Páscoa e à ressurreição. O terceiro e último elemento dessa trindade: o "espirro de tanta lama", de caráter telúrico. O que vemos dos três elementos na fala de André são seus resíduos, seus rastros, e não a coisa em si: da chama, a alma; de Cristo, o rosto gravado num tecido; da lama, seus respingos.

Essa trindade formada de escórias de algo que no passado foi sagrado pode ser a recriação paródica, realizada "virando a mesa dos sermões num revertério", da Santíssima Trindade. Nessa trindade rebaixada, o Pai é o resíduo da luz divina criada pela palavra no *Gênesis*: "E disse Deus: Haja luz. E houve luz."[87] O segundo elemento, o Filho, é o falso objeto de devoção, a imagem de Cristo gravada no pano. O terceiro elemento, o Espírito Santo, com base na paranomásia e na possível etimologia comum com *espírito*, é o "espirro de tanta lama", rebaixamento paródico do sentido original. Diz o *Gênesis*: "E formou o SENHOR Deus o homem do pó da terra e soprou em seus narizes o fôlego da vida; e o homem foi feito alma vivente."[88]. Em *Lavoura Arcaica*, é o pó da terra, a lama, a criação, quem assume o papel criador e sopra de volta. Não se trata de um sopro criador, e sim de um sopro de doença, um espirro.

André já passou em revista o conteúdo de seu discurso, a invenção; seu estilo e suas figuras, a elocução; e como ele deve ser transmitido, a ação. As características dessas escolhas filiam seu discurso ao gênero da retórica conhecido como jurídico[89]. Primeiro, por ser feito para um auditório composto por um juiz, o irmão

---

86 *Cadernos de Literatura Brasileira: Raduan Nassar*, p. 14: "Pindorama era um imenso teatro na Sexta-Feira da Paixão. Apagavam-se as luzes da cidade e o cortejo silencioso seguia à luz de vela pelas ruas forradas de folhas secas marcando a pisada vagarosa dos que conduziam o Cristo morto. As congregações vestidas de preto engrolavam a ladainha. E em cada altar, por onde passava a procissão, a Verônica desenrolava aos poucos o sudário, enquanto ecoava em latim seu canto lamentoso: a voz da carpideira estremecia a noite."
87 *Gênesis* 1, 3.
88 *Gênesis* 2, 7.
89 O. Reboul, *Introdução à Retórica*, p. 45.

Pedro. Segundo, por se referir a um fato passado que cumpre esclarecer, qualificar e julgar, no caso, o incesto. Terceiro, pelo fato de estar em questão a justiça ou a injustiça das condutas de André e de Ana. Por fim, pelo fato de o orador valer-se, para alcançar a persuasão, principalmente de entimemas, tais como: "para manter a casa erguida era preciso fortalecer o sentimento do dever [...] pois se condenava a um fardo terrível aquele que se subtraísse às exigências sagradas do dever"; ou "participar só da divisão deste pão pode ser em certos casos simplesmente uma crueldade: seu consumo só prestaria para alongar a minha fome" (p. 21).

No capítulo em que dá um fecho à sua confissão, para tornar Pedro favorável e dispô-lo a um comportamento emocional, André lembra-o da infância comum e de sua obrigação de compor um "ritual de ternura" por ter sido "brindado com a santidade da primogenitura". Também recapitula a história do faminto ao lembrar Pedro de que "era um requinte de saciados testar a virtude da paciência com a fome de terceiros". Afirma sua verdade contra a falsidade do adversário ao dizer que sua loucura era mais sábia que a sabedoria do pai. Amplifica o que foi demonstrado, "pondo força, subindo sempre em altura", "fazendo minhas crinas voarem como se fossem pluma" (p. 108-110). São cumpridos, portanto, nesse fecho, quase todos os requisitos de um bom epílogo, a saber: "tornar o ouvinte favorável para a causa do orador e desfavorável para o adversário; amplificar ou minimizar; dispor o ouvinte para um comportamento emocional; recapitular. Após ter-se mostrado que se diz a verdade e o adversário falsidades, faça-se um elogio ou uma censura, e finalmente sublinhe-se de novo o assunto"[90].

O último requisito, o de sublinhar de novo o assunto – o sexo com a irmã, no caso do discurso de André – manifesta-se não de forma direta, mas num gozo na linguagem e pela linguagem: "misturando no caldo deste fluxo o nome salgado da irmã, o nome pervertido de Ana, retirando da fímbria das palavras ternas o sumo do meu punhal, me exaltando de carne estremecida na volúpia urgente de uma confissão (que tremores, quantos sóis,

---

90 Em *Obras Completas de Aristóteles, Retórica*, livro III, capítulo 19, 1419b, p. 296, coincidentemente, o capítulo "Epílogo" é o de número 19, como o de *Lavoura Arcaica* em que essa espécie de epílogo aparece.

GEOMETRIA BARROCA DO DESTINO

que estertores!) até que meu corpo lasso num momento tombasse docemente de exaustão" (p. 110).

Há, portanto, em extrair do remate das palavras ternas, de suas extremidades ou fímbrias, um gozo. Do pênis metaforizado em *punhal* jorra o sumo que se mistura num caldo ao nome da irmã, salgado, porquanto seja condenado a não gerar frutos, como as terras amaldiçoadas na *Bíblia* ou a mulher de Ló transformada em estátua. O que interessa sobretudo é notar de que modo a narração *a posteriori* atualiza, como rito erótico-discursivo, o gozo, de que modo a "volúpia urgente de uma confissão" ressuscita na fala os eventos do passado de maneira a provocar na linguagem os "tremores" e os "estertores" do orgasmo. Assim, o lugar que o narrador reivindica na mesa da família é um lugar de fala, lugar a partir do qual seu desejo possa ser enunciado, lugar que ele ocupa quando narra ao irmão o que se passou entre ele e Ana. Ter realizado seu desejo é ter obtido o alimento de que necessitava, ao mesmo tempo subvertendo e atendendo os preceitos do pai no interior do fechado círculo familiar.

VEGETAL

Após o sexo, André pensa na "hora tranquila em que os rebanhos procuram o poço e os pássaros derradeiros buscam o seu pouso", paráfrases de "estamos indo sempre para casa", ou seja, para os locais onde há alimento. A experiência com Ana é eco do afeto desmesurado da mãe na infância, daí a associação desse momento de lassidão e tranquilidade pós-coito com o do nascimento ("nu como vim ao mundo") e com o da "hora em que as mães embalam os filhos, soprando-lhes ternas fantasias", ternas como as palavras das quais André extrai o sumo (p. 111).

A erotização da linguagem contamina a natureza durante esse êxtase e deixa, na imaginação do narrador, o "céu tenro todo feito de um rosa dúbio e vagaroso". Nesse céu imaginário escondem-se também ameaças que o narrador inebriado talvez não perceba: as nuvens se deslocam "pacientemente como as barbas de um ancião", e a citação da personagem da parábola do faminto pode indicar a introjeção dos ensinamentos do pai. Ainda sob o signo da fruição, essas nuvens são expulsas na imaginação do narrador por "uma suave concha escura" no céu, que cobria o dia "aos poucos de muitas mamas, pra nutrir na madrugada meninos de pijama". A abóbada celeste, por sua concavidade, é representada por um sinônimo de *vulva*, "concha", e nela brilham as estrelas, pequenos pontos luminosos que se parecem com mamilos. O intercurso com Ana garantiu a André a comunhão plena com a natureza:

e eu pressentia, na hora de acordar, as duas mãos enormes debaixo dos meus passos, a natureza logo fazendo de mim seu filho, abrindo seus gordos braços, me borrifando com o frescor do seu sereno, me enrolando num lençol de relva, me tomando feito menino no seu regaço; cuidaria cheia de zelo dos meus medos, acendendo depressa a luz da aurora, desmanchando pela manhã a fumaça ainda remota, ventos profusos me enxugariam os pés nos seus cabelos, me deixando os cílios orvalhados de colírio; e um toque vago e tão vasto me correria ainda o corpo calmo, me fazendo cócegas benignas, eriçando com doçura minha penugem, polvilhando minha carne tenra com pó de talco, me passando um cordão vermelho no pescoço, pendurando aí, contra quebrantos, uma encantada figa de osso (p. 112).

Sexualizada, a natureza tem para com André cuidados similares aos maternos na hora de despertar. Os ventos, nesse período de satisfação dos desejos, enxugam os pés de André e polvilham sua carne tenra de talco. Ambos, talco e ventos, afastam-no temporariamente dos signos da umidade e aproximam-no dos da secura, representados pela protetora figa de osso. A comunhão prossegue:

num ledo sítio lá do bosque, debaixo das árvores de copas altas, o chão brincando com seu jogo de sombra e luz, teria águas de fontes e arrulhos de regatos a meu lado, folhas novas me adornando a fronte, o mato nos meus dentes me fazendo o hálito, mel e romãs à minha espera, pombas sem idade nos meus ombros e uma bola amarela boiando no seio imenso da atmosfera, provocando um afago doido nos meus lábios (p. 112-113).

Essa natureza é pródiga no que se oferece à devoração, como o mel e a romã, e as folhas novas são iluminadas por um sol que é um seio imenso. Nela coabitam necessariamente sombra e luz e há "águas de fontes e arrulho de regatos" – o som de pombas, como Ana. Os sinais são de que, nessa terra, em se plantando tudo dá:

e era, Ana a meu lado, tão certo, tão necessário que assim fosse, que eu pensei, na hora fosca que anoitecia, descer ao jardim abandonado da casa velha, vergar o ramo flexível de um arbusto e colher uma flor antiga para os seus joelhos; em vez disso, com mão pesada de camponês, assustando dois cordeiros medrosos escondidos nas suas coxas, corri sem pressa seu ventre humoso, tombei a terra, tracei canteiros, sulquei o chão, semeei petúnias no seu umbigo; e pensei também na minha uretra desapertada como um caule de crisântemo (p. 113).

Se a natureza celebra sua satisfação e oferece-se à devoração, e nisso confunde-se com a figura de Ana, ela pode ser inoculada com a semente de André. Depois da relação hipotética com Deus e com a ovelha sacrificada, ambos substituindo na narração a irmã, André se une agora à natureza por meio de imagens do mundo vegetal. A casa velha é um jardim onde uma flor pode ser colhida. As mãos de camponês de André assustam "dois cordeiros medrosos" nas coxas de Ana, e ao fugir, eles se afastam, franqueando acesso ao ventre humoso e preparado para o cultivo. *Tombar* – verbo do vocabulário específico da lavoura – a terra é preferível ao sinônimo *arar*, pois, ao contrário desse, comporta também o significado de "derrubar" e "fazer cair", isto é, *tombar* pode ter um ser humano como objeto direto. As idas e vindas criam os sulcos e os canteiros em Ana para o cultivo da semente, e após o gozo André pensa na "uretra desapertada como um caule de crisântemo". Imagina então os dois, feito meninos, "espargindo a urina de um contra o corpo do outro", molhando-se, trocando salivas – "e só pensando que nós éramos de terra, e tudo o que havia em nós só germinaria em um com a água que viesse do outro" (p. 113).

TERÇO

A ameaça do ancião de barbas brancas que se esconde nas nuvens é a de que o momento catártico do sexo, em que o mais sagrado e o mais profano se unem na figura de Ana, seja interrompido: "não há paz que não tenha um fim, supremo bem, um termo, nem taça que não tenha um fundo de veneno" (p. 114), diz André. Ao acordar do sono ligeiro e satisfeito, agora é ele quem se vê na armadilha: Ana não está mais lá. Após procurá-la na casa velha e aguardar – na esperança de atender ao pai demonstrando paciência –, André deixa a casa velha. Sem o objeto amado, a natureza transforma-se. Antes fértil e pródiga em águas, ela torna-se indiferente: "os arbustos do antigo jardim, destroçados pelas trepadeiras bravas que os cobriam, tinham se transformado em blocos fantasmagóricos num reino ruidoso de insetos [...] os destroços do jardim em frente não se mexiam no seu sono e os bois naquela hora eram todos de granito, que indiferença, que natureza imunda, nenhum aceno pros meus apelos, que sentimento de impotência!" (p. 115)

Ana está na capela, rezando, "a toalha da mesa do altar cobrindo os seus cabelos", tal uma santa. A capela não é a mesma da infância, clara, mas uma "câmara de bronze" (p. 116), como aquela em que Dânae é presa pelo pai para não gerar o filho que, segundo a profecia, o assassinará. É quase impossível ludibriar o oráculo. Zeus, na forma de chuva de ouro, entra por uma fenda na câmara e um filho é concebido: Perseu, que se tornaria o célebre matador de Medusa, a mais temida das górgonas. No nome de Dânae está contido o nome de Ana, sobre a qual André fará chover líquidos de outra natureza na câmara de bronze que é a capela. Essa câmara apertada é também o *athanor*, forno alquímico onde as metamorfoses da matéria são realizadas.

Base das transformações alquímicas, o princípio da analogia universal permite inclusive a reversibilidade do tempo. Na capela, o "destino usando o tempo [...], revestindo-o de cálculo e indústria, não ia direto ao desfecho" (p. 116). Como André, que por meio de cálculo e indústria, de simulações e encenações na captura das pombas, admite: "também eu complicava os momentos de um trajeto" (p. 117). Essa sinuosidade tipicamente maneirista é a que comanda sua linguagem: nunca é o caso de ser direto, é preferível sempre a dubiedade, capaz de criar no discurso as configurações desejadas, impossíveis no âmbito da clareza do pai. Esse estilo tortuoso é o da agudeza (p. 59 e 119).

A língua coleante, que permite o tipo de relação da qual André se serve para engrolar seu terço profano, é ao mesmo tempo a parte do corpo com que, valendo-se da ambiguidade do signo, ele assedia a irmã que reza para os barros santos da capela: "era a corda do meu poço que eu puxava, caroço por caroço, 'te amo, Ana' 'te amo, Ana' 'te amo, Ana' eu fui dizendo num incêndio alucinado, como quem ora, cheio de sentimentos dúbios, e que gozo intenso açular-lhe a espinha, riscar suas vértebras, espicaçar-lhe a nuca com a mornidão da minha língua" (p. 117-118).

No lugar das contas do objeto de devoção de Ana, o terço metafórico de André é composto de caroços, parte da fruta que contém a semente. Enquanto reza o terço, Ana tem "os olhos presos na imagem do alto iluminada entre duas velas" (p. 116). Já André puxa os caroços de seu terço de um poço, lugar subterrâneo, úmido e escuro. A repetição da declaração "te amo, Ana", sem separação por vírgulas, emula na frase os caroços do terço de André, que nesse instante instiga a irmã com a língua e com a linguagem.

INTEIRO

André, como as outras personagens masculinas de Raduan, trabalha na chave da simulação e não na da espontaneidade. São forjadas tanto a calma quanto a paciência que ele tenta provar usando a versatilidade da razão, fazendo-a servir a intentos contrários às leis familiares. Primeiro, ele tentou "aliciar a casa velha". Agora é a vez de tentar "aliciar e trazer" para o seu lado toda a capela e fazer com que o espaço seja seu cúmplice na corrupção de Ana – e nisso talvez André conte com o determinismo que o leva a relacionar a própria enfermidade ao afeto da família. Aliciar a capela significa dotar sua demanda de uma origem sagrada, por isso ele justifica: "foi um milagre o que aconteceu entre nós" (p. 118).

Em seguida, para tentar trazer a irmã pela segunda vez da imobilidade ao movimento, ele recorre ao estratagema bem-sucedido na casa velha, o da promessa. O que oferece como recompensa é uma expiação pelo labor, e essa promessa não deixa de trazer em seu bojo, como é do feitio desse narrador, um conteúdo erótico. Quando André diz "sei ouvir os apelos da terra em cada momento, sei apaziguá-los quando possível", está sub-repticiamente imputando à natureza – que na analogia universal pode ir desde a cabra Schuda[91] ao irmão caçula, Lula, passando por Ana – a origem de seus apetites. Isso fica ainda mais patente na escolha de um pronome possessivo: "serei exemplar também no trato dos nossos animais, eu que sei me aproximar

---

91   A cabra é, ainda, o prato principal em festas de hospitalidade entre os árabes.

deles, conquistar-lhes a confiança e a doçura do olhar, nutri-los como se deve, preparando o farelo segundo *meu* apetite" (p. 119, grifo nosso). O apetite a que André obedece na hora de alimentar os animais, depois de tê-los conquistado, é o próprio.

Por ter esse tipo de cuidado com o rebanho, André sabe qual é, "entre todos os poços da fazenda, a melhor água pra apagar a veemência da sua sede" (p. 120). Numa espécie de tautologia maliciosa, André promete a Ana expiar o pecado que cometeram repetindo-o, continuando a ser o "mestre das cruzas mais suspeitas", como a que envolve a cabra Schuda. No que diz respeito aos instrumentos do trabalho, também o que importa para André é o corpo: "as orelhas dos martelos, o olho do nível e os dentes do serrote". Isso porque, assim como os espaços aliciados têm o poder de afetar os corpos nele contidos, os instrumentos, na visão do narrador, "além de forjarem a forma acabada das coisas, forjam muitas vezes, para o trabalho, o acabamento da nossa própria vontade" (p. 122). Os objetos também estão submetidos, portanto, à analogia universal.

André embute na enunciação da promessa de adequação ao regime de produtividade familiar, portanto, as recompensas que espera receber, todas ligadas à satisfação do próprio desejo:

mais do que já sei, aprenderei ainda muitas outras tarefas, e serei sempre zeloso no cumprimento de todas elas, sou dedicado e caprichoso no que faço, e farei tudo com alegria, mas pra isso devo ter um bom motivo, quero uma recompensa para o meu trabalho, preciso estar certo de poder apaziguar a minha fome neste pasto exótico, preciso do teu amor, querida irmã, e sei que não exorbito, é justo o que te peço, é a parte que me compete, o quinhão que me cabe, a ração a que tenho direito (p. 124).

Como o boi sempre vai ao cocho e a pomba segue a trilha de farelos, André exige encontrar em casa sua "ração" e apaziguar a fome "neste pasto exótico". As aproximações do corpo da irmã com o pasto e do alimento de André com a ração dos animais fornecem a chave de interpretação das promessas anteriores e das que estão por vir. Ele promete "falar de coisas simples", mas para exemplificar tal tipo de conversa recorre a "um verbo túrgido" e à constatação de "que as últimas chuvas realmente engravidaram as plantações", ou seja, o compromisso de afastar-se do hermetismo é embebido em dubiedade erótica, é simulação.

Em última instância, essa dubiedade denuncia que a promessa de André é muito menos a de adequar-se ao código do pai do que a de converter o pai – e metonimicamente toda a família – ao seu próprio código. Os objetivos que ele declara são exatamente opostos aos que sua narração deixa entrever e que ele efetivamente alcança. Antes de passar às súplicas e às ameaças, em sua última promessa, o pai já aparece sendo convertido:

e, numa noite dessas, depois do jantar, quando as sombras já povoarem as cercanias da casa, e a quietude escura tiver tomado conta da varanda, e o pai na sua gravidade tiver perdido nos seus pensamentos, vou caminhar na sua direção, puxar uma cadeira, me sentar bem perto dele, vou assombrá-lo ainda mais quando puxar sem constrangimento a conversa remota que nunca tivemos; e logo que eu diga 'pai', e antes que eu prossiga tranquilo e resoluto, vou pressentir no seu rosto o júbilo mal contido vazando com a luz dos seus olhos úmidos, e a alegria das suas ideias que se arrumam pressurosas para proclamar que o filho pelo qual se temia já não causa mais temor, que aquele que preocupava já não causa mais preocupação, e, porque fez uso do verbo, aquele que tanto assustava já não causa mais susto algum (p. 126).

As sombras que já cercam a casa anunciam que a mudança no equilíbrio de forças atuantes no texto e na natureza é iminente. Esse espectro vai se mover de um sujeito a outro durante o trajeto rumo ao interior da casa e da família: das sombras ao redor à "quietude escura" da varanda, em seguida a André, que caminha em direção ao pai para "assombrá-lo". Os olhos do pai emitem luz, mas são úmidos. Suas ideias, ainda que diligentes, são "pressurosas", isto é, apressadas ou impacientes, e portanto inadequadas aos próprios ensinamentos.

A comunhão com o pai, que beijaria a testa de André bem no lugar onde antes teria havido a cicatriz, seria a confirmação decisiva de que a demanda do filho por seu "pedaço de luz", sua "porção deste calor", teria sido atendida. Mas o que significa para André receber essa luz? Significa que o código familiar (a omissão do adjunto adnominal "de conduta" é intencional, para que o código referido possa ser, além desse, o sistema de signos que permite a comunicação entre indivíduos) enfim contempla a expressão e a realização de seus desejos: "é tudo do que necessito pra te dar no mesmo instante minha alma lúcida, meu corpo luminoso e meus olhos cheios de um brilho novo; só de pensar,

148

Ana, minha taça já transborda, já sinto uma força poderosa nos músculos" (p. 127).

O vislumbre das delícias da comunhão provocam efeitos no corpo e no código. André passa a imaginar outra cena de sexo com Ana, ao mesmo tempo fusão com a natureza, que os convida "com insistência a deitar no ventre fofo das campinas [...] debaixo de um céu arcaico", os dentes tingidos "com o sangue das amoras" (p. 128). O céu arcaico é o de um tempo anterior à lei, em que era permitido deitar-se no ventre das campinas e das campônias, termo com que André se refere algumas vezes à irmã. Como a imaginação do gozo já começa a dominar seu corpo e sua linguagem, sem que as promessas tenham surtido o efeito de reanimá-la, ele passa às súplicas.

Primeiro, elas versam sobre a culpa que pode estar impedindo a irmã de ceder. Citando os versos extraídos do *canto primeiro*, XXII, de *Invenção de Orfeu*, obra de Jorge de Lima que fornece a epígrafe à primeira parte de *Lavoura Arcaica*, André afirma que aquilo que eles sentem é de sua natureza, a natureza herdada da mãe:

entenda, Ana, que a mãe não gerou só os filhos quando povoou a casa, fomos embebidos no mais fino caldo dos nossos pomares, enrolados em mel transparente de abelhas verdadeiras, e, entre tantos aromas esfregados em nossa pele, fomos entorpecidos pelo mazar suave das laranjeiras; *que culpa temos nós dessa planta da infância, de sua sedução, de seu viço e constância?* que culpa temos nós se fomos atingidos pelo vírus fatal dos afagos desmedidos? que culpa temos nós se tantas folhas tenras escondiam a haste mórbida desta rama? que culpa temos nós se fomos acertados para cair na trama desta armadilha? (p. 129, grifo nosso)

Segundo Lemos, os versos "que culpa temos nós dessa planta da infância / de sua sedução, de viço e constância" trazem a ideia de uma fusão entre o homem e a natureza similar ao ato sexual, estado de comunhão com a mãe-terra do qual não se pretende sair[92]. Seguindo ainda com ela, vemos que é por conta dessa ideia que André retoma os versos de Jorge de Lima durante o encontro com Ana, isto é, por não querer aceitar o desmembramento e a fragmentação:

92 M.J.C. Lemos, op. cit., p. 187.

GEOMETRIA BARROCA DO DESTINO

André, como Orfeu ou Adão, não aceita a experiência da queda, seguindo o tema religioso do homem decaído, condenado à infelicidade, à privação e ao trabalho, submisso aos infortúnios do tempo. Ele é o herói que desafia a ordem das coisas, quer instalar um outro tempo, desafiando e se servindo ao mesmo tempo do destino, mas esperando que talvez a "sublime Visão regeneradora do Amor" logrará acalmar sua fúria, fazê-lo aceitar a queda, compreendida como impossibilidade de um retorno integral.[93]

Porém, o retorno do narrador à terra-mãe, num tempo de oposições tão marcadas, tempo de heterogeneidade, não pode nunca ser completo, pois a sexualidade traz em si a degradação do paraíso infantil[94]. Desse modo, a diferença entre os dois autores seria, na visão de Lemos, que em Raduan Nassar haveria uma desconfiança no poder transfigurador da linguagem, e disso adviria o fato de os narradores criados pelo romancista, como André e o chacareiro de *Um Copo de Cólera*, incluírem em seus enunciados não só o desejo de retorno, mas também sua impossibilidade e seu fracasso[95].

O caráter líquido do desejo que não se adapta às convenções, metaforizado por André em elementos da natureza como o caldo das frutas e o mel, vem portanto da mãe, confundida com a terra. As folhas da natureza e dos códigos escondem o sexo, a haste. Após apelar à culpa, as súplicas recorrem à cumplicidade, baseada na antiga unidade de corpos e almas cujo substrato é a teoria platônica do andrógino (p. 87). André espera ver os sinais da concordância de Ana, ainda que reticentes, sobretudo nas extremidades do corpo, mais aptas do que os órgãos mais nobres a abalar a forma perfeita do mundo: "me basta um aceno *leve* da cabeça, um sinal na *ponta* dos teus ombros, um movimento na *sobra* dos cabelos, ou, na *sola* dos teus pés, uma *ligeira* contração em suas dobras" (p. 130, grifo nosso).

93 Ibidem, p. 188. (Tradução nossa.)
94 L. Perrone-Moisés, op. cit., p. 65.
95 M.J.C. Lemos, op. cit., p. 189.

III

TAXONOMIA

Desde a publicação do romance, a crítica destacou sua filiação à parábola bíblica do filho pródigo. Em sua tese, Luciana Wrege Rassier constrói uma genealogia bastante completa das diferentes interpretações da relação do romance com essa e outra parábola bíblica, como a da ovelha perdida, da dracma perdida e do semeador[96]. Todas, *grosso modo*, sobre algo ou alguém considerado extraviado ou perdido e que renasce ou retorna ao pastor, à família, à Igreja ou a Deus. O filho pródigo é aquele que deixa a casa do pai com a parte dos bens familiares que lhe cabem e, após ter dilapidado tudo numa vida dissoluta e ter sido obrigado a trabalhar como guardador de porcos, volta arrependido. O pai o recebe com o perdão e uma festa, o que desagrada o irmão mais velho, que sempre viveu de forma regrada. O pai então lhe diz que eles devem alegrar-se "porque este meu filho estava morto e reviveu; tinha-se perdido e foi achado. E começaram a alegrar-se"[97].

A partir do sobrevoo pelos textos críticos que trataram da relação de André com a personagem da parábola do filho pródigo, tanto Lemos quanto Rassier concluem que o destaque mais frequente é para os traços discordantes: no evangelho, o filho retorna espontaneamente, no romance, conduzido pelo irmão; naquele, retorna humilde e submisso, nesse, pouco disposto a submeter-se às leis do pai[98]. O diálogo maior de Raduan é estabelecido não com o evangelho de *Lucas*, mas com a recriação da parábola feita por André Gide, algo que Raduan Nassar confirmou em entrevista. Nos dois textos, a expectativa de realização de uma vida para além das fronteiras da casa é transferida pelo filho que volta para o irmão caçula. A subversão mais importante do filho pródigo de Nassar em relação ao de Gide seria "não apenas aquela ligada ao fato de ele não se resignar, mas também seu projeto de se reintegrar ao universo familiar não por se deixar

---

96 L.W. Rassier, op. cit., p. 73.

97 *Lucas* 15, 24.

98 M.J.C. Lemos, op. cit., p. 238: "O filho pródigo da *Bíblia* se arrepende e retorna submisso, o filho pródigo gideano retorna vencido e dissimulado, meio submisso, enquanto André retorna ainda mais obstinado, pronto a combater a lei paterna."

absorver pela coletividade, mas, ao contrário, por impor à família seus desejos e sua oposição à homogeneização representada pela submissão à lei"[99].

Quando as súplicas de André a Ana na capela não fazem efeito, na admissão de seu fracasso, ele revela a consciência de que os objetivos ascéticos visíveis em suas tentativas eram apenas disfarces de uma vontade mais conforme ao rés do chão: "estava claro também que eu esgotava todos os recursos com um propósito suspeito: ficar com a alma leve, disponível, que ameaças, quantos perigos!" (p. 130) Ficar com a alma leve, disponível, é livrar-se do peso do desejo represado. É, literal e simbolicamente, gozar. Para fazer a irmã ceder, seu último recurso é a ameaça. Sem os disfarces, o que elas deixam ver é "a clarividência de um presságio escuro" em que é possível ouvir "balidos de uma ovelha tresmalhada correndo num prado vermelho" (p. 131), e nisso uma nova relação com as parábolas bíblicas é estabelecida. Nesse trecho, porém, é provável que a ovelha tresmalhada do presságio seja não André, mas Ana – o que não invalida de modo algum as demais aproximações feitas nesta ou em outras pesquisas. Nesse caso, o pastor que perdeu a ovelha de seu rebanho é não o pai, mas André.

Vários fatores nos levam a essa constatação. Primeiro, o fato de André apropriar-se ao longo de toda a narração do papel de guardador de rebanhos. O pai é tratado sempre como proprietário do rebanho, nunca como pastor. Essa apropriação é ela também baseada num substrato bíblico, o da perícope do Bom Pastor. Segundo, a reação de André e dos outros membros da família ao assassinato de Ana, cujo sangue tinge o prado de vermelho. O crime extrai "balidos estrangulados" da mãe e dos irmãos, mas provoca em André apenas o silêncio: "Meu pai atingiu com um só golpe a dançarina oriental (que vermelho mais pressuposto, que silêncio mais cavo, que frieza mais torpe nos meus olhos!), não teria a mesma gravidade se uma ovelha se inflamasse, ou se outro membro qualquer do rebanho caísse exasperado." (p. 191)

A ovelha perdida que corre pelo prado vermelho nas ameaças de André só pode ser, portanto, a irmã, que se recusa agora a fazer parte do rebanho ao qual esse pastor dedica seus cuidados

---

99 Ibidem, p. 88.

sexuais. Assim, a retaliação de André pela recusa da irmã é cumprida pelas mãos do pai. Segundo o vaticínio de André, a tragédia se dará num momento de mistura de luz e sombras: "não era dia e nem era noite, era um tempo que se dissolvia entre cão e lobo" (p. 131). "Entre Cão e Lobo" é o título da primeira seção de *Claro Enigma*, sexto livro de poemas de Carlos Drummond de Andrade.

O título dessa seção, nota Francisco Achcar, alude às constelações do Lobo e do Cão e foi emprestado de um poema de Mário de Sá Carneiro. "Entre lobo e cão é o momento do crepúsculo, a descida da noite, que já não permite distinguir entre os dois animais."[100] Ao analisar a expressão destacada por Drummond, Vagner Camilo ressalta a íntima relação entre o cão e a figura do melancólico. O símbolo do lobo, completa, significa, entre outras coisas, a dignidade diante da morte, cujo pressentimento ou pré-consciência vem encarnada no simbolismo de ambos os animais, cachorro e lobo[101].

Uma vivência angustiante do tempo como a do melancólico, cuja postura o pai prescreve a André no romance, será causa de uma morte num momento de indefinição entre luz e sombra, entre cão e lobo – o primeiro, animal domesticado e terno, o segundo, selvagem e indiferente à morte. É entre esses dois polos que oscila a retórica de André na tentativa de convencer a irmã. A domesticação e a ternura do cão ou a selvageria e a indiferença do lobo, eis o que ele oferece como promessa e ameaça, respectivamente. Mais do que a escolha de um polo, o que parece estar em jogo nesse narrador é a possibilidade de ser cão e lobo conforme a conveniência ou ao mesmo tempo, postura que é como uma sentença de morte das taxonomias: "neste mundo de imperfeições, tão precário, onde a melhor verdade não consegue transpor os limites da confusão, contentemo-nos com as ferramentas espontâneas que podem ser usadas para forjar nossa união: o segredo contumaz, mesclado pela mentira sorrateira e pelos laivos de um sutil cinismo; afinal, o equilíbrio, de que fala o pai, vale para tudo, nunca foi sabedoria exceder-se na virtude" (p. 131-132).

Tanto na forma como no fundo, essa cruzada anticlassificatória é levada a cabo. No fundo: a verdade não consegue transpor

---

100 F. Achcar, *Carlos Drummond de Andrade*, p. 72.
101 Para chegar a essa relação, Camilo fundamenta-se em análise que Benjamin faz de *Melancolia*, de Dürer.

os limites da confusão. Na forma: essa confusão é criada pela aproximação de substantivos e adjetivos de sentidos conflitantes. As ferramentas, instrumentos ou utensílios do âmbito da produtividade, frutos da indústria e do engenho humanos, são utilizados por André para um fim "forjado" e resultante da "mentira" e do "cinismo". Apesar disso, elas são qualificadas como espontâneas, isto é, sinceras ou naturais. O cinismo ("do grego *kynismós*, 'referente ou semelhante ao cão'"), apesar de implicar em falta de vergonha, atrevimento e obscenidade – atributos que só fazem sentido no mostrar-se –, aqui é sutil, quase imperceptível.

André alega à irmã, subvertendo mais uma vez o discurso paterno, que o equilíbrio pressupõe a existência de elementos contrários e de mesmo peso, inclusive se o que está em questão é a virtude. A virtude excessiva ameaça o equilíbrio, e a razão, que é "pródiga, corta em qualquer direção, consente qualquer atalho", pode justificar igualmente a opção por qualquer um dos lados. Nessa apologia de um perspectivismo conveniente à sua fruição erótica, André defende um estado de natureza em que o ser, representado metonimicamente pelos olhos, possa experimentar o mundo sem a mediação da cultura, sem filtros de qualquer espécie.

Repleto de malabarismos retóricos, o apelo de André, ao falar dos olhos, clama por despojá-los de "artifícios, das lentes de aumento e das cores tormentosas de outros vidros só usando com simplicidade sua água lúcida e transparente" (p. 132). Isto é, deprecia a mediação que lhe seria desfavorável. A cultura da qual ele pretende se livrar é a que proíbe a relação sexual entre irmãos, e seu argumento contrário a ela aparenta embutir uma negativa das hipóteses psicanalíticas ou antropológicas sobre as origens do horror ao incesto, relacionadas a mecanismos inconscientes de mitigação de riscos sociais, psíquicos ou biológicos. Se essa negativa existe, o trecho que a contém traz um dos raros pontos de diálogo explícito com elementos exteriores a seu universo atemporal e desterritorializado. Esse diálogo talvez possa ser visto como ruído num romance tão coeso, uma vez que as objeções das ciências humanas e biológicas às quais André parece responder jamais foram ou serão formuladas: "não há então como ver na singularidade do nosso amor manifestação de egoísmo, conspurcação dos costumes ou ameaça à espécie; nem nos preocupemos com tais nugas, querida Ana, é tudo tão frágil que basta um gesto

154

supérfluo para afastarmos de perto o curador impertinente das virtudes coletivas" (p. 132).

Em seguida, o narrador faz outro comentário, agora de ordem política, a um elemento aparentemente exterior à intriga, e em que é possível ver uma alusão ao contexto de produção do romance:

e que guardião da ordem é este? aprumado na postura, é fácil surpreen-dê-lo piscando o olho com malícia, chamando nossa atenção não se sabe se pro porrete desenvolto que vai na direita, ou se pra esquerda lasciva que vai no bolso; ignoremos pois o edital empertigado deste fariseu, seria fraqueza sermos arrolados por tão anacrônica hipocrisia, afinal, que cama é mais limpa do que a palha enxuta do nosso ninho? (p. 132-133)

O narrador, sob o disfarce da figura do pai, curador imperti-nente das virtudes coletivas, cita de passagem o contexto político e social brasileiro dos anos 1960 e 1970, fortemente polarizado em torno da ditadura civil-militar. De um lado, "o porrete desenvolto que vai na direita", sem pudor em usar a força por ter como lastro o Estado detentor do monopólio da violência. De outro, a "esquerda lasciva que vai no bolso", clandestina e mais bem-sucedida em campos como a cultura, a arte, a mudança de costumes e a libe-ração sexual do que no combate armado. O "guardião da ordem" que os atrai para um desses lados, colocando-se a favor das opo-sições simplificadoras, deve ser ignorado, pois essa divisão, além de maniqueísta, é, segundo André, "anacrônica hipocrisia".

CENTAURO

Tão rapidamente quanto começa, esse desvio da narração para fora do universo rural e atemporal do romance termina, e André retorna à comunhão obscena com a irmã: "e eu endurecia sem demora os músculos para abrir minha picada, a barra dos meus braços e o ferro dos meus punhos, golpeando a mata inóspita no gume do meu facão, riscando o chão na agulha da minha espora, dispensando a velha trena mas fincando os pontaletes, afilando meus nervos como se afilasse a ponta de um lápis" (p. 133).

Os músculos endurecidos são os do pênis, sentido reiterado em: "picada", uma passagem aberta no mato, mas que esconde o termo chulo *pica*; "barra", "ferro", "facão", "agulha", "pontaletes",

GEOMETRIA BARROCA DO DESTINO 155

"lápis" são objetos que tanto na forma quanto na rigidez podem ser metáforas do órgão sexual, ainda mais na companhia de uma "mata inóspita", alusão aos pelos pubianos, e dos verbos *fincar* e *golpear*. Esses preparativos no corpo apontam para o momento do gozo como o da superação das dicotomias, que no romance só pode ser atingida por meio daquilo que André não cessa de mobilizar: o mascaramento, o teatro, o deboche: "como vítimas da ordem, insisto em que não temos outra escolha, se quisermos escapar ao fogo deste conflito: forjarmos tranquilamente nossas máscaras, desenhando uma ponta de escárnio na borra rubra que faz a boca; e, como resposta à divisão em anverso e reverso, apelemos inclusive para o deboche, passando o dedo untado na brecha do universo" (p. 133-134).

Se tudo deve ser dividido em partes opostas; se é preciso haver claridade e escuridão, alto e baixo; se em todo corpo devem estar distantes cabeça e pés, boca e ânus; se a analogia universal permite que toda estrutura possa ser vista como um corpo, então o universo deve ele também possuir uma parte menos nobre, baixa, escura e ligada ao que é abjeto. É essa parte que, beneficiando-se das falsas dicotomias, André vai sugerir perverter com o dedo untado: a brecha, o ânus do universo.

Perverter as oposições simplificadoras por meio das reversões, privilegiando os oximoros e a mistura das diferenças sem extinção das singularidades – "as flores vicejam nos charcos" – é característica daqueles que, como o narrador, creem numa "geometria barroca do destino" (p. 134). A sodomia cósmica que ele prevê em seu deboche tem relação com a barganha oferecida a Ana, a de aceitar o sexo mesmo sem fins reprodutivos: "de minha parte, abro mão inclusive dos filhos que teríamos, mas, na casa velha, quero gozar em dobro as delícias deste amor clandestino" (p. 134).

A escalada obscena passa, a partir daí, a contaminar mais e mais a linguagem, e as metamorfoses aceleram. André sente o "sangue súbito e virulento, salivado prontamente pela volúpia do ímpio" (p. 135). O corpo nas proximidades da transgressão erótica expele seus líquidos:

eu tinha gordura nos meus olhos, uma fuligem negra se misturava ao azeite grosso, era uma pasta escura me cobrindo a vista, era a imaginação mais lúbrica me subindo num só jorro, e minhas mãos cheias de febre que desfaziam os botões violentos da camisa, descendo logo pela

156

braguilha, reencontravam altivamente sua vocação primitiva, já eram as mãos remotas do assassino, revertendo com segurança as regras de um jogo imundo, liberando-se para a doçura do crime (que orgias!), vasculhando os oratórios em busca da carne e do sangue, mergulhando a hóstia anêmica no cálice do meu vinho, riscando com as unhas, nos vasos, a brandura dos lírios, imprimindo o meu dígito na castidade deste pergaminho, perseguindo nos nichos a lascívia dos santos (que recato nesta virgem com faces de carmim! que bicadas no meu fígado!), me perdendo numa neblina de incenso para celebrar o demônio que eu tinha diante de mim (p. 135).

A vocação primitiva que as mãos de André reencontram é a de assassinar o pai da horda para possuir sexualmente sua filha[102], é a de Caim (ver p. 84 e 96). Os comentários entre parênteses destacam do tempo dos acontecimentos o gozo resultante da narração, como arrepios gráficos no corpo do texto. Eles surgem, nesse trecho como em outros, sempre que a lubricidade toma conta do *eu* que narra. Reverter "as regras de um jogo imundo" é, nesse instante, perverter a Eucaristia. A carne de Cristo, "Eu sou o pão vivo que desceu do céu; se alguém comer desse pão, viverá para sempre; e o pão que eu der é a minha carne, que eu darei pela vida do mundo"[103], é absorvida pelo fiel para perpetuar o sacrifício do cordeiro de Deus que tira os pecados do mundo. A hóstia, na narração de um "ímpio" como André, é anêmica, desprovida de sangue e pálida, como Ana paralisada em suas orações. O sangue, o vinho, o líquido em que essa hóstia é mergulhada jorra de André, realizador de uma transubstanciação, digamos, bastante profana. A comunhão rebaixada, possível não para aqueles livres de pecados, mas para seus portadores, pretende impor que um corpo – não mais o de Cristo, mas o de Ana – ofereça-se para ser recebido pelo pecador. O que há em comum entre a eucaristia de André e a Eucaristia sagrada é que ambas estão ligadas a um sacrifício: na sagrada, a comunhão é sua repetição e por isso lhe é posterior; na do romance, a comunhão é sua causa, portanto lhe é anterior.

Além dessa, há no trecho acima outra subversão a uma entidade divina, mas agora pagã. Ao relacionar a punição de Prometeu – Zeus o prende a um rochedo e uma águia bica diariamente

---

102 Ver o capítulo 4 de S. Freud, *Totem e Tabu*, em *As Obras Completas*, v. 11.
103 *João* 6, 51.

GEOMETRIA BARROCA DO DESTINO

seu fígado, que então se regenera – ao que sente diante da "virgem de faces de carmim" (p. 135), André ressalta o sofrimento existente na experiência de um tempo cíclico e avesso à novidade como o imposto pelo pai. O desejo causado pela irmã é sua águia. No mito grego, tempos depois de libertado, Prometeu recebe do centauro Quíron uma proposta. Ferido por Héracles, também o assassino da águia que torturava Prometeu, o imortal Quíron deseja morrer porque não suportava a dor. Oferece-se, então, para permanecer acorrentado ao Cáucaso no lugar de Prometeu, e em troca lhe pede sua condição de mortal. A mortalidade, fuga de um tempo estático e que não cessa de se repetir, passa a ser, portanto, a condição do centauro, e Prometeu torna-se imortal.

Analogamente, a fuga de André do tempo cíclico da família se dá, na cena, por meio de uma lubricidade que lhe confere "patas sagitárias" e "cascos", ou seja, transforma-o em centauro. Prometeu, como era comum às divindades descendentes da Terra, possuía dons de adivinho. André, da linhagem da mãe, associada à natureza, à terra, tem também esse dom ("me senti profeta da minha própria história") e antecipa os eventos por vir de forma cifrada, oculta. Prometeu foi punido por ter roubado o fogo a Zeus para dá-lo aos humanos. André, com as leis tomadas do pai, numa inversão da intenção benigna de Prometeu, pretende "incendiar o mundo":

"tenho sede, Ana, quero beber" eu disse já coberto de queimaduras, eu era inteiro um lastro em carne viva: "não tenho culpa desta chaga, deste cancro, desta ferida, não tenho culpa deste espinho, não tenho culpa desta intumescência, deste inchaço, desta purulência, não tenho culpa deste osso túrgido, e nem da gosma que vaza pelos meus poros, e nem deste visgo recôndito e maldito, não tenho culpa deste sol florido, desta chama alucinada, não tenho culpa do meu delírio: uma conta do teu rosário para a minha paixão, duas contas para os meus testículos, todas as contas deste cordão para os meus olhos, dez terços bem rezados para o irmão acometido!" (p. 135-136)

Tomado por um furor herético, uma vez que atribui aos sermões do pai a rejeição de Ana e sua impassibilidade fervorosa, André passa em revista, como quem segue as contas de um terço, um por um, os elos da cadeia metafórica que comanda toda sua narração: a enfermidade em "chaga", "cancro" e "ferida"; o motivo vegetal em "espinho", que introduz ainda a manifestação do desejo no corpo como sintoma ameaçador da enfermidade, essa por sua vez presente em "intumescência", "inchaço" e "purulência"; nessa última, também o componente úmido, líquido ou viscoso, visível em "gosma que vaza", "visgo recôndito e maldito" e "osso túrgido"; este último, além da umidade, comporta a ancestralidade lúbrica; "o sol florido" vai unir o motivo vegetal ao do calor, do incêndio, que existe ainda em "chama alucinada"; e esta, por fim, associa a temperatura à loucura, ao "delírio". André repete esse percurso de outra maneira em seguida, quando, acrescentando o elo do sagrado à cadeia, dedica a oração da irmã, primeiro, à própria paixão; em seguida ao próprio corpo, esboçado em duas partes: o desejo nos testículos, a enfermidade nos olhos; e, enfim, tudo isso reunido no "irmão acometido". A repetição na narração equivale a gesto similar no corpo, e André masturba--se diante da irmã:

e fui largando minha baba com fervor, eu que vinha correndo as mãos na minha pele exasperada, devassando meu corpo adolescente, fazendo surgir da flora meiga do púbis, num ímpeto cheio de caprichos e de engenhos, o meu falo soberbo, resoluto, um pouco abaixo, entre a costura das virilhas, penso, me enchendo a palma, o saco tosco do meu escroto que protegia a fonte primordial de todos meus tormentos, enquanto ia oferecendo religiosamente para a irmã o alimento denso do seu avesso, mas Ana continuava impassível, tinha os olhos definitivamente perdidos na santidade, ela era, debaixo da luz quente das velas, uma fria imagem de gesso (p. 136).

Num ímpeto cheio de "caprichos", isto é, de vontades que talvez pouco ou nada se devam às razões contidas nas promessas, súplicas ou ameaças, todas elas forjadas por meio de "engenhos" discursivos, o falo, uma vez que é haste e caule, destaca-se da "flora meiga do púbis". A "fonte primordial" dos tormentos de André, ele revela, é aquilo que seu escroto contém: o desejo represado na forma de sêmen, baba que ele vai oferecer "religiosamente" à irmã, subvertendo o terço. André, avesso ou face decaída da irmã, oferece-lhe a alvura do "alimento denso", viscoso como a cera das velas, que lhe empresta o aspecto de figura de gesso.

COXO

Nem com isso, porém, André logra vencer a impassibilidade de Ana. Seus "requintes de alquimista" possibilitaram reversões na natureza, no corpo e na linguagem. Agora, ele promete como punição fazê-los trabalhar a favor da infertilidade e plantar no olhar "uma semente que não germina". Esse olhar põe em risco toda a vida, seja ela vegetal ou animal. A praga com que ele ameaça a família é tanto a que ataca animais e plantas quanto a que ele próprio produz no discurso, é imprecação, maldição. Tomado por uma "surda cólera cinzenta", André oscila vertiginosamente para o baixo, alistando-se nas fileiras do opositor do Deus a quem ora a irmã santa:

amar e ser amado era tudo o que eu queria, mas fui jogado à margem sem consulta, fui amputado, já faço parte da escória, vou me entregar de corpo e alma à doce vertigem de quem se considera, na primeira força da idade, um homem simplesmente acabado [...]; pertenço como nunca desde agora a essa insólita confraria [...] dos aleijões com cara de assassino que descendem de Caim [...] dos que trazem um sinal na testa, essa longínqua cicatriz de cinza dos marcados pela santa inveja, dos sedentos de igualdade e de justiça, dos que cedo ou tarde acabam se ajoelhando no altar escuso do Maligno (p. 138).

A cicatriz, que em "O Ventre Seco" e *Um Copo de Cólera* era "estigma no rosto dos grandes indiferentes", é reivindicada por André como marca dos "sedentos de igualdade e de justiça". Apesar do verniz nobre com que o narrador a pinta, a justiça e a igualdade de que ele tem sede o são apenas na perspectiva de sua igreja particular. Por ser a marca daquele que se preocupa somente com a própria satisfação, a cicatriz de André passa a ter em comum com a das personagens de outras obras do autor a indiferença. Talvez o que esteja em jogo nesse caso seja, em termos freudianos, o investimento libidinal num objeto – Ana – para que André possa amá-lo como ele próprio foi amado pela mãe na infância[104].

Essa autossuficiência indiferente representada pelo sinal na testa de André seria, desse modo, de fundo narcísico: "amar e ser amado era tudo o que eu queria", diz ele. Alguém que ama

---

104 S. Freud, *Obras Completas*, v. 12, p. 46.

perdeu, diz Freud, uma parte de seu narcisismo, e apenas sendo amado pode reavê-la[105]. A rejeição de Ana afastaria André da possibilidade de reconhecer-se a partir da imagem do próprio corpo erotizado pelo olhar do outro[106], algo que o afeto da mãe era capaz de realizar. "Ser novamente o próprio ideal, também no tocante às tendências sexuais, tal como na infância – eis o que as pessoas desejam obter, como sua felicidade."[107]

André pertence à linhagem de Caim. Por ter sua oferenda rejeitada por Deus, Caim assassina o irmão, Abel, cuja oferenda foi aceita. O primeiro homicida da humanidade ofereceu frutos da terra; a primeira vítima, o sacrifício de uma ovelha. No romance, ao denunciar o incesto, Pedro entrega ao pai uma ovelha, Ana, em sacrifício. André pode alimentar, assim, a inveja da predileção do pai por Pedro, assim como, aos olhos de Caim, o Pai preferira Abel. Como revanche, André ameaça fazer "despojadas oferendas" ao Maligno. Oferece, entre outras coisas: "uma posta de peixe alva e fria", isto é, sem a vermelhidão da carne e do sangue quente da ovelha, que deve ser derramado no sacrifício ao deus cristão; "uvas pretas de uma parreira na decrepitude", ou seja, o fruto não em seu vigor, e sim numa condição que o impede de servir de alimento e de tornar-se vinho; e "as cordas mudas de um alaúde", outra metáfora daquilo que não pode gerar satisfação (p. 138).

Das características do Diabo – "o artífice do rabisco, o desenhista provecto do garrancho, o artesão que trabalha em cima dos restos de vida", como as frutas apodrecidas ou já consumidas até o caroço –, a que André vai convocar com suas oferendas é a de "propulsor das mudanças", pois assim ele pode se contrapor ao Deus das repetições:

ele, o propulsor das mudanças, nos impelindo com seus sussurros contra a corrente, nos arranhando os tímpanos com seu sopro áspero e quente, nos seduzindo contra a solidez precária da ordem, este edifício de pedra cuja estrutura de ferro é sempre erguida, não importa a arquitetura, sobre os ombros ulcerados dos que gemem, ele, o primeiro, o único, o soberano, não passando o teu Deus bondoso (antes discriminador, piolhento e vingativo) de um vassalo, de um subalterno, de um promulgador de tábuas

---

105 Ibidem.
106 Desejo análogo ao do chacareiro em relação à mulher. Cf. *Um Copo de Cólera*, p. 42.
107 S. Freud, *Obras Completas*, v. 12, p. 48.

insuficiente, incapaz de perceber que suas leis são a lenha resinosa que alimenta a constância do Fogo Eterno! (p. 138-139)

Na origem do que possa haver de maligno, como o incesto ou o assassinato, André situa justamente o sagrado, atribuindo não aos homens, mas a Deus, um "pecado original", o de ser discriminador e vingativo e ter preferido Abel e punido Caim. Blasfêmia, violência, temperatura e excitação erótica, partes de uma mesma cosmogonia na ciência do narrador, elevam-se de teor sempre em conjunto. Por isso, o Fogo Eterno no discurso é também incêndio no corpo de André, que se aproxima novamente de um gozo de feições criminosas: "não basta o jato da minha cusparada, contenha este incêndio enquanto é tempo, já me sobe uma nova onda, já me queima uma nova chama, já sinto ímpetos de empalar teus santos, de varar teus anjos tenros, de dar uma dentada no coração de Cristo!" (p. 139)

Religioso, sexual e colérico, o êxtase direciona a atenção do narrador para as imagens da capela, que como é costume em obras sacras reúnem nudez mal disfarçada por véus e martírios. A excitação chega ao ápice: "e eu já corria embalado de novo na carreira, me antecipando numa santa fúria, me cobrindo de bolhas de torso a dorso, babando o caldo pardo das urtigas, sangrando a suculência do meu cactus, afiando meus caninos pra sorver o licor rosado dos meninos, profanando aos berros o tabernáculo da família (que turbulência na cabeça, que confusão, quantos cacos, que atropelos na minha língua!)" (p. 139).

O gozo pela narração – os "atropelos na língua" – é revelado pelos parênteses, como se, do corpo do texto, algo fosse expelido. As repetições sonoras em "corria" e "carreira", "torso a dorso", "caldo" e "pardo", "sangrando", "afiando" e "profanando" e "caninos" e "meninos" criam um ritmo que é o da masturbação, metaforizada no caldo das urtigas, na suculência do cactus, no "licor rosado". Nada disso, porém, adianta: Ana foge da capela. André transtornado repete "estou morrendo" à irmã que já não está mais lá, enquanto ouve "um coro de vozes esquisito, e um gemido puxado de uma trompa, e um martelar ritmado de bigorna, e um arrastar de ferros, e surdas gargalhadas" (p. 140). O coro de vozes esquisito é o formado pelas irmãs, o mesmo que André previu que iria recebê-lo com gritos de "traz o demônio

162

no corpo". Durante o gozo, André outra vez antecipa o desfecho trágico anunciado também pelo "gemido puxado de uma trompa".

Na cena do assassinato, os primeiros gemidos surgem "como de um parto, um vagido primitivo". As trompas podem, então, ser as do aparelho reprodutor da mãe. Podem também ser as trombetas que se calaram em *Tiestes*, de Sêneca. A peça latina, inspirada na mitologia grega (a tragédia de Sófocles de mesmo nome se perdeu), conta a história do rei de Micenas, Atreu. Ao procurar em seu rebanho o melhor cordeiro para oferecê-lo em sacrifício a Ártemis, o rei descobre um espécime com velo de ouro e esconde-o. Seu irmão Tiestes apodera-se do animal por meio de Aérope, sua amante e mulher de Atreu. Na disputa pela coroa com o irmão, sem saber do roubo, Atreu sugere que seja considerado rei aquele que possuir o animal com velo de ouro, e Tiestes é eleito.

Zeus, porém, intervém por intermédio de Hermes a favor de Atreu e sugere outro critério: se o sol alterasse seu percurso no céu, Atreu seria o coroado. E assim a disputa é realizada. O prodígio ocorre e o sol se põe no oriente. Atreu, coroado rei, expulsa o irmão e descobre a traição e o roubo. Finge uma reconciliação e o convida para um banquete. O canto do coro celebra essa reconciliação:

CORO: Quem poderá acreditar? O fero e cruel Atreu,
impotente para se manter desumano,
prostrou-se estupefacto na cara do irmão.
Não há maior força que a da sincera piedade.
[...]
Enfim sucumbiram as ameaças coléricas do ferro;
enfim se silencia o rugido penoso das trombetas de guerra;
enfim se cala o ruído do clarim retumbante:
uma sublime paz regressou à feliz cidade.[108]

Depois do banquete, porém, Atreu revela ter servido ao irmão uma refeição preparada com a carne dos sobrinhos, filhos de Tiestes.

Na obra de Raduan Nassar, Pedro acredita, em relação ao retorno de André, que "havia mais força no perdão do que na ofensa", convicção semelhante à do coro de Sêneca e exposta no

---

108 R.N. Lopes, O Papel do Coro no *Tiestes* de Séneca, *Boletim de Estudos Clássicos*, n. 46, p. 97.

GEOMETRIA BARROCA DO DESTINO   163

último verso da primeira estrofe destacada. Como na tragédia, no romance a disputa se dá em torno de um animal para sacrifício. No texto latino, o de velo de ouro; no romance brasileiro, Ana. No texto latino, o cordeiro é poupado por aquele que ocupará o lugar de rei; no romance brasileiro, ele é sacrificado por aquele que ocupa esse lugar, o pai. Em ambos os casos, ainda, o crime é determinado por uma linhagem. Os protagonistas da tragédia latina descendem do rei Tântalo, que, por ter servido aos deuses uma refeição preparada com o corpo do próprio filho, foi punido com o suplício de uma tentação eternamente insatisfeita: vive com sede e fome terríveis pois, apesar do vale do Tártaro onde cumpre sua pena estar repleto de água e frutos, tudo se afasta quando ele se aproxima. André, como Tântalo, é portador da maldição de uma linhagem, a de Caim, e por isso está condenado a não saciar a fome e a sede no corpo da irmã. Se os signos do sexo, da devoração e da violência misturam-se, por fim é possível dizer que ao pai é simbolicamente oferecida, na cena da dança, a carne de um de seus filhos, Ana.

Outra traição da mitologia é relembrada nas palavras de André logo após o gemido das trompas. O narrador, prostrado após a partida súbita de Ana, afirma ouvir "um martelar ritmado de bigorna, e um arrastar de ferros, e surdas gargalhadas" (p. 140). Quem martela a bigorna e trabalha com ferros, no panteão grego, é Hefesto[109], o coxo deus dos metais e da metalurgia, senhor do elemento ígneo. Sua mulher, Afrodite, é flagrada por Hélio, o sol, na companhia do deus da guerra, Ares. Alertado por Hélio, o deus coxo forja uma rede invisível e a coloca à volta da cama da mulher. Quando se deitam, os amantes são imobilizados pela rede. Hefesto convoca então todos os demais deuses para vê-los e liberta Afrodite, que foge. Ao ver tal cena, os deuses são tomados de um riso inextinguível.

O martelar na bigorna, o arrastar de ferros e as surdas gargalhadas que André afirma ouvir no vaticínio do assassinato da irmã convocam a traição, frequente na mitologia, para o interior do romance. Pedro trai o irmão quando conta ao pai que os irmãos foram amantes. Ana trai André com sua rejeição. O pai trai os próprios preceitos. Assim como os espectadores da punição forjada por Hefesto, André assiste à punição de Pedro, de Ana e de

---

109 Ver o uso da figura do mesmo deus no conto "Menina a Caminho", p. 30-31.

164

toda a família, materializada no assassinato, com impassibilidade, com "surdas gargalhadas". O riso inextinguível do vaticínio se torna frieza torpe nos comentários à cena do assassinato. Entre parênteses, o narrador explicita o prazer na narração: "(que vermelho mais pressuposto, que silêncio mais cavo, que frieza mais torpe nos meus olhos!)" (p. 191).

SEIO

A segunda parte do romance, "O Retorno", tem como epígrafe a surata do *Alcorão* que contém o interdito do incesto. A justaposição dessa epígrafe ao capítulo logo a seguir favorece a leitura deformada feita por André dos sermões do pai. A epígrafe afirma que os imperativos do desejo não são assunto de família. O capítulo seguinte prega que "só através da família é que cada um em casa há de aumentar sua existência, [...] é preservando sua união que cada um em casa há de fruir as mais sublimes recompensas" (p. 146).

A repetição insistente do motivo do círculo familiar autossuficiente serve como tentativa do narrador de convencer – a si próprio ou ao interlocutor desconhecido do discurso – de sua inocência, é como um argumento em autodefesa. "Pedro cumprira sua missão me devolvendo ao seio da família." Esse retorno, se pensarmos nessa expressão-chave, "seio da família", não pode ser como o da parábola bíblica, ou seja, o de um filho arrependido (p. 158). Retornar ao "seio" significa retornar à forma circular e ao corpo erótico da família. Na parábola, o filho percebe que não há valor na vida dissoluta. No romance, André retorna porque a satisfação de seus desejos só pode ser realizada no círculo, no seio, no corpo familiar. É por isso que, já durante a viagem, ele se deixa conduzir por Pedro "feito um menino" (p. 147), como objeto, portanto, de um afeto similar ao da infância. A novidade que ele busca encontrar num tempo sinuoso é, na verdade, a experimentada no passado. André quer instaurar uma antiga novidade e então ficar preso num círculo impossível.

Uma vez de volta à fazenda escura e enlutada, André começa imediatamente a sentir os efeitos do ambiente: "fui envolvido pelos cheiros caseiros que eu respirava, me despertando imagens torpes, mutiladas, me fazendo cair logo em confusos pensamentos".

De alguma maneira, esse retorno significa a corrupção de Pedro, porquanto ele passa ao espectro da dissimulação, da farsa, do jogo e da mentira ao esconder da família "que retornava com ele um possuído" (p. 148).

A escuridão da casa é afetada pelo calor do retorno do André, e um "ânimo quente" se alastra "pelos nervos das paredes, com vozes, risos e soluços se misturando". Em um tempo de repetições, o estado de coisas permanece o mesmo de sua partida: "o surto de emoções parecia ser contido pela palavra severa do chefe da família". A descrição do cuidado das irmãs, Rosa, Zuleika e Huda, no preparo de André para sentar-se à mesa e mostrar-se aos olhos da família, livrando-o de todo resquício de estrada, contém forte teor sexual: "cheias de calor e entusiasmo", elas arrancam sua roupa, "soprando ternamente alguns gracejos", deixam-no de "peito nu e pés descalços" para o banho, e nesse movimento realimentam-no da ternura lúbrica (p. 149-150).

Após o banho, André vai ao encontro da mãe de "pés soltos nos chinelos lassos". Nesse momento, Rosa se refere ao irmão como Andrula, apelido que reúne numa só palavra os nomes de André, Ana e Lula, os filhos do galho esquerdo da família[110]. Sob a aparente felicidade, por um adjetivo se entrevê a rachadura: com exceção de Ana, que se recolhe na capela, as irmãs estão "transtornadas de tanta alegria!" (p. 151-152).

FALO

O capítulo 25 tem características que lhe conferem singularidade no corpo do romance: ele é aberto por uma linha composta somente de pontos. O diálogo entre André e o pai, que ocupa a maior parte do capítulo, tem ares de texto teatral, por conta das falas alternadas em discurso direto e sem verbos *dicendi*. "O fato de esse diálogo ser antecedido por uma linha pontilhada tanto pode indicar que estamos diante de um fragmento de um diálogo já iniciado como a continuação de um diálogo que vem se repetindo indefinidamente, isto é, um exemplo *típico* de um diálogo entre pai e filho."[111]

---

110 S. Sedlmayer, op. cit., p. 54.
111 A. Rodrigues, op. cit., p. 120.

Em dois momentos ele é interrompido por comentários do narrador: quando a mãe intervém em favor de André e, no final, quando o filho finge recuar na discussão com o pai. O destaque gráfico do trecho talvez se justifique ainda pelo fato de que nele o embate entre os dois modos de dizer distintos, o de André e o do pai, tantas vezes aludido, comentado e rememorado na narração, se dá a ver em ato. As falas do pai defendem a clareza, a ordem, o equilíbrio e a austeridade. As do filho afirmam o hermetismo e a obscuridade, a denúncia da desordem, o desequilíbrio. Os argumentos de parte a parte explicitam a visão que o narrador tem da relação com o pai e suas ideias. Por exemplo, a contradição entre a defesa da moderação e o elogio do apetite: "– Nossa mesa é comedida, é austera, não existe desperdício nela, salvo nos dias de festa", diz o pai, para pouco depois, após a objeção de André, completar: "– É para satisfazer nosso apetite que a natureza é generosa, pondo seus frutos ao nosso alcance, desde que trabalhemos para merecê-los. Não fosse o apetite, não teríamos forças para buscar o alimento que torna possível a sobrevivência. O apetite é sagrado, meu filho." (p. 157)

Quando o pai, diante dos sucessivos questionamentos do filho, recorre ao seu modo de dizer, isto é, ao exemplo formulaico da tradição, e pede ao filho que se lembre da história do faminto, André responde com uma nova versão da mesma história, que imputa o recurso à autofagia à impossibilidade de satisfação no interior do círculo familiar: "– Eu também tenho uma história, pai, é também a história de um faminto, que mourejava de sol a sol sem nunca conseguir aplacar sua fome, e que de tanto se contorcer acabou por dobrar o corpo sobre si mesmo alcançando com os dentes as pontas dos próprios pés; sobrevivendo à custa de tantas chagas, ele só podia odiar o mundo." (p. 157-158)

O que no pai é linguagem fabular, verdadeiramente alegórica, portadora de exemplos universais (denunciada o tempo todo como falaciosa, porquanto desrespeite a singularidade), no filho é pura simulação. O que o filho enuncia como fábula, como alegoria, é, na verdade, expressão particular, individual. *Mourejar* é trabalhar como um mouro, como os membros daquela família de origem mediterrânea, e para reforçar a dureza desse trabalho, o signo do *sol*, astro-rei ao redor do qual tudo deve girar, como o pai, é requisitado duas vezes. O resultado dessa lei imposta é o corpo tornar-se, como tudo que ousa reagir, sinuoso, contorcer-se até se dobrar sobre si. E o que ele busca com essa contorção? Justamente os pés, membro símbolo da guinada lúbrica na anatomia nassariana. Sobreviver à custa do próprio corpo, corpo da família, é o que faz André ao atribuir às regras familiares a gênese de suas pulsões.

O embate é discursivo, a linguagem de feição religiosa é criadora de mundos. Daí a insistência do pai para que o filho seja sobretudo claro, abandone o hermetismo, não dissimule, ponha ordem em suas ideias. Mais uma vez, André reage usando as palavras do pai pelo avesso: "– Toda ordem traz uma semente de desordem, a clareza, uma semente de obscuridade, não é por outro motivo que falo como falo." (p. 158)

Falo como falo. Em sua concisão extrema, essa construção mistura, de maneira exemplar, o modo de dizer de André e suas implicações. A primeira implicação dessa afirmação de aparência tautológica é: o lugar de fala é individual, o *eu* que se expressa, ao contrário do que dizem os sermões, as parábolas, as histórias do pai, não pode nunca falar de outro lugar que não o seu próprio, e é desonesto, portanto, utilizar a linguagem com pretensões generalistas ou moralizantes.

A segunda implicação, menos óbvia, é: André fala como *falo*, como pênis, como órgão sexual, portanto guiado pelo desejo, pelas pulsões sexuais, pelos imperativos do corpo, um corpo comandado pelas partes baixas, que não se submetem aos comandos da cabeça, da razão, e que erram livremente por caminhos mais obscuros, mais distantes da clareza solar do pai.

Por fim, de forma ainda mais subversiva, o pequeno sintagma, na voz antitaxiconômica de André, permite um embaralhamento completo das classificações, e assim os verbos tornam-se substantivos, e o advérbio, verbo. A sequência de André, "falo como falo" então, de certa maneira, passa a se contrapor à sequência ideal do pai: "A terra, o trigo, o pão, a mesa, a família (a terra): existe nesse ciclo, dizia o pai nos seus sermões, amor, trabalho, tempo." (p. 181 e cf. também 93 e 145) O ciclo da satisfação do pai, que vai da terra à família antes de retornar à terra, elege, como elemento mediador, como ferramenta, o trabalho. O ciclo de André, por sua vez, intercala o *falo*, órgão genital, o verbo *comer* conjugado na primeira pessoa, forma de singularidade oposta aos substantivos da fórmula do pai, e novamente o *falo*. Ou seja, o elemento mediador na cadeia de satisfação é o órgão genital[112].

O diálogo prossegue na mesma toada, André encontrando no interior do discurso do pai seu avesso e serpenteando entre metáforas vegetais: "– Por ora não me interesso pela saúde de que o senhor fala, existe nela uma semente de enfermidade, assim como na minha doença existe uma poderosa semente de saúde" (p. 160). Por pregar a satisfação pelo tempo consumido nos processos e não por seus fins, Iohána defende que "há um gozo intenso na própria fé", ao passo que André, como deixou claro nas preces sacrílegas, visando a submissão de Ana, mais do que a fé, espera encontrar o gozo no resultado das preces, o milagre (cf. p. 135 e s).

André expõe nesse diálogo o modo de funcionamento das metáforas, inclusive as da fala do pai: "foi o senhor mesmo que disse há pouco que toda palavra é uma semente: traz vida, energia, pode trazer inclusive uma carga explosiva no seu bojo: corremos graves riscos quando falamos" (p. 165-166). Outro elo importante da cadeia metafórica ressaltado de modo recorrente por André, são os membros inferiores: "Se já tenho as mãos atadas, não vou por minha iniciativa atar meus pés também"; "de quem amputamos os membros, seria absurdo exigir um abraço de afeto; maior despropósito que isso só mesmo a vileza do aleijão que, na falta das mãos, recorre aos pés para aplaudir o seu algoz"; "O amor que aprendemos aqui, pai, só muito tarde fui descobrir que ele não sabe o que quer; essa indecisão fez dele um valor ambíguo, não passando hoje de uma pedra de tropeço." (p. 161; 162; 166)

Nesse embate, cada contendor só pode recorrer às armas nas quais é proficiente. Por isso, no ápice do parolar sinuoso do filho, após diversas chamadas à simplicidade, Iohána retorna com violência ao terreno seguro da palavra cristalizada:

Cale-se! Não vem desta fonte a nossa água, não vem destas trevas a nossa luz, não é a tua palavra soberba que vai demolir agora o que levou milênios para se construir; ninguém em nossa casa há de falar com presumida profundidade, mudando o lugar das palavras, embaralhando as ideias,

---

112 Convém notar que o sintagma já havia sido utilizado com intenções similares em *Um Copo de Cólera*, p. 60, grifo nosso: "o povo fala e pensa, em geral, segundo a anuência de quem o domina; fala, sim, por ele mesmo, quando *fala* (*como falo*) *com o corpo*, o que pouco adianta, já que sua identidade se confunde com a identidade de supostos representantes".

desintegrando as coisas numa poeira, pois aqueles que abrem demais os olhos acabam só por ficar com a própria cegueira; ninguém em nossa casa há de padecer também de um suposto e pretensioso excesso de luz, capaz como a escuridão de nos cegar; ninguém ainda em nossa casa há de dar um curso novo ao que não pode desviar, ninguém há de confundir nunca o que não pode ser confundido, a árvore que cresce e frutifica com a árvore que não dá frutos, a semente que tomba e multiplica com o grão que não germina, a nossa simplicidade de todos os dias com um pensamento que não produz; por isso, dobre a tua língua, eu já disse, nenhuma sabedoria devassa há de contaminar os modos da família! Não foi o amor, como eu pensava, mas o orgulho, o desprezo e o egoísmo que te trouxeram de volta à casa! (p. 167-168)

A admoestação faz uma síntese do duelo: começa por uma ordem, segue com a discussão das metáforas que se alternam entre umidade e secura, luz e escuridão, até a demolição da casa cujas fundações são arcaicas, põe em questão os modos de dizer, o estado dos olhos, a visão e a cegueira, a novidade *versus* a estabilidade ("um curso novo ao que não pode desviar"), a natureza fértil *versus* a estéril. A ordem final do pai, porém, à qual André responde com fingida submissão, não poderia ser menos adequada. Ao filho que perverte o círculo e que caminha por um mundo sinuoso como se criado pelas palavras de um demiurgo ébrio, ele comanda: "dobre a tua língua". Ora, André tem desde sempre a língua dobrada e é justamente por isso que fala como fala: "'eu sou um epilético' fui explodindo, convulsionado mais do que nunca pelo fluxo violento que me corria o sangue 'um epilético' eu berrava e soluçava dentro de mim" (p. 39). Enrolar a língua é o sintoma (falso) atribuído à epilepsia pela sabedoria popular. Em André, esse falso sintoma é metaforizado e a língua dobrada é a que produz a fala sinuosa, barroca, dissimulada, a que asperge "a baba derramada do demo".

Não à toa, o suposto recuo de André se dá após a intervenção da mãe, que implora, como se falando de um condenado à morte: "Chega, Iohána! Poupe nosso filho!" André vai mesmo ser poupado e o pai, contagiado sem perceber por aquele que era tabu, sente já os "olhos molhados de alegria" (p. 168-169).

Quando Iohána aceita a negação de tudo o que disse o filho, este mais uma vez aprende "que na família as palavras não dizem o que querem dizer; aquele pedido de perdão significava exatamente o seu contrário: dissimule, finja aceitar o que podemos

170

oferecer a você, faça como o faminto da parábola, acredite nessa verdade"[113]. O resultado da dissimulação é imediato:

E o meu suposto recuo na discussão com o pai logo recebia uma segunda recompensa: minha cabeça foi de repente tomada pelas mãos da mãe, que se encontrava já então atrás da minha cadeira; me entreguei feito menino à pressão daqueles dedos grossos que me apertavam uma das faces contra o repouso antigo do seu seio; curvando-se, ela amassou depois seus olhos, o nariz e a boca, enquanto cheirava ruidosamente meus cabelos, espalhando ali, em língua estranha, as palavras ternas com que sempre me brindara desde criança: "meus olhos" "meu coração" "meu cordeiro". (p. 169-170)

André experimenta mais uma vez o afeto desmesurado do corpo da mãe, o repouso no "seio" da família. O verbo *amassar*, os órgãos da devoração, dos cheiros, a língua estranha, do mediterrâneo e dos possuídos pelo demônio da ternura, explicitando a filiação, como se o corpo do filho fosse um apêndice do corpo da mãe. A corrupção sorrateiramente realizada por André se dá a ver no modo como o pai abandona a cena: "largado naquele berço, vi que o pai saía para o pátio, grave, como se todo aquele transbordamento de afeto se passasse à sua revelia; empunhava o mesmo facão com que entrara pouco antes ali na copa". O prenúncio da tragédia prestes a ocorrer também se dá a ver no apêndice do corpo do pai, Pedro: "notei, além do pátio, um pouco adentrado no bosque escuro, o vulto de Pedro: andava cabisbaixo entre os troncos das árvores, o passo lento, parecia sombrio, taciturno" (p. 170).

EXEMPLO

O capítulo 26 traz dois acontecimentos importantes da véspera da festa pelo retorno de André. Primeiro, sua descoberta de que os adornos das prostitutas haviam sido retirados da caixa, talvez por Lula[114]. André vai ao quarto do caçula que finge dormir e, não bastasse o fingimento do irmão para confirmar sua filiação ao galho esquerdo da família, após o falso despertar, confessa a André sua

---

113 A. Rodrigues, op. cit., p. 124.
114 L.W. Rassier, op. cit., p. 64, lembra que essa caixa de badulaques pode ser uma espécie de Caixa de Pandora.

intenção: seguir seus passos e fugir de casa: "– Não aguento mais esta prisão, não aguento mais os sermões do pai, nem o trabalho que me dão, e nem a vigilância do Pedro em cima do que faço, quero ser dono dos meus próprios passos; não nasci pra viver aqui, sinto nojo dos nossos rebanhos, não gosto de trabalhar na terra, nem nos dias de sol, menos ainda nos dias de chuva, não aguento mais a vida parada desta fazenda imunda." (p. 177-178)

Nessa intenção de "fazer coisas diferentes, ser generoso com [...] o próprio corpo", André reconhece o desejo quase a transbordar: "Era uma água represada (que correnteza, quanto desassossego!) que jorrava daquela imaginação adolescente ansiosa por dissipar sua poesia e seu lirismo." (p. 179) Interessante notar, no trecho, além do caráter líquido da lubricidade, mais uma aparição dos parênteses sinalizando que o narrador começa a ser tomado pela volúpia então experimentada e que contamina agora seus enunciados. Na origem dessa volúpia, a busca da satisfação no corpo da família, nesse caso as carícias que André ensaia em Lula:

subindo a mão, alcancei com o dorso suas faces imberbes, as maçãs do rosto já estavam em febre; nos seus olhos, ousadia e dissimulação se misturavam, ora avançando, ora recuando, como nuns certos olhos antigos, seus olhos eram, sem a menor sombra de dúvida, os primitivos olhos de Ana! – Que que você está fazendo, André? Aprisionado no velho templo, os pés ainda cobertos de sal (que prenúncios de alvoroço!), eu estendia a mão sobre o pássaro novo que pouco antes se debatia contra o vitral. – Que que você está fazendo, André?

Não respondi ao protesto dúbio, sentindo cada vez mais confusa a súbita neblina de incenso que invadia o quarto, compondo giros, espiras e remoinhos, apagando ali as ressonâncias do trabalho animado e ruidoso em torno da mesa lá no pátio, a que alguns vizinhos acabavam de se juntar. Minha festa seria no dia seguinte, e, depois, eu tinha transferido só para a aurora o meu discernimento, sem contar que a madrugada haveria também de derramar o orvalho frio sobre os belos cabelos de Lula, quando ele percorresse o caminho que levava da casa para a capela. (p. 179-180)

Lula se confunde, na visão de André, com Ana – os mesmos olhos, a mesma ousadia, a mesma dissimulação. Ambos buscam refúgio na capela após o avanço de André[115]. A pergunta que interrompe o assédio, como bem nota Rodrigues, pode ter sido

---

115 Ibidem, p. 63.

172

tanto formulada por Lula quanto por Ana, essa ambiguidade sendo criada pelo aprisionamento no templo e pela imagem da captura do pássaro. O protesto é dúbio como o modo de narrar[116]. Estão presentes na reprimenda dúbia o sal que esteriliza o solo e as relações e o sinal gráfico para a excitação, os parênteses.

TEATRO

No capítulo 29, clímax da tragédia, a dissimulação termina e o suposto recuo de André prova-se falso: a novidade já está instaurada, o círculo reaparece em toda sua potência na festa apenas para comprovar-se rompido. O retorno de André e seu modo de ver, interpretar e narrar tem sua contrapartida na sintaxe, que outra vez é como a da primeira parte do livro, com uma única oração num longo período. A cena da dança se repete, mas entre os dois pontos, como numa espiral, cabem grandes e significativas diferenças.

Essas diferenças foram objeto de análise de vários trabalhos, entre eles o de Rassier, que detalha as mais significativas, uma a uma[117]. Uma delas é a dos tempos verbais: na festa do capítulo 5, a cena é narrada no pretérito perfeito do indicativo, como síntese das festas da família. No capítulo 29, é a vez do pretérito perfeito, indicando a última festa da família regida pelo tempo do pai. A segunda diferença é a da aparição de Ana. Vejamos os trechos: "e não tardava Ana, impaciente, impetuosa, o corpo de campônia, a flor vermelha feito um coalho de sangue prendendo de lado os cabelos negros e soltos, essa minha irmã que, como eu, mais que qualquer outro em casa, trazia a peste no corpo, ela varava então o círculo que dançava" (p. 28-29).

Mais adiante:

e quando menos se esperava, Ana (que todos julgavam sempre na capela) surgiu impaciente numa só lufada, os cabelos soltos espalhando lavas, ligeiramente apanhados num dos lados por um coalho de sangue (que assimetria mais provocadora!), toda ela ostentando um deboche exuberante, uma borra gordurosa no lugar da boca, uma pinta de carvão acima do queixo, a gargantilha de veludo roxo apertando-lhe o pescoço, um pano murcho

---

116 A. Rodrigues, op. cit., p. 125.
117 L.W. Rassier, op. cit., p. 285-286.

GEOMETRIA BARROCA DO DESTINO 173

caindo feito flor da fresta escancarada dos seios, pulseiras nos braços, anéis nos dedos, outros aros nos tornozelos, foi assim que Ana, coberta com as quinquilharias mundanas da minha caixa, tomou de assalto a minha festa, varando com a peste no corpo o círculo que dançava (p. 186).

Ao comparar as cenas, Rassier observa na última que a descrição de Ana incorpora aos elementos em comum (os cabelos negros e soltos presos apenas de um lado por "um coalho de sangue", a impaciência, "a peste no corpo", e o gesto de varar o círculo que dançava) os objetos da caixa, cujo roubo então se esclarece. É possível, porém, avançar para além daí. A aparição de Ana e seu modo de varar o círculo e dançar eram tão costumeiros quanto a própria festa, é o que se deduz do início do primeiro trecho: "e não tardava Ana, impaciente, impetuosa". O elemento novo e que pode, portanto, são os objetos como signos visíveis da transgressão. Mais importante ainda, das diferenças não percebidas por Rassier, é o surgimento dos parênteses. Eles denotam que a segunda cena, ao contrário da primeira, que se dá ainda sob o tempo do jugo do pai, está contaminada pelos símbolos gráficos da corrupção e do descontrole, como se as áreas por eles delimitadas fossem as nódoas da doença no corpo do texto.

Essa corrupção e esse descontrole estão no cerne da diferença seguinte detectada por Rassier, o sintoma da crise em André, inexistente na dança do capítulo 5: "e logo eu pude adivinhar, apesar da graxa que me escureceu subitamente os olhos, seus passos precisos de cigana" (p. 187). Continuando a acareação, Rassier se detém na diferença do papel do vinho em cada cena: "e eu podia imaginar, depois que o vinho tinha umedecido sua solenidade, a alegria nos olhos do meu pai mais certo então de que nem tudo em um navio se deteriora no porão" (p. 30).

E mais adiante:

e Ana, sempre mais ousada, mais petulante, inventou um novo lance alongando o braço, e, com graça calculada (que demônio mais versátil!), roubou de um circundante a sua taça, logo derramando sobre os ombros nus o vinho lento, obrigando a flauta a um apressado retrocesso lânguido, provocando a ovação dos que a cercavam, era a voz surda de um coro ao mesmo tempo sacro e profano que subia, era a comunhão confusa de alegria, anseios e tormentos, ela sabia surpreender, essa minha irmã, sabia molhar a sua dança, embeber a sua carne, castigar a minha língua no mel litúrgico daquele favo, me atirando sem piedade numa insólita embriaguez, me pondo convulso e antecedente, me fazendo ver com espantosa lucidez as minhas pernas de um lado, os braços de outro, todas as minhas partes amputadas se procurando na antiga unidade do meu corpo (eu me reconstruía nessa busca! que salmoura nas minhas chagas, que ardência mais salubre nos meus transportes!), eu que estava certo, mais certo do que nunca, de que era para mim, e só para mim, que ela dançava (que reviravoltas o tempo dava! que osso, que espinho virulento, que glória para o meu corpo!) (p. 188-189).

Rassier nota que, no capítulo 5, o vinho tem efeito positivo no pai: umedece sua solenidade. Vale acrescentar que esse efeito confirma a inversão de valores só possível na festa, ao trazê-lo para mais perto do espectro oposto ao da secura. Os novos elementos, diz ela, evocam as ações de Ana e seus efeitos em André e uma sensualidade que não tem espaço no seio da família e que é um dos detonadores da destruição da lei paterna. Cabe acrescentar, mais uma vez, a importância dos parênteses e o fato de que também aqui a umidade do vinho tem destaque, mas sobre a dança de Ana, que já pertence à linhagem da lubricidade líquida, e que portanto apenas tem essa característica exacerbada. Do mesmo modo que na questão dos badulaques obscenos da caixa, no gesto de derramar o vinho sobre o corpo o mais importante é seu caráter público, sua exposição. Perceber que a mudez e as preces da irmã chegaram ao fim e crer-se destinatário de sua dança provocam reviravoltas no tempo e a reconstrução da antiga unidade do corpo.

A última diferença significativa, essa também elencada por Rassier, é que desaparece a procura da mãe por André (cf. p. 95) e, em seu lugar, surge a busca do irmão mais velho pelo pai na intenção de lhe revelar o incesto: "Pedro, sempre taciturno até ali, buscando agora por todos os lados com os olhos alucinados, descrevendo passos cegos entre o povo imantado" (p. 189-190). A inversão da lei paterna está completa: Pedro está taciturno, seus olhos, antes claros e luminosos, agora são alucinados, e seus passos, cegos como o que ele e o pai acusavam em André.

A iminência da revelação impregna a narração de loucura: "a flauta desvairava freneticamente, a serpente desvairava no próprio ventre" (p. 190). Aproximadas pela sintaxe e pela forma, a retilínea flauta, ao enlouquecer, transforma-se em sinuosa serpente nesse momento de expulsão da família do paraíso das boas aparências. Pedro faz a revelação ao pai, "semeando nas suas ouças uma semente insana". Além de "ouvido", *ouça* também é o nome de uma das peças responsáveis por prender os bois à canga que vai ligada ao carro ou ao arado. A verdade afeta o pai, portanto, em sua submissão ao trabalho, ao ciclo produtivo, ao tempo: "o tempo, jogando com requinte, travou os ponteiros". A reversibilidade presente no nome de Ana, mulher-palíndromo, desencadeia o desfecho da tragédia (cf. p. 86).

Nesse instante, os feiticeiros, os mensageiros, que já provocaram seus efeitos em outros momentos (cf. p. 130), são novamente convocados, apresentando um futuro em que o espaço da família já se mostra como ruínas e tendo sido dominado por uma natureza não submetida ao trabalho: "correntes corruptas instalaram-se comodamente entre vários pontos, enxugando de passagem a atmosfera, desfolhando as nossas árvores, estorricando mais rasteiras o verde das campinas, tingindo de ferrugem nossas pedras protuberantes, reservando espaços prematuros para logo erguer, em majestosa solidão, as torres de muitos cactus" (p. 190).

As árvores se desfolham, a secura queima as campinas, a pedras se enferrujam, os espaços são ocupados por cactus. Nesse retorno a um tempo anterior à cultura e à lei, a linguagem é plena de jogos sonoros que não servem aos fins de clareza, utilitários, como as aliterações do fonema /k/ em "correntes", "corruptas" e "comodamente" e em /p/ em "pedras", "protuberantes", "espaços" e "prematuros". Essa regressão a um estado de natureza tem seu ápice com o gesto do pai:

o alfanje estava ao alcance de sua mão, e, fendendo o grupo com a rajada de sua ira, meu pai atingiu com um só golpe a dançarina oriental (que vermelho mais pressuposto, que silêncio mais cavo, que frieza mais torpe nos meus olhos!), não teria a mesma gravidade se uma ovelha se inflamasse, ou se outro membro qualquer do rebanho caísse exasperado, mas era o próprio patriarca, ferido nos seus preceitos, que fora possuído de cólera divina (pobre pai!), era o guia, era a tábua solene, era a lei que se incendiava – essa matéria fibrosa, palpável, tão concreta, não era descarnada como eu pensava, tinha substância, corria nela um vinho tinto, era sanguínea, resinosa, reinava drasticamente as nossas dores (pobre família nossa, prisioneira de fantasmas tão consistentes!) (p. 190-191)

Com acerto, Rodrigues percebe que a imagem da morte da filha pelas mãos do pai comporta sugestões eróticas graças a "alfanje", "fendendo" e "golpe". Apesar disso, para ele, "a paixão do patriarca se manifesta sobretudo no destempero, no agir irracionalmente, por impulso, 'por reflexo e não reflexão'". Não parece haver dúvida que, sim, Iohána fere os próprios preceitos, como diz André. Ao provocarem a paralisia do tempo, o travamento de seus ponteiros, Pedro e o pai, como vimos, incorrem no crime descrito nos sermões. Embora nestes o pai alerte sobre o risco de manipular o tempo, é ele quem acaba por fazê-lo (cf. p. 115). No entanto, ao descrever o pai como fibroso, palpável, carnal, dotado de substância, umedecido pelo vinho, sanguíneo e resinoso, André lhe atribui as próprias paixões, inegavelmente eróticas. De modo que não nos parece possível minimizar a relevância do componente erótico na desmesura do pai, erotismo que é também, sem dúvida alguma, destrutivo e se manifesta, isso sim, também "no destempero, no agir irracionalmente, por impulso, 'por reflexo e não reflexão'" (p. 134)[118].

Nessa segunda aparição da festa e dança, os ornamentos das prostitutas no corpo de Ana e o gesto de derramar vinho sobre o corpo, embora diretamente relacionados ao universo da obscenidade, não provocam reação em Iohána, apenas em Pedro. O que vai provocar a reação violenta de Iohána não parece ser, portanto, a vinculação ao obsceno criada por essas atitudes da filha, mas o fato de, ao saber por Pedro do incesto, perceber os objetos e o vinho derramado como recusa completa da dissimulação e negação enfática do fingimento que os sermões, no fundo, pregam. O crime maior do faminto, para o pai, é o de recusar a "naturalizar e perpetuar a encenação", é o de abrir o cesto do banheiro e expor seu conteúdo[119].

A desmesura fatal de Iohána provoca uma desarticulação da linguagem visível na forma com que os gritos da família aparecem na página, em sucessivas quebras de linha, da qual tentamos reproduzir apenas um trecho para facilitar a compreensão:

---

118 Sobre o conceito de obsceno, disse Raduan Nassar em *Cadernos de Literatura Brasileira*, p. 34: "Obsceno é toda mitificação. Obsceno é dar um tamanho às chamadas grandes individualidades que reduz o homem comum a um inseto. Obsceno é não fazer uma reflexão pra valer sobre o conceito de mérito, dividindo tão mal o respeito humano. Obsceno é prostrar-se de joelhos diante de mitos que são usados até mesmo como instrumento de dominação. Obsceno é abrir mão do exercício crítico e mentir tanto."

119 A. Rodrigues, op. cit., p. 51.

GEOMETRIA BARROCA DO DESTINO

e do silêncio fúnebre que desabara atrás daquele gesto, surgiu primeiro,
como de um parto, um vagido primitivo

Pai!

e de outra voz, um uivo
cavernoso, cheio de desespero

Pai!

e de todos os lados, de Rosa, de
Zuleika e de Huda, o mesmo gemido desamparado

Pai!

eram balidos
estrangulados

Pai! Pai! (p. 191-192)

A fratura no tempo imposto pelo pai torna-se fratura na frase.
O caráter teatral da tragédia que André dirige ganha manifestação visual com a separação das rubricas e dos gritos do "coro ao
mesmo tempo sacro e profano"[120]. A reação da mãe, vale lembrar, ecoa a de Jocasta após a revelação em Édipo Rei (cf. p. 97).
Os muitos gritos não obtêm resposta: agora é o Pai quem está
desprovido do verbo.

POÇO

Se o pai está desprovido do verbo, se ele já não é mais capaz de
proferir os sermões, é o momento de um dos filhos falar por ele.
André retoma quase *ipsis litteris* no último capítulo do livro uma
das sabedorias paternas, formulada pela primeira vez no fim do
capítulo 9. O capítulo 15 decretava, a partir da memória do avô,
que "tudo está escrito". Começando de modo similar, o trigésimo
e último é dedicado à memória do pai:

(Em memória de meu pai, transcrevo suas palavras: "e, circunstancial-
mente, entre posturas mais urgentes, cada um deve sentar-se num banco,
plantar bem um dos pés no chão, curvar a espinha, fincar o cotovelo do
braço no joelho, e, depois, na altura do queixo, apoiar a cabeça no dorso da
mão, e com olhos amenos assistir ao movimento do sol e das chuvas e dos
ventos, e com os mesmos olhos amenos assistir à manipulação misteriosa
de outras ferramentas que o tempo habilmente emprega em suas transformações, não questionando jamais sobre seus desígnios insondáveis,

---

120 Cena vaticinada por André, cf. *Lavoura Arcaica*, p. 106.

178

sinuosos, como não se questionam nos puros planos das planícies as trilhas tortuosas, debaixo dos cascos, traçadas nos pastos pelos rebanhos:
que o gado sempre vai ao poço"). (p. 193-194)

Como as cenas finais de "Menina a Caminho" e o último
capítulo de *Um Copo de Cólera*[121], também o final de *Lavoura
Arcaica* impõe um desafio à interpretação: por que dedicá-lo ao
pai e fazê-lo por meio da repetição de suas palavras? A transcrição de um trecho do discurso sobre o tempo[122] é feita sem
indicação de se e no que o sentido dessas palavras na voz difere
de seu sentido na fala paterna. Essa desnecessidade de esclareci-
mento é, aliás, adequada ao verbo *transcrever* e às aspas, ambos
signos da fidelidade.

Uma vez que o conteúdo nesses dois momentos parece ser o
mesmo, os intérpretes do romance, cada um a seu modo, busca-
ram na intenção do narrador as pistas do porquê dessa repetição.
Rassier supõe que, rompida a hegemonia do pai, o filho pode
enfim se assumir como indivíduo e tomar a palavra[123].

Lemos chega a um lugar parecido ao pensar o romance como,
ao mesmo tempo, elogio ao pai, crucial para a constituição do
eu que agora narra, e vingança contra o pai, por ele ser o cul-
pado do crime confessado pelo narrador. Na homenagem final
de André, ela detecta, assim, uma gratidão, fruto da admissão de
que o patriarca tinha razão e de que sem ele teria sido impossível,
em última instância, tornar-se autor dessa narrativa[124]. Assim, "a
citação das palavras do pai no final do romance pode ser vista
como a construção de um outro círculo na espiral, um círculo
descentrado. O que André procura, então, é o tempo da origem
[...] O ritual iniciático de André é sua tradução, sua reescritura
da tradição, sua apropriação"[125].

No confronto entre dois fatalismos, o do avô, representado
pelo *maktub*, e o do pai, pelo gado que vai sempre ao poço,
Rodrigues situa sua interpretação: "Ao encerrar a narrativa com
a citação desse discurso, André revela não a falsidade do fatalismo, mas o paradoxo de cercá-lo de otimismo e o equívoco

121 Cf. p. 35 e 79.
122 Cf. p. 98.
123 L.W. Rassier, op. cit., p. 341.
124 M.J.C. Lemos, op. cit., p. 147.
125 Ibidem, p. 339. (Tradução nossa.)

de sua utilização *política*, isto é, voltada para a manutenção da estrutura familiar e do *status quo*". Esse capítulo seria, para ele, "o reconhecimento irônico da verdade do pai"[126].

Algo que essas interpretações não mencionam é que há, sim, uma diferença marcada entre o discurso paterno que André reproduz no capítulo 9 e o mesmo trecho citado no capítulo final. Embora exista, essa diferença é sutil, como sói acontecer no romance, e para ficarmos apenas num único exemplo dessas sutilezas, basta lembrarmos a mudança no tempo verbal nas duas aparições da festa. Ela é pequena em extensão, mas talvez tão mais importante quanto menos explícita, tão mais significativa quanto mais disfarçada. Em sua primeira ocorrência, a sabedoria do pai termina por: "que o gado sempre vai ao cocho, o gado sempre vai ao poço". Na citação do capítulo final, a primeira parte dessa construção é omitida, e só a segunda permanece.

Se, no romance, "tudo se repetirá, mas numa outra volta da espiral"[127], isto é, se o jogo de repetição e diferença está em seus alicerces, a omissão acima, por mínima que seja, só pode ser considerada como significativa o suficiente para ser postada no centro da comparação. Aliás, ainda que a semelhança fosse total – eis a lição contida no Dom Quixote reescrito por Pierre Menard do conto de Borges –, o simples fato de alguém que não o autor original repetir palavras num contexto distinto implica em grandes transformações, e nisso se apoiam as interpretações comentadas acima. Ainda assim, a existência de uma diferença marcada pode levar-nos um passo além desse ponto.

De uma perspectiva estritamente matemática – e pelo menos essa é uma constatação inescapável –, o número de destinos aos quais vai o gado não só diminui na citação da sabedoria paterna feita por André como se restringe a um único: o poço. Apesar de as duas orações, a omitida e a mantida pelo narrador, terem significados semelhantes – ambas são reformulações de "estamos indo sempre para casa" –, apenas uma é a escolhida para louvar a memória de quem não está presente. E André o faz de modo dissimulado, porquanto se preocupe em afirmar justamente a fidelidade desse resgate. Se, em diversos momentos, a repetição com diferença é preponderante no romance até no patamar da

---

126 A. Rodrigues, op. cit., p. 139-140.
127 L. Perrone-Moisés, op. cit., p. 65.

frase[128], é porque, por meio da reformulação obsessiva, ele pretende demonstrar que todo discurso é maleável e que tudo é questão de ponto de vista. Daí a resposta de André à ordem do pai de que fosse "simples no uso da palavra": "– Não acho que sejam extravagâncias, se bem que já não me faz diferença que eu diga isto ou aquilo, mas como é assim que o senhor percebe, de que me adiantaria agora ser simples como as pombas? Se eu depositasse um ramo de oliveira sobre esta mesa, o senhor poderia ver nele simplesmente um ramo de urtigas." (p. 166)

Pouco importa o que se diz, pois o significado depende em grande medida de quem ouve. No fim do livro, embora cite um sermão que contém dois pontos de vista, duas possibilidades, duas formulações similares de uma mesma sentença, André opta por omitir uma e selecionar outra, contrariando sua opção habitual pelas variações, pela enumeração e pela multiplicidade. Talvez possa haver nesse instante, então, o propósito de não deixar dúvidas, de ser categórico e expor, enfim, alguma convicção. Algo possível, como apontaram Lemos e Rassier, apenas no momento em que o pai já não está mais presente.

Se a opção é pelo poço, se o poço não só foi meticulosamente pinçado dentre as opções como foi eleito para anteceder o definitivo silêncio posterior à narração, convém buscar o que nele se esconde. Sua primeira aparição se dá na pensão quando, após obedecer à ordem de Pedro e abrir as persianas, André repara no "fim de tarde tenro e quase frio, feito de um sol fibroso e alaranjado que tingiu amplamente o poço de penumbra do meu quarto" (p. 14). Mais adiante, André extrai os conspurcados utensílios familiares de um poço (cf. p. 90). Nesse trecho, o poço é equiparado ao "sono já dormido" e a duas outras imagens: "e poderia retirar do mesmo saco" e "e puxaria ainda muitos outros [...] que conservo no mesmo fosso" (p. 63). Pouco depois, o poço passa a ser o local de onde André retira a caixa com os presentes das prostitutas: "eu

---

128 Por exemplo, na enumeração de sinônimos em *Lavoura Arcaica*, p. 162: "o possuído", "o possesso", o que "traz o demônio no corpo", o de "passo trôpego", "o irmão acometido", "o filho torto", "o eterno convalescente", o da "confraria [...] dos aleijões", "um enfermo"; ou em "eu, o irmão acometido, eu, o irmão exasperado, eu, o irmão de cheiro virulento, eu, que tinha na pele a gosma de tantas lesmas"; ou ainda em "Fica mais feio o feio que consente o belo [...] E fica também mais pobre o pobre que aplaude o rico, menor o pequeno que aplaude o grande, mais baixo o baixo que aplaude o alto, e assim por diante."

me permitia uma e outra vez sair frivolamente *desse meu sono* e me perguntar para onde estou sendo levado um dia? Pedro, meu irmão, engorde os olhos nessa memória escusa, nesses mistérios roxos, na coleção mais lúdica *desse escuro poço*" (p. 71, grifo nosso). Após o incesto, o "poço" reaparece na comunhão entre André, provisoriamente satisfeito, e a natureza: "caí pensando nessa hora tranquila em que os rebanhos procuram o poço e os pássaros derradeiros buscam o seu pouso" (p. 111). Essa comunhão dura pouco, pois Ana foge para a capela. Uma vez diante da irmã calada e impassível, o narrador se interessa por algo desse poço: "assim que entrei, fui me pôr atrás dela, passando eu mesmo, num murmúrio denso, a engrolar meu terço, era a corda do meu poço que eu puxava, caroço por caroço" (p. 117). Por fim, em sua última aparição antes do capítulo final, na promessa de trabalhar no cuidado com os animais, André imiscui mais uma vez o signo em questão: "conhecendo, entre todos os poços da fazenda, a melhor água pra apagar a veemência da sua sede" (p. 120).

Analisando o conjunto de seus usos, é possível esboçar um quadro, e nele vemos que os poços de André armazenam ora água ("rebanhos procuram o poço", "entre todos os poços da fazenda, a melhor água"), ora escuridão ("penumbra", "fosso" e "escuro"), e que em seu eixo paradigmático estão também *sono*, *saco* e *fosso*. No romance, tanto *escuridão* quanto *liquidez* são atributos da lubricidade. Por isso era um poço de penumbra o quarto em que, antes de ser interrompido pelo irmão, André consagra "os objetos do corpo". Por isso, os objetos conspurcados da família são retirados de um local da memória – sono já dormido – descritos também como "poço" e "saco". Esse último é, além do recipiente para acondicionamento e transporte, parte do corpo: o saco escrotal, os testículos, origem das manchas no tecido familiar. E é enfim por conta da lubricidade que há no poço que, ao masturbar-se na capela diante da irmã impassível, dele André extrai os caroços de seu terço profano.

Se a escuridão do poço oculta algo que é da ordem da libido, os rebanhos que o procuram e os animais cuja sede veemente ele apaga talvez não sejam exatamente aqueles referidos pelo pai e ligados ao trabalho no campo. De posse da especificidade desse *poço* que André sub-repticiamente destaca, é possível finalmente especular a respeito do sentido do último capítulo.

Embora seja possível associar, na linha do proposto por Rassier e Lemos, a ausência do pai à constituição de André como narrador, não nos parece que esse seja o aspecto mais relevante da conclusão do romance. Mais do que isso, ao isolar o poço como único destino possível do gado, André, baseado no sistema metafórico que associa a lubricidade à escuridão e à umidade, conclui com uma afirmação categórica da soberania da libido.

Rodrigues situa a cisão da família "na passagem do fatalismo lacônico do avô para o fatalismo verborrágico do pai"[129] e afirma que André contesta nesse desfecho não o fatalismo, mas "sua utilização política". Nessa linha, mas sugerindo uma leve mudança de inflexão, preferimos falar na recusa por parte de André de uma ordem na qual o corpo seja levado em conta apenas em sua produtividade, apenas como instrumento do trabalho e, por essa razão, submisso ao tempo. Assim, subverter a função do corpo ao retirá-lo do ciclo da produção e votá-lo ao dispêndio, à infertilidade, ao malogro, seria também um ato político. Ao autoritarismo do pai, calcado na razão que segrega homem e natureza em círculos distintos, André vai contrapor sua violência, cujo pilar é a libido.

Os conselhos transcritos por André ganham, se seguimos adiante nessa vereda, significados opostos aos dos pretendidos pelo pai: "plantar bem um dos pés no chão" deixa de ser "permanecer firme" ou, lido como metáfora, "realista e desprovido de ilusões" e passar a significar extinguir a distância entre homem e natureza, como fazia André ao deitar-se na terra úmida; "curvar a espinha, fincar o cotovelo do braço no joelho, apoiar a cabeça no dorso da mão", antes postura adequada à devoção ao tempo, na utilização de André passa a significar libertar o corpo da retidão. O tempo ao qual se deve submissão e que conduz ao exercício da virtude é o mesmo que empurra ao exercício do vício. O tempo tanto rege "o movimento do sol e das chuvas e dos ventos", necessário ao ciclo da lavoura, como seus próprios "desígnios insondáveis e sinuosos", obtidos por meio da manipulação misteriosa de outras ferramentas. Não se deve questionar esses desígnios, diz o sermão irônico de André, nem tampouco a tortuosidade dos caminhos que levam ao poço em que desejos úmidos e obscuros são satisfeitos. "Sobre esta pedra me acontece de repente querer, e eu posso!", disse o filho tresmalhado. Eu posso. Eu, poço.

---

129 A. Rodrigues, op. cit., p. 39.

Teatro do Excesso

Uma Morfologia

Em toda forma, há uma tensão. A forma é determinada por seus limites. Em "Menina a Caminho", a forma mais relevante é a das molduras: são elas que contêm o desejo nos limites do controle social e, ao mesmo tempo, conferem-lhe destaque, atraindo para ele os olhares. Como o desejo é por natureza fugidio, as cenas deixam escapar de suas molduras algo que acaba por engendrar uma nova cena, e assim por diante, sem cessar. A narrativa se perpetua, abre-se a um recomeço, e essa perpetuação significa fornecer ao excesso, inerente ao que é do âmbito do erótico, o transporte de que ele necessita para ir de um quadro a outro. O desejo é perpetuado pela narração.

"Menina a Caminho", "Mãozinhas de Seda" e "O Velho" são escritos em terceira pessoa. Os demais contos e as obras longas de Raduan Nassar criam um narrador em primeira pessoa. Essa opção impõe barreiras à imaginação livre do narrador – os limites de sua subjetividade[1]. Seria esse, então, o ponto de vista mais conveniente à impossibilidade de conhecer uma verdade que não seja apenas individual, questão bastante presente em toda a obra?

---

1 K. Hamburger, *A Lógica da Criação Literária*, p. 227.

184

No conto "Hoje de Madrugada", o narrador em primeira pessoa está no quarto de trabalho, isolado pelas paredes e pela escuridão, na tentativa de se proteger da ameaça representada pela figura da mulher. Na descrição desse confronto, a enumeração é recurso constante. Outro recurso importante de linguagem é a negação, que desempenha um papel fundamental. A fábula é simples: um homem relata as tentativas da mulher de obter o amor que ele se nega a dar. Como cenário, um ambiente de limites bem demarcados: o quarto de trabalho, espécie de torre de marfim ou caverna. Não parece surpreendente que o narrador-personagem recuse as sucessivas investidas da mulher. Num texto de tão poucas páginas, são muitas as negativas com as quais ele descreve as próprias ações, decisões ou posições: "não dizia nada", "não trabalhava", "Não me mexi na cadeira", "Não ergui os olhos", "Não disse nada", "não fiz um movimento", "não tenho afeto para dar", "não cuidando sequer de lhe empurrar o bloco de volta", "não me surpreendi", "não seria fácil descobrir o que teria interrompido o seu andar", "Não importa que fosse por esse ou aquele motivo". Quando não se serve da negativa, o narrador muitas vezes rejeita a ação ou o movimento: "sem me virar", "sem me mexer" (p. 54-58).

Ao contrário do que ocorre em "Menina a Caminho", *Um Copo de Cólera* e *Lavoura Arcaica*, aqui o que se dá a ver da relação homem e mulher são seus estertores, metamorfoseados em narração de fracassos, no interior de cuja moldura não é possível ver nada: "as venezianas estavam fechadas, ela não tinha o que ver, nem mesmo através das frinchas, a madrugada ainda ressonava" (p. 56). Como se no interior desse quadro houvesse um buraco negro que tragasse qualquer desejo e qualquer possibilidade de perpetuar a narração.

Enquanto em *Um Copo de Cólera* e *Lavoura Arcaica* o sono está relacionado à infância idealizada, tempo de virilidade não ameaçada, e a passagem à vigília significa ceder aos imperativos do desejo, em "Hoje de Madrugada" o sono significa a morte do erotismo viril. O que é excessivo – e, portanto, erótico –, nesse caso, é ausência de desejo. Por isso, o narrador não se abala "com o laço desfeito do decote, nem com os seios flácidos tristemente expostos, e nem com o traço de demência lhe pervertendo a cara". Daí a inutilidade dos esforços lúbricos da mulher, "me queimando a perna com sua febre". No fim, o que resta é "a progressiva escuridão que se instalava para sempre em sua memória", e ela deixa "o quarto feito sonâmbula" (p. 56-57). Na moldura do conto, como na janela, o buraco negro do tempo passado condenou-os ao sono da morte e tragou o desejo.

Em outro conto do mesmo volume, "O Ventre Seco", as "kitchenettes separadas, ainda que ao lado uma da outra" (p. 67), do narrador e de sua mãe, configuram os limites. Como outras na obra nassariana, essa justaposição implica também uma possibilidade de contato, uma aproximação em potência, realizada no mais das vezes de forma tensa porquanto exige a violação de fronteiras. O isolamento reivindicado na carta de separação ecoa na forma do texto por meio dos parágrafos numerados e desconectados uns dos outros, quase como peças livremente intercambiáveis.

"Hoje de Madrugada", "O Ventre Seco", "Aí Pelas Três da Tarde" e "Mãozinhas de Seda" têm uma característica comum de grande interesse: logo de início, criam ficcionalmente uma filiação a outros gêneros de texto escrito que não a prosa de ficção. No primeiro, o narrador faz uma espécie de relatório – "O que registro agora aconteceu hoje de madrugada" (p. 93). No segundo, endereça à mulher, Paula, a carta dividida em tópicos numerados: "1. Começo te dizendo que não tenho nada contra manipular." (p. 61) O terceiro conto, "Aí Pelas Três da Tarde", tem ares de receita: "largue tudo de repente sob os olhares à sua volta, componha uma cara de louco quieto e perigoso, faça os gestos mais calmos" (p. 72). No último deles, "Mãozinhas de Seda", para refletir de modo abrangente sobre o comércio de prestígio intelectual do presente, o narrador se serve de fatos cotidianos do passado: um baile e a textura das mãos das moças. A forma e o tom conferem ao conto um forte aspecto de crônica.

É bastante significativo, portanto, em narrativas cuja diegese diz respeito ao isolamento, ao mutismo, à desnecessidade e à ineficácia da palavra, o fato de a explícita filiação com outros gêneros reiterar a necessidade da existência de um texto. Em "O Ventre Seco", essa necessidade aparece na utilização frequente de um recurso caro ao autor, a figura da enumeração – multiplicação de palavras ou grupos de palavras numa mesma frase, em geral omitindo a conjunção de coordenação (assíndeto), como

186

no trecho a seguir: "11. Não tente mais me contaminar com a tua febre, me inserir no teu contexto, me pregar tuas certezas, tuas convicções e outros remoinhos virulentos que te agitam a cabeça. Pouco se me dá, Paula, se mudam a mão de trânsito, as pedras do calçamento ou o nome da minha rua, afinal, já cheguei a um acordo perfeito com o mundo: em troca do seu barulho, dou-lhe o meu silêncio." (p. 66)

As enumerações reproduzem, no interior de cada frase, a estrutura maior do conto. Como num diagrama em árvore, no qual o tronco se divide em galhos, e os galhos, em ramos menores, o conto se divide em blocos, os blocos, em frases, as frases, repletas de enumerações, em orações que fornecem nuances ou diferentes visões de um mesmo fato. Os blocos, em sua maioria isolados ou de conexão tênue com os demais, poderiam, com algumas exceções, ser trocados de lugar sem impactos na compreensão global da fábula. Ou seja, se mantivermos a analogia visual, as molduras não configuram uma sequência, mas sim parecem estar lado a lado, como se a narrativa fosse construída a partir da projeção do eixo de seleção – paradigmas – sobre o da combinação – sintagmas. É o método da poesia, ainda que nesse caso se trate de prosa, e mais, de prosa que emula parodicamente a clareza do discurso filosófico e racional[2].

Na base desse diagrama em árvore, a queixa do narrador das "ideias claras e distintas" (p. 64) da mulher, de seu proselitismo, sua lucidez. Ele se contrapõe à sua razão e seu bom senso, reclama que ela prega certezas. Eis o cerne da carta de rompimento, cujas estratégias retóricas filiam-na ao gênero deliberativo, gênero em que o orador, servindo-se de exemplos, aconselha ou desaconselha, baseado em valores como o útil e o conveniente ou seus contrários. "Encontre um lugar para esta tua paixão", "contenha, Paula, a tua gula", "não dispense o seu irrepreensível comedimento", ele a aconselha, baseado em exemplos como: "Quero antes lembrar o que minha mãe te dizia." (p. 68)

A divisão didática em blocos, o uso frequente da enumeração, o assíndeto, a organização por parataxe, tudo isso mostra, nos níveis do texto e da frase, a postura de quem, ao acusar o interlocutor de se crer detentor da verdade, pretende demonstrar que vê

2 M.J.C. Lemos, Desdobras Deleuzianas: "O Ventre Seco" de Raduan Nassar, *Synergies Brésil*, n. 2, p. 96-97.

uma mesma questão sob múltiplos aspectos – não pretende com isso, é importante ficar claro, vencer qualquer discussão, mas antes demonstrar sua inutilidade. Essa multiplicação de argumentos, tendente ao infinito, e o "barulho" dela resultante parecem conduzir à constatação de que, se discursos opostos se equivalem, aí se aloja a semente de sua falência, e mais vale então abster-se do "desperdício" do debate e romper quaisquer laços com o mundo.

Esse percurso do barulho ao silêncio, que paradoxalmente resulta em texto, é demonstrado de modo exemplar em "Aí Pelas Três da Tarde". O conto tem dimensão alegórica. A "sala atulhada de mesa, máquinas e papéis" (p. 71) é o espaço da produtividade, da função social do trabalho, local do *status* que se sustenta na tomada de posição. Nela, "invejáveis escreventes dividiram entre si o bom senso do mundo, aplicando-se em ideias claras apesar do ruído e do mormaço, seguros ao se pronunciarem sobre problemas que afligem o mundo" (p. 71). Eis a configuração inicial contra a qual o conto oferece receita ou conselho – o que implica, na linguagem, o uso do modo imperativo. A receita espera que seu leitor, ao seu final, "em vestes mínimas, quem sabe até em pelo", "silenciando de vez", "calado", (p. 72) numa rede, com um impulso do pé, "goze a fantasia de se sentir embalado pelo mundo" (p. 73).

Esse impulso pode vir de qualquer lugar, "já não importa em que apoio" se baseie. Tanto faz em qual verdade provisória se sustente esse gozo, uma vez que, como acusa o narrador de "O Ventre Seco", parafraseando os evangelhos de *Lucas* e *Mateus* e parodiando o *Discurso Sobre o Método*[3], "é sobre um chão movediço que você há de erguer teu edifício" (p. 65). Todo apoio é igualmente frágil. A divisão do bom senso do mundo feita pelos "invejáveis escreventes", ela também é citação satírica do filósofo francês, que afirma: "O bom senso é a coisa do mundo melhor partilhada: pois cada qual pensa estar tão bem provido dele, que, mesmo os que são mais difíceis de contentar em qualquer outra coisa, não costumam desejar tê-lo mais do que o têm."[4]

Também em "O Ventre Seco", Raduan Nassar, que se diz empirista como seus narradores e admirador de Francis Bacon, cita o trecho acima do pensamento cartesiano para criticar a mulher, lembrando-a de que "a razão é muito mais humilde que certos

3   Idem, *Une Poétique de l'intertextualité*, p. 96.
4   *Descartes: Obras Escolhidas*, p. 63.

racionalistas" (p. 65). No entanto, no universo do autor, o gozo de se sentir embalado pelo mundo, em silêncio, é uma fantasia – a receita de "Aí Pelas Três da Tarde" traz esse alerta. Pode ser impossível escapar das limitações impostas pelas molduras sociais. É o que confirmaremos em "Mãozinhas de Seda".

Nos "tempos largos e tão liberais" (p. 80) encenados em "Mãozinhas de Seda", a fantasia de sentir-se embalado pelo mundo não parece mais possível e "talvez o negócio seja fazer média" (p. 83). Para chegar à conclusão de que esse conselho do avô estava correto, o narrador, por meio de uma nostalgia irônica, relembra os bailes de Pindorama e as mãozinhas macias de suas donzelas. No presente da narração, as mãos que o narrador aperta são as dos intelectuais e esse contato denuncia um "rendoso comércio de prestígio" (p. 81). A pedra-pomes que servia às moças "acabou virando a pedra angular do mercado das ideias" (p. 82).

Com esse texto, escrito especialmente para a edição em sua homenagem dos *Cadernos de Literatura Brasileira* e nele não publicado a seu pedido, Nassar compõe a sua "teoria do medalhão"[5]. Com ares de crônica ou daquilo que Bosi chamou de "conto-teoria"[6], o conto traz uma reflexão com características de ensaio sobre o papel do intelectual. Segundo Adorno, o ensaio deve ser estruturado como se pudesse, a qualquer momento, ser interrompido. Além disso, o modo fragmentário de pensar do ensaio reflete a realidade fragmentada, e essa descontinuidade é essencial, pois seu assunto é sempre um conflito em suspenso[7].

Essa suspensão do conflito inerente ao gênero se dá a ver, no conto de Nassar, por meio da autoironia: logo após o narrador

---

5   Publicado na *Gazeta de Notícias* em 1881, o conto de Machado de Assis com esse nome mostra um pai, na noite do vigésimo primeiro aniversário do filho, ensinando-o como tornar-se um medalhão e alcançar prestígio em uma sociedade que valoriza sobretudo a aparência. O ofício de medalhão pressupõe, explica o pai, a "arte difícil de pensar o já pensado". O texto machadiano é composto como um diálogo platônico, sem narração. Já no texto de Nassar, o narrador em primeira pessoa conta, por meio da rememoração e com alta dose de ironia e sarcasmo, como o tempo o fizera abandonar a convicção própria de que "a maior aventura humana é dizer o que se pensa" e adotar a do avô, que recomenda "o verbo passado na régua, o tom no diapasão". Em ambos os contos, o que está em questão é o comércio de prestígio: no do século XIX, o social, enquanto no de Nassar sobressai o comércio de prestígio intelectual, o que se adquire no mercado de ideias.

6   A. Bosi, *Machado de Assis: O Enigma do Olhar*, p. 83s.

7   T.W. Adorno, *Notas de Literatura 1*, p. 35.

admitir ter aderido às lições de avô, o texto se encerra com "(Saudades de mim!)" (p. 83). Ao contrário do que ocorre nos demais contos do volume, esse narrador resigna-se e, cinicamente, tal qual recomenda a receita de "Aí Pelas Três da Tarde", acaba por aceitar, "como boa verdade provisória, toda mudança de comportamento" (p. 72). Os demais narradores, ao optar pela "porraloquice" que o avô de "Mãozinhas de Seda" recomendara evitar, ao reconhecer a miséria do mundo como a Verdade, ensaiam a solidão e o silêncio como alternativas.

Na novela *Um Copo de Cólera*, a moldura, os limites, são os da propriedade rural, análogos ao do corpo do chacareiro e sua função de narrador: o corpo é uma prisão; a propriedade, uma fortaleza; e a posição de narrador, incontestável. Porém, essas molduras tão violentamente defendidas não são inexpugnáveis: o feminino, as formigas e o interlocutor no embate verbal vão ultrapassá-las. Disso resulta a queda do protagonista, que tem como resultado o surgimento de uma nova moldura, a do capítulo final, narrado pela mulher.

A questão de *Lavoura Arcaica* relacionada à moldura é a dos avatares da forma geométrica perfeita: o círculo familiar, a ciranda, os olhos, as frutas, o sol, a repetição que impossibilita a novidade. Deformar esse círculo pode instaurar, na visão do narrador, um tempo sinuoso, de limites maleáveis e capazes de incorporar a diferença. Ao encontrar na perfeição do círculo fechado uma rachadura – a necessidade de encontrar no interior de seus limites o alimento necessário –, André logra concluir que a autofagia que vai precipitar a demolição da casa também se encaixa na geometria do pai. A falha do círculo reside, portanto, em sua própria circularidade.

Retratadas nas molduras de "Menina a Caminho", há cenas de forte conteúdo sexual que a menina consome sem perceber, durante o trajeto, até ser inserida ela também no interior de um quadro pela palavra performativa de seu Américo. Estar na moldura significa, portanto, tornar-se narrativa do outro e ser dotada de um corpo erótico.

Em "O Velho", um dos textos inéditos em português presentes na *Obra Completa*, o dono da pensão é limitado pela arquitetura: "Do alto da escada que leva ao jardim embaixo, enquadrado pelas duas alas do alpendre, corre atentamente os olhos pelas folhagens que acobertam a estridência dos grilos." (p. 379) Enquanto isso, há outras coações ocorrendo na pensão. Nas ameaças de morte feitas ao jovem pensionista por antagonistas corruptos e incomodados com sua honestidade, o enquadramento se dá a ver em seu aspecto negativo.

Esse conto tem algumas semelhanças importantes com "Menina a Caminho". Além de serem narrados em terceira pessoa, ambos têm como elementos centrais o rumor, aquilo que não pode ser dito, as elipses relacionadas ao excesso e ao perigo. O que não pode ser dito, porém, é reiterado o tempo todo por vias indiretas, seja pelas personagens, seja pela narração: "Andam dizendo coisas por aí, Nita." (p. 366) Nesse sentido, é digna de nota a quantidade de diálogos que, interrompidos por reticências, restam inacabados e deixam algum resquício obscuro pairando no ar.

Nos demais textos de Raduan Nassar, as molduras também se prestam ao enquadramento, tanto no que o termo contém de negativo quanto de positivo. *Enquadrar* o outro é o que fazem algumas personagens por meio de seu erotismo viril. É o que pretendem fazer, por meio das ameaças de morte, os antagonistas do jovem morador da pensão de "O Velho". Os narradores de algum modo pretendem "disciplinar" os interlocutores e submetê-los à sua potência em colapso, na intenção de resgatá-la por meio da regressão a um paraíso infantil onde a sexualidade pode ser vivida sem ameaças.

"Enquadrar", em seu aspecto positivo, significa para esses narradores delimitar a observação. Com esse gesto, é possível denunciar a ficção da Verdade e revelar que só o que existe são pontos de vista, diferentes perspectivas. Nessa denúncia se apoia a filiação dessas personagens às fileiras da desordem na luta contra uma ordem falsa, que naturaliza a dominação e impede a diferença. É por isso que, sintomática e obsessivamente, as narrativas vão recorrer à retórica, ao léxico do fingimento, do jogo, do teatro, aos sofistas e à crítica de todo pensamento dogmático: é possível apropriar-se de qualquer modo de dizer e reverter qualquer discurso contra o próprio enunciador. A ênfase recai sempre sobre os efeitos.

Se o que importa é o efeito de verdade e os discursos se equivalem, é legítimo usar a fala de outrem como se fosse a própria, inclusive para afirmar o oposto do que ela afirmara em seu contexto original. As frequentes citações sem aspas e a incorporação de outros textos filosóficos e literários sem explicitação das fontes trabalham nesse sentido, bem como seu caráter onívoro: referências à mitologia e à literatura gregas, a diversos autores da filosofia ocidental, aos textos sagrados das grandes religiões monoteístas, aos conhecimentos da tradição hermético-alquímica, às origens ibéricas de algumas personagens, ao contexto histórico, estético, político, social e cultural das obras, a autores de diferentes épocas, literaturas e gêneros.

Como em toda arte digna do nome, porém, nesse perspectivismo obsessivo esconde-se uma rachadura que faz esfarelar qualquer possibilidade de simplificação: enquanto se esforçam para demolir todo e qualquer edifício da verdade, os narradores raramente cedem o lugar de fala. Essa postura constitui um paradoxo, pois agrupa numa mesma figura os papéis de crítico e detentor da palavra. Nessa tensão reside a afirmação de um erotismo dos narradores masculinos, realizada na maior parte das vezes de forma violenta.

A virilidade à beira de um colapso está em "Menina a Caminho" nas personagens que, sob risco de segregação, desconfiança ou loucura, recusam-se a participar desse teatro do excesso: dona Engrácia tem pele seca e peito chupado, seu Giovanni é caduco, seu Tio-Nilo tem o coto corretamente vestido e embrulhado, o pinguço é todo feito de signos da secura. Também em seu Américo, que submete violentamente a menina, obriga-a a amadurecer e a reconhecer o próprio corpo como erótico, no espelho do pai, após a (má) digestão das fartas doses de sexo. Ainda em Zeca Cigano, chamado de "corno" pela mulher, a quem acusa de ter algum tipo de relacionamento com o dono do armazém e a quem agride.

Em "Hoje de Madrugada", a ruína da masculinidade resulta em um narrador que rejeita até o mínimo contato – o da voz com o ouvido – com o corpo da mulher. O mínimo diálogo só pode ser estabelecido se mediado, no caso, pelos bilhetes. O conto "O Ventre Seco" e seu desdobramento, a novela *Um Copo de Cólera*, têm em seu cerne a virilidade ameaçada pela fala da mulher e manifestada por meio de agressão discursiva. No conto, os oximoros, como o do título ou "semente senil", reúnem de forma engenhosa potência e ruína, fertilidade e esterilidade, satisfação e fracasso. Na novela, o mesmo sentido é expresso por meio de epítetos como "biscateiro graduado", conferido pela mulher ao narrador da novela. A violência é, portanto, catalisadora do desejo, e a linguagem confirma sua vocação de veneno e remédio: coloca em risco a virilidade ao mesmo tempo que liberta a potência destrutiva por meio da qual essa mesma virilidade pode se afirmar. As figuras do ventríloquo e do travesti são símbolos de um conflito que é discursivo e sexual, de linguagem e de gênero, e de um desejo de falar pelo outro, de impor sua fala ao outro: sob o corpo da mulher que fala, esconde-se um homem.

Em "O Velho", às tentativas do velho de compartilhar os rumores a esposa responde sempre com rispidez, no limiar entre o interesse e o desprezo. O substrato político se anuncia por meio de uma disputa entre corpos – o da mulher, ativa, que dita ordens, e o do marido, marcado pela senilidade e pela decrepitude. "Todos os dias a mesma coisa, Nita, você não me respeita, nunca me respeitou, eu não vou pedir respeito pras crianças da rua." (p. 368-369) É justamente o ocaso do corpo que o impede de ter participação política, de reagir à angústia causada pelo que acontece ao seu jovem inquilino: o velho cochila na poltrona, não vê e não ouve bem.

O jovem inquilino, um funcionário público que parece estar sendo ameaçado por alguém que não se sabe quem é, tem feições de menino, portanto ainda não foi corrompido pela deformação que a passagem do tempo impõe. O destino do jovem está prenunciado no velho, e não à toa o conto se abre com a sentença de uma pena capital: "A claridade da cozinha vai morrendo com a tarde." (p. 365) Apesar de o funcionário ter frescor infantil e ser imberbe, a corrupção inerente à passagem do tempo não tarda a acontecer. Se não pela via da política, pelo menos pela via do corpo, e mais provavelmente por ambas, pois nessa obra política e erotismo sempre se misturam. A descrição do ambiente, repleta de símbolos fálicos, antecipa o que vai se provar inevitável: "o *cipreste romano se ergue ereto* e soturno, no centro, com o *ponteiro* acima da cumeeira da casa, quase indevassável à escassa luz que já se expande do *poste* mais próximo" (p. 379, grifos nossos).

Pouco depois, o velho vê, intrigado, a luz do quarto do pensionista se acender antes mesmo de a soleira ser ultrapassada: "certa mão desenvolta surge pelo vão da porta e, alongando-se num braço obscenamente branco de mulher, enlaça por trás a cintura do moço, puxando-o pra dentro. E a mesma mão, sinuosa, fecha a porta, trancando-a à chave" (p. 380). Nesse instante, a ameaça política ganha um corpo erótico na figura da mulher misteriosa.

O cheiro de perfume que o velho crê sentir na casa, e que ele parece associar às mulheres que rondam o lugar, pode ser também o das flores de um enterro. Na cozinha para o jantar, "parece até que ele assiste a uma missa fúnebre enquanto observa o ritual do moço desdobrar o guardanapo" (p. 372). O que ele pensa ser a missa fúnebre do jovem a quem querem matar pode ser, também, a sua própria missa fúnebre. Mais tarde, ao observar o movimento na calçada, uma senhora que porta um missal e uma mantilha preta o cumprimenta – por quem será o luto que o conto não cessa de reiterar?

Logo após esse encontro, a esposa o encontra "mole, distenso", esticado na cadeira sobre a qual adormeceu depois de murmurar uma única palavra: "Farras" (p. 381). A ordem que ela lhe comunica é categórica, se pensarmos na importância que tem a imagem dos *pés* como repositório de força erótica, política, ética e moral no sistema metafórico da obra de Raduan. Ela diz apenas: "Recolha os pés." (p. 381)

As flores que dão nome ao conto "Monsenhores", conhecidas como crisântemos, são relacionadas ao amor, mas também são fúnebres. A narradora, Ermínia, observa a vizinha e comadre Lucila "colhendo sem pressa, haste por haste" (p. 390), os monsenhores. Eles representam, em sua ambiguidade, o erotismo e a morte contidos no possível incesto entre mãe e filho, do mesmo modo que, como vimos, o cheiro de flores em "O Velho" corresponde tanto ao jovem politicamente morto quanto ao velho eroticamente arruinado. Convocada com urgência à casa vizinha, Ermínia logo nota que "as flores se encontravam murchas, talvez podres, exalando mau cheiro" (p. 391).

Encontrar o macho em ruínas surpreende Ermínia. Assim ela descreve Luca, marido de Lucila e pai de Dinho, os dois protagonistas da transgressão: "a cara sem a vitalidade de costume, parecia até que ele estava se mostrando pelo avesso"; "a voz mais sumida que eu jamais pudesse conceber aquele homem vigoroso e enérgico fosse capaz" (p. 389); "quando poderia imaginar, esse homem que despertava fantasias em tantas mulheres… é bem verdade que corriam comentários maliciosos, que nem quero falar deles" (p. 395).

Causa estranheza, a Ermínia, conceber a masculinidade em xeque, uma vez que ela admite sem problemas e até com certo regozijo ter se submetido à imposição das vontades do próprio marido em questões de ordem doméstica, política e sexual – e também narrativas. Em seu discurso já está naturalizada a ordem patriarcal, e assim, nessa única narradora feminina da obra de Raduan (ao lado da que há no último capítulo de *Um Copo de Cólera*), ecoa, como nos demais textos, a voz do homem em queda. O fim de Lucila é muito semelhante ao da mulher de "Hoje de Madrugada": "tive a impressão de que Lucila tinha entrado irremediavelmente num túnel de onde não sairia nunca mais, se entregando a um fim sem volta" (p. 397). A solidariedade entre Ermínia e Lucila, a narradora e a comadre que pode ou não ter sofrido violência doméstica após um incesto, se dá numa única chave: "nós não passamos de umas fêmeas menstruadas" (p. 397).

O confronto entre os modos de enunciar e de interpretar de André e do pai, em *Lavoura Arcaica*, gira em torno da imposição violenta de um único ponto de vista, o do pai. André reage do mesmo modo: pretende fazer caber na violência do pai a libido, cuja ausência está no centro de sua queixa. À violência asséptica do pai, André contrapõe a sua, na qual o lugar de fala tem papel determinante: na narração *a posteriori*, livre portanto do jugo paterno, André pode incorporar aos enunciados a maneira como gostaria que tudo tivesse se passado no momento da ação. Durante a narração, o desejo experimentado outrora contamina os enunciados de modo que a união sexual com a irmã, não mais possível, pode se realizar outra vez. Para o gozo, é imprescindível o privilégio da narração.

As personagens masculinas de Raduan Nassar almejam, em geral, o retorno a um tempo anterior aos interditos, de delimitações genuínas e precisas, em que os papéis claramente definidos permitem uma possibilidade maior de domínio absoluto. "O Velho" idealiza o jovem como ainda não conspurcado pelo erotismo e pela corrupção. Na infância utópica, a comunhão homem-mulher se realiza na relação mãe-filho, e somente nela os narradores de Raduan poderiam atingir seu objetivo de prescindir das palavras. Esse tempo seria como o descrito pelo chacareiro de *Um Copo de Cólera*, depois de cair em posição fetal e prostrar--se: "tudo tão delimitado, tudo acontecendo num círculo de luz contraposto com rigor – sem áreas de penumbra – à zona escura dos pecados, sim-sim, não-não, vindo da parte do demônio toda mancha de imprecisão, era pois na infância (na minha), eu não tinha dúvidas, que se localizava o mundo das ideias, acabadas, perfeitas, incontestáveis" (p. 80).

Em *Lavoura Arcaica*, a experiência sexual de André com Ana é eco do afeto desmesurado da mãe na infância, daí a associação do momento de lassidão e tranquilidade pós-coito com o do nascimento ("nu como vim ao mundo") e com o da "hora em que as mães embalam os filhos, soprando-lhes ternas fantasias" (p. 113), ternas como as palavras das quais André extrai o sumo.

Porém, são mito essa comunhão na infância e esse tempo de "tudo tão delimitado". O tempo só é reversível e manipulável na narração e, por isso, essa comunhão só pode ser atualizada como rito erótico-discursivo. A linguagem é manipulável, as palavras são matéria-prima para o fingimento, o teatro, a retórica, o jogo, a poesia, a prosa, daí a desconfiança dos narradores. Por ser erótico-discursivo e capaz de se realizar apenas na memória, o processo que engendra as metamorfoses necessárias à reconquista da unidade resulta sempre em fracasso.

Se é fato que a obra de Raduan Nassar encena um *regressus ad uterum*[8], também é verdade que esse retorno ao feminino é impossível, encenado, por ser falso. Esse fracasso é sempre denunciado na enunciação.

A protagonista de "Menina a Caminho" retorna à casa para tornar-se mulher, emancipada da mãe, e ela própria mãe em potência, já que descobre seu sexo emoldurado no espelho do pai – as figuras de linguagem, os brinquedos, as guloseimas da infância, com as quais até pouco antes ela descrevia o mundo, são deixadas para trás no trecho final do conto. Para permanecer na memória da mãe, o narrador de "O Ventre Seco" separa-se da amante, culpando-a justamente por ela ter esse papel, ou seja, por ser amante, emancipada, e não a mãe submetida aos desejos do filho. Essa permanência na memória materna, porém, é frustrada. A quem lhe pergunta do filho, a mãe sempre responde: "não conheço esse senhor". Em *Um Copo de Cólera*, há o retorno no texto ao corpo da mulher/mãe, no último capítulo, quando

---

8   Cf. M.J.C. Lemos, *Une Poétique de l'intertextualité*.

a mulher é a narradora. Trata-se, porém, de um falso sucesso, pois no fundo é o homem adulto, o macho viril em perigo, que continua a dominar o discurso. Em "Monsenhores", único texto do autor inteiramente narrado por uma mulher, o retorno se dá numa chave terrível: o filho literalmente retorna ao ventre da mãe, mas por meio do incesto.

O único útero possível no fluxo real do tempo é o da morte? Em *Lavoura Arcaica*, a tentativa de André de reviver com a irmã o paraíso infantil do afeto e ternura desmesurados da mãe termina em tragédia. A morte é ainda para onde aponta "Hoje de Madrugada", devido ao quarto de trabalho isolado pela escuridão e ao erotismo vivido em sua fase decadente, no caminho da dissolução. No fim, o que resta é "a progressiva escuridão que se instalava para sempre em sua memória", e ela deixa "o quarto feito sonâmbula". Na moldura do conto, como na janela do quarto de trabalho do narrador, o buraco negro do tempo passado condenou-os ao sono da morte e tragou o desejo.

A irrupção de um desejo que demanda controle, destacado pela moldura, mas impossível de ser por ela contido, acarreta mal-estar, náusea ou angústia. Essas consequências indesejáveis do desejo manifestado em público apesar dos mecanismos de repressão aparecem invariavelmente na forma de uma excreção: escapa aquilo que há no interior dos corpos dos seres tocados pelo desejo, dos objetos a eles pertencentes ou de suas vestimentas. Em *Lavoura Arcaica*, André percebe: "estava por romper-se o fruto que me crescia na garganta" (p. 37). Em *Um Copo de Cólera*, o chacareiro se dá conta: "a merda que me enchia a boca já escorria pelos cantos" (p. 70). Em "O Velho", uma pensionista à mesa de jantar consome política sem querer ou perceber, negando-o inclusive, disfarçando-o sob lubricidade, e quando a política vem à tona (pelo desabafo do jovem), ela "engasga e tosse sem parar" (p. 377). Em "Menina a Caminho", uma das elipses relacionadas a um episódio de cunho sexual faz os sacos carregados pelos meninos terminarem "vomitando palha pela boca aberta, como se tivessem levado um murro violento na barriga" (p. 13).

O desejo ameaça a ordem. Ordem é uma das palavras que talvez melhor exemplifiquem a obsessão do autor com certas estruturas, imagens ou figuras. No ensaio "A Corrente do Esforço Humano", publicado inicialmente apenas em alemão e que aparece em português pela primeira vez na edição da *Obra Completa*, Raduan discute os conceitos de centro e periferia para defender que toda ideia é fruto não da grandeza de uma civilização, mas de uma "corrente do esforço humano" (p. 413). Por isso, qualquer superioridade ou inferioridade advinda daqueles conceitos seria não só injustificável como desonesta: "quem fala em 'potência', segundo o jargão dos moralistas, está pensando na obscenidade do poder, investido de autoridade" (p. 415). Outra vez política e erotismo se imiscuem. Não era de se imaginar, conhecendo-se o autor, qualquer exaltação a uma utópica comunhão global baseada no bem comum. No ensaio, ao dizer que todo homem é regido pela "dependência absoluta de valores, coluna vertebral de toda 'ordem', e encarnação por excelência das relações de poder" (p. 417), Raduan reafirma um dos eixos de *Um Copo de Cólera*.

Impor uma ordem é dar forma, e toda forma, em última instância, condena à imutabilidade. Uma cruzada antitaxonômica e antimorfológica – batalha contra categorias e formas – é encenada na obra de Raduan Nassar: "a obra de Raduan sugere um estrangulamento do espaço que tem início numa cidade ('Menina a Caminho'), restringe-se à família (*Lavoura Arcaica*) e fecha o foco num casal (*Um Copo de Cólera*). Há uma poderosa correspondência entre esse processo de afunilamento e as diferentes fases da vida (infância, adolescência e maturidade)"[9].

Nesse afunilamento, nessa caminhada rumo ao passado que conduz a um abismo, o grande inimigo é o tempo. Se na obra de Raduan Nassar há uma geometria específica que determina todos os seus aspectos, é porque a passagem do tempo é vista sempre como deformação: degradação da forma original – infantil, mítica, distensa, plena. Por isso, o que é consumido acaba por ser excretado, expulso do corpo. Daí a quantidade de escórias, cascalhos, resquícios, restos e resíduos: o importante esconde-se naquilo que escapa.

---

9   A. Massi; M. Sabino Filho, As Recusas de Raduan, *Folha de S.Paulo*, 14 mar. 1997.

Bibliografia

De Raduan Nassar

Obra Completa. São Paulo: Companhia das Letras, 2016.
Menina a Caminho. 2. ed. São Paulo: Companhia das Letras, 1997.
Um Copo de Cólera. 5. ed. São Paulo: Companhia das Letras, 1992.
Lavoura Arcaica. 3. ed. São Paulo: Companhia das Letras, 1989.

Sobre a Obra de Raduan Nassar

ABATI, Hugo M.F. *Da Lavoura Arcaica: Fortuna Crítica, Análise e Interpretação da Obra de Raduan Nassar.* Dissertação (Mestrado em Estudos Literários). Universidade Federal do Paraná, Curitiba, 1999.

CADERNOS de Literatura Brasileira: Raduan Nassar. São Paulo: Instituto Moreira Salles, 1996.

DELMASCHIO, Andreia. *Entre o Palco e o Porão: Uma Leitura de um Copo de Cólera, de Raduan Nassar.* Dissertação (Mestrado em Letras). Universidade Federal do Espírito Santo, 2000.

LEMOS, Maria José C. Desdobras Deleuzianas: "O Ventre Seco" de Raduan Nassar. *Synergies Brésil*, São Paulo, n. 2, 2010. (Revista do grupo GERFLINT, número especial.)

_____. *Une Poétique de l'intertextualité: Raduan Nassar ou la littérature comme écriture infinie.* Tese (Doutorado em Estudos Lusófonos-Literatura Brasileira). Estudos Ibéricos e Latino-Americanos, Universidade Sorbonne Nouvelle, Paris, 2004.

LIMA, Thayse Leal. *O Mundo Desencantado: Um Estudo da Obra de Raduan Nassar*. Dissertação (Mestrado em Estudos Literários). Universidade Federal de Minas Gerais, Belo Horizonte, 2006.

LOTITO, Denise P. *Expressividade e Sentido: Um Estudo Estilístico das Metáforas de "Lavoura Arcaica"*. Dissertação (Mestrado em Filologia e Língua Portuguesa). FFLCH-USP, São Paulo, 2007.

MASSI, Augusto; SABINO FILHO, Mário. As Recusas de Raduan. *Folha de S.Paulo*, São Paulo, 14 mar. 1997.

_____. A Paixão Pela Literatura. *Folha de S.Paulo*, São Paulo, 16 dez. 1984.

MOTA, Bruno C. A *Lavoura* e o *Jardim*: Acordes do *Cântico* Dialogizados na Prosa de Raduan Nassar. *Itinerários*, Araraquara, n. 35, jul.-dez. 2012.

PERRONE-MOISÉS, Leyla. Da Cólera ao Silêncio. *Cadernos de Literatura Brasileira: Raduan Nassar*. São Paulo: Instituto Moreira Salles, 1996.

PISA, Clélia (ed.). *Des Nouvelles du Brésil: 1945-1998*. Paris: Métailié, 1998.

RASSIER, Luciana W. *Le Labyrinthe hermétique, une lecture de l'oeuvre de Raduan Nassar*. Tese (Doutorado em Línguas Romanas e do Mediterrâneo). Universidade Paul Valéry, Montpellier, 2002.

RODRIGUES, André Luis. *Ritos da Paixão em Lavoura Arcaica*. São Paulo: Edusp, 2006.

ZILLY, Berthold. Lavoura Arcaica "Lavoura Poética" Lavoura Tradutória: Historicidade, Atualidade e Transculturalidade da Obra-Prima de Raduan Nassar. *Estudos Sociedade e Agricultura*, v. 17, n. 1, abr. 2009.

Geral

ACHCAR, Francisco. *Carlos Drummond de Andrade*. São Paulo: Publifolha, 2000. (Col. Folha Explica.)

ADORNO, Theodor W. *Notas de Literatura 1*. 2. ed. São Paulo: Duas Cidades/Editora 34, 2012.

ARISTÓTELES. Ética a Nicômaco. Trad. Leonel Valandro e Gerd Bornheim da versão inglesa de W.D. Ross. São Paulo: Abril Cultural, 1979.

AUSTIN, John Langshaw. *Quando Dizer É Fazer*. Trad. Danilo Marcondes de Souza Filho. Porto Alegre: Artes médicas, 1990.

BAKHTIN, Mikhail. *Problemas da Poética de Dostoiévski*. Rio de Janeiro: Forense, 2013.

BARTHES, Roland. Da Leitura. *O Rumor da Língua*. 3. ed. São Paulo: WMF Martins Fontes, 2012.

_____. *Crítica e Verdade*, 3. ed. São Paulo: Perspectiva, 2009.

_____. A Metáfora do Olho. In: BATAILLE, Georges. *A História do Olho*. São Paulo: Cosac Naify, 2003.

BATAILLE, Georges. *O Erotismo*. Belo Horizonte: Autêntica, 2013.

_____. *Oeuvres complètes*, v. 1. Paris: Gallimard, 1970.

_____. *Oeuvres complètes*, v. 2. Paris: Gallimard, 1970.

BERGSON, Henri. *Matéria e Memória*. São Paulo: Martins Fontes, 1999.

BÍBLIA Sagrada: Edição Pastoral. Disponível em: <http://www.paulus.com.br/>. Acesso em: 12 maio 2015.

BORGES, Jorge Luis. *Obras Completas*. Rio de Janeiro: Globo, 2004. V. 2.

_____. *Obras Completas*. São Paulo: Globo, 2000. V. 1.

BIBLIOGRAFIA

BOSI, Alfredo. *Machado de Assis: O Enigma do Olhar*. Ática: São Paulo, 1999.

CALAZANS, Selma. Hybris. In: CEIA, Carlos. (org.). *E-Dicionário de Termos Literários*. Disponível em: <http://edtl.fcsh.unl.pt/>. Acesso em: 1º mar. 2019.

CARPEAUX, Otto Maria. *História da Literatura Ocidental*. São Paulo: Leya, 2012. V. 2.

CHEVALIER, Jean; GHEERBRANT, Alain. *Dictionnaire des symboles*. Paris: Robert Laffont/Júpiter, 1982.

DELEUZE, Gilles. *Crítica e Clínica*. São Paulo: Editora 34, 1997.

DESCARTES, René. Discurso do Método. *Descartes: Obras Escolhidas*. Org. J. Guinsburg, Roberto Romano, Newton Cunha. São Paulo: Perspectiva, 2010.

DUMOULIÉ, Camille Marc. Tudo o Que É Excessivo É Insignificante. *Tempo Brasileiro*, n. 169, abr.-jun. 2007.

FREIRE, Silvana Matias. A Exclusão do Significado. *Solta a Voz*, v. 16, n. 1, 2005. Disponível em: <https://revistas.ufg.br/>. Acesso em: 22 fev. 2019.

FREUD, Sigmund. *As Obras Completas*, v. 11. São Paulo: Companhia das Letras, 2012.

_____. *Obras Completas*, v. 16. São Paulo: Companhia das Letras, 2011.

_____. *Obras Completas*, v. 12. São Paulo: Companhia das Letras, 2010.

_____. *Obras Completas*, v. 14. São Paulo: Companhia das Letras, 2010.

_____. *Obras Completas*, v. 17. ESB [Edição Standard Brasileira]. Rio de Janeiro: Imago, 2002.

GENETTE, Gérard. *Figuras*. São Paulo: Perspectiva, 1972.

GRIMAL, Pierre. *Dicionário da Mitologia Grega e Romana*. 4. ed. Rio de Janeiro: Bertrand Brasil, 2000.

HAMBURGER, Käte. *A Lógica da Criação Literária*. 2. ed. São Paulo: Perspectiva, 1986.

HANSEN, João A. *Alegoria: Construção e Interpretação da Metáfora*. São Paulo/ Campinas: Hedra/Editora da Unicamp, 2006.

HESÍODO. *O Trabalho e os Dias*. Trad. bras. Mary Lafer. São Paulo: Iluminuras, 1996.

HILST, Hilda. *A Obscena Senhora D*. São Paulo: Globo, 2005.

HOCKE, Gustav R. *O Maneirismo na Literatura*. São Paulo: Perspectiva, 2011.

LIMA, Jorge de. *Poesia Completa, Volume Único*. Organização Alexei Bueno; textos críticos, Marco Lucchesi et al. Rio de Janeiro: Nova Aguilar, 1997.

LOPES, Rodolfo N. O Papel do Coro no "Tiestes" de Séneca. *Boletim de Estudos Clássicos*, Coimbra, n. 46, dez. 2006. Disponível em: <https://www.uc.pt/>. Acesso em: 22 fev. 2019.

MEYER, Michel. *Le Philosophe et les passions: Esquisse d'une histoire de la nature humaine*. Paris: Librairie Generale Française, 1991.

MORAES, Eliane Robert. Eros e Letras. *Revista da Biblioteca Mário de Andrade*, São Paulo: Imprensa Oficial do Estado de São Paulo, v. 65, 2010.

_____. *Lições de Sade*. São Paulo: Iluminuras, 2007.

_____. *O Corpo Impossível: A Decomposição da Figura Humana de Lautréamont à Bataille*. São Paulo: Iluminuras, 2002.

NIETZSCHE, Friedrich. *Além do Bem e do Mal*. São Paulo: Companhia das Letras, 2013.

_____. *Vontade de Poder*. Rio de Janeiro: Contraponto, 2008.

_____. *A Gaia Ciência*. São Paulo: Companhia das Letras, 2001.

OBRAS *Completas de Aristóteles, Retórica*. 2 ed., revista. V. VIII, t. I. Coordenação António Pedro Mesquita. Tradução e notas Manuel Alexandre Júnior; Paulo Farmhouse Alberto; Abel do Nascimento Pena. Lisboa: Centro de Filosofia da Universidade de Lisboa, Imprensa Nacional-Casa da Moeda, 2005.

OVÍDIO. *Metamorfoses*. Trad. bras. Raimundo Nonato Barbosa de Carvalho. Disponível em: <http://www.usp.br/>. Acesso em: 22 fev. 2019.

PAPA BENTO XVI. Audiência Geral. Sala Paulo VI, 14 set. 2011. Disponível em: <http://w2.vatican.va/>. Acesso em: 1º. mar 2019.

PAZ, Octavio. *A Dupla Chama: Amor e Erotismo*. 5. ed. São Paulo: Siciliano, 1994.

PLATÃO. *Timeu-Crítias*. Trad. Rodolfo Lopes. Coimbra: Centro de Estudos Clássicos e Humanísticos da Universidade de Coimbra, 2011.

_____. *O Banquete: Ou Do Amor*. Rio de Janeiro: Bertrand Brasil, 1995.

_____. *Diálogos: Teeteto – Crátilo*. Tradução: Carlos Alberto Nunes. V. 9. Belém: Editora da UFPA, 1973.

PONGE, Francis. De l'eau/Água. Trad. bras. Fred Girauta. Disponível em: <http://antoniocicero.blogspot.com.br/>. Acesso em: 22 fev. 2019.

REBOUL, Olivier. *Introdução à Retórica*. 2. ed. Tradução de Ivone Castilho Benedetti. São Paulo: Martins Fontes, 2004.

SAFATLE, Vladimir. *Lacan*. São Paulo: Publifolha, 2007. (Col. Folha Explica.)

SANTO AGOSTINHO. *Confissões*. (*Os Pensadores*). São Paulo: Nova Cultural, 1973.

SEDLMAYER, Sabrina. *Ao Lado Esquerdo do Pai*. Belo Horizonte: Editora da UFMG, 1997.

SONTAG, Susan. *Sob o Signo de Saturno*. Porto Alegre: L&PM, 1986.

SPINA, Segismundo; CROLL, Morris W. *Introdução ao Maneirismo e à Prosa Barroca*. São Paulo: Ática, 1990.

TODOROV, Tzvetan. *As Estruturas Narrativas*. São Paulo: Perspectiva, 2001.

VAN STEEN, Edla. *Viver & Escrever*, v. 2. Porto Alegre: L&PM, 1982.

VELOSO, Caetano. *Verdade Tropical*. São Paulo: Companhia das Letras, 2008.

VICO, Giambatista. *Princípios de Uma Ciência Nova: Acerca da Natureza Comum das Nações*. São Paulo: Abril Cultural, 1979.

ZOURABICHVILI, François. *O Vocabulário de Deleuze*. Rio de Janeiro: Relume Dumará, 2004.

Agradecimentos

A Eliane Robert Moraes, interlocutora sempre generosa, desafiadora e precisa, por seu papel na descoberta e no amadurecimento de meu apreço pela palavra escrita.

A Ronnie Francisco Cardoso, Juliana Caldas, Vinicius Galera Arruda, Geovanina Ferraz, Marcos Visnadi, Juliana Luiza de Melo Schmitt, Aline Novais, Bruno Ribeiro de Lima, Lara Neves Soares e Carolina Luvisotto, colegas cujas críticas e sugestões foram fundamentais na elaboração deste estudo.

Aos professores André Luis Rodrigues, Fábio de Souza Andrade e Sabrina S. Pinto, pela leitura atenta e pelos comentários preciosos. A Luciana Araújo, pela revisão minuciosa dos originais.

A meus pais, Darcy e Dermi, e meus irmãos Carlos (*in memoriam*), Daniel e Joana.

A todos os amigos e amigas, representados aqui por Mary Lou Paris, Ana Lima Cecílio, João Paulo Pinheiro Paiva, Juliana Araújo Rodrigues, Daniel Navarro Sonim, Mariana Kühl Leme e Dominique Ruprecht Scaravaglioni, que suportaram as reclamações e angústias a respeito do tempo que é preciso dedicar a tudo aquilo que configura a vida.

Este texto nasceu no exato dia em que veio à vida a mais bonita página de todas as que já escrevi: Iolanda Azevedo Marques, Ioiô, amada filha.

À Coordenação de Aperfeiçoamento de Pessoal de Nível Superior (Capes), que concedeu auxílio financeiro.